KB001696

채근담

홍자성 지음 · 김원중 옮김

Humanist

일러두기

1. 이 책의 판본은 명대 홍자성洪自誠(본명 홍응명洪應明)의 《채근담菜根譚》 전집前集 225편, 후집後集 134편 도합 359편을 완역한 것으로 그 판본은 명대 만력萬曆 연간에 간행된 만력본萬曆本이다. 이 책은 삼봉주인三峰主人이라고 자칭한 우공겸于孔兼이 붙인 〈채근담제사菜根譚題詞〉가 실려 있는 통행본으로 별도의 교감 작업을 하지는 않았다.
2. 이 책의 구성은 전체 해제와 각 편 본문과 해설로 이루어졌다. 본문의 경우에는 소제목과 번역문, 원문, 하단 각주, 해설 순으로 구성되었다. 기존 번역본들과 달리 소제목을 달아 독자들이 쉽게 내용을 유추할 수 있게 했다.
3. 해설의 경우, 옮긴이의 독단과 감상을 경계했으며 본문과의 중복을 피하기 위해 간소화했다.
4. 번역문에서 대괄호 안의 문구는 내용 이해를 위해 옮긴이가 추가한 것이고, 괄호 안의 내용은 해당 단어에 대한 간단한 설명이다.
5. 찾아보기는 개념어 위주로 작성하지 않고, 본문 중에서 독자들이 실생활에서 궁금한 가치를 찾고 싶을 때 찾아보면 의미 있는 단어들을 모았다.

서문

《채근담菜根譚》은 처세와 수신서로 일반인에게 널리 알려져 있으면서도 그 진면목이 다소 가려져 있는 고전이다. 유가적 입장을 견지하면서도 도가적 수양과 처세의 분위기가 물씬 풍겨 어디를 펼쳐 보더라도 인성을 함양하고 도덕을 기르는 핵심 고전으로 평가해도 부족함이 없다.

모두 359장으로 이루어져 하루 한 장씩 읽어봐도 좋은 이 책은 책이름에서 드러나듯 나물 뿌리를 씹어본 사람만이 알 수 있는 삶의 혜안을 담았다. 이 책이 전하는 메시지는 중국의 선현들이 힘든 일상의 삶 속에서 느꼈던 다양한 깨달음과 통찰이다.

필자 역시 지금까지 살아오면서 어딘가 흐트러졌다고 느끼게 된 순간에 마주하고 싶은 구절들이 많아, 이 책을 번역하면서 적지 않은 마음의 위안을 얻은 것도 또다른 수확이었다. 바로 이런 점은 이 책을 읽게 될 독자들이 느끼는 감흥과도 거의 같을 것이다.

그동안 번역했던 고전들과 마찬가지로 이번 작업에도 일관된 원칙을 적용하여, 《채근담》의 원문 전체를 모두 번역하고 각 편에 소제목과 간단한 해설을 붙이고 본문의 유래와 출전 등을 각주로 덧

붙여 독자들의 이해를 돕고자 했다. 소제목은 본문의 내용을 쉽게 유추할 수 있도록 하였고 해설은 본문과의 중복을 피하기 위해 가능한 한 간략화하여 독자들이 원전을 읽는 맛을 느껴 저자의 세계로 곧바로 들어갈 수 있도록 배려하고자 하였다. 아울러 이 책을 쓴 저자의 수사학적 표현이 예사롭지 않다는 점에도 유의해 저자 특유의 문체를 살려보려고 애를 쓰며 번역에 임하였다.

문장은 정제되어 있고 감정 또한 절제되어 있어 번역문을 통해 어느 정도 그 느낌이 우러나도록 하고자 하였다. 또한 거의 모든 문장이 글자마다 대구를 형성하여 시각적 효과뿐만 아니라 한 편의 시를 연상하게 할 만큼 미려한 문체가 돋보이는 명문들이기에 행갈이를 하여 충분히 음미할 수 있게 하였다. 원저자는 비유적 표현도 적지 않게 구사하였는데 최대한 원전의 의미를 살리는 직역을 고수하되 가독성을 위해 자연스러운 우리말을 구현하는 데 노력을 기울였다. 물론 이에 관한 모든 판단은 독자들의 몫이다.

필자는 이른 새벽부터 학교 수업, 인문학 강연 등 대부분의 하루 일과에서 고전을 접하고 있다. 잠자는 시간을 제외하면 고전은 거의 나의 분신이라고 해도 지나친 말이 아닐 듯하다.

특히 이번 번역 작업은 나 자신을 한없는 정화淨化의 세계로 이끌기에 충분했으며 스스로를 성찰하는 계기로 삼기에 충분한 내용들이었다. 바로 이런 청복淸福을 누리는 기쁨은 이해타산과 생존경쟁에 찌든 삶의 굴레를 어디론가 내던져버리고 싶을 만큼 강한 카타

르시스를 느끼게 만들었다.

세월이 흘러서도 고전《채근담》에서 전하는 담담한 이야기는 우리의 인간 본연의 자세에 대해 다시 생각하게 한다.《채근담》을 천천히 음미하면서 해어진 인생의 한켠을 기워보는 것은 어떨까. 고전《채근담》의 가치는 여전히 살아 숨쉬기에 말이다.

2017년 12월 1일

죽전의 선효재에서

김원중 적다

차 례

후집後集

해제

《채근담》에 대해

《채근담》은 어떤 책인가

《채근담菜根譚》의 서명이 의미하는 것이 무엇인가 하는 점에 대해서는 적지 않은 논란이 있었다. '담譚'이란 글자는 '담談'이란 글자와 같은 의미이다. 허신許愼의 《설문해자說文解字》에 의하면 '어語'라는 글자와 같은 의미로서 "평이하고 담담한 이야기〔平淡之語〕"라는 뜻을 지닌다.

이 책의 성격은 삼봉주인三峰主人이라고 자칭한 우공겸于孔兼(1548~1612?)[1]이 붙인 〈채근담제사菜根譚題詞〉라는 문장에 상당부분 드러나 있다. 우공겸의 제사 가운데 주요한 부분만 읽어보기로 하자.

"때마침 친구 가운데 홍자성이란 자가 있어, 특별히 《채근담》을 가져와 내게 보여주고는 아울러 나에게 서문을 써달라고 부탁하였는데, 나는 처음에 그것을 으쓱한 마음으로 하찮게 보았을 뿐이었다. 얼마

후 책상 위에 놓여 있는 책들을 치우고 가슴 속의 잡생각을 걷어내고 책을 손에 잡고 읽어보고는, 비로소 하늘에서 부여받은 천명을 논하고 현묘한 경지에 이르렀으며, 인간의 감정을 말함에 있어 곡진히 다 밝혀서 하늘을 우러러보고 땅을 굽어보아 가슴속이 편안해짐을 알게 되고 공적과 명성을 티끌이나 초개처럼 여겼으니, 그 식견과 취미가 높고 깊음을 알겠다. (……) 이 이야기를 '채근菜根'이라고 이름을 붙였던 것은 본래 스스로 청렴하고 호된 역경을 겪어왔다는 것을 생각할 수 있겠다. 홍자(홍자성을 말함: 역자)가 말하기를 '하늘이 내 몸을 수고롭게 하면 나는 나의 마음을 편안하게 하여 그것을 보상하며, 하늘이 나를 불우하게 하면 나의 도를 통하게 하여 불우함을 헤쳐나갈 것이니 하늘이라고 해서 나를 어떻게 할 수 있겠는가?'라고 하였으니 그가 스스로 경계하고 노력했음을 또한 생각할 수 있다. 이로 말미암아 몇 마디 말을 책머리에 써서 사람들로 하여금 이《채근담》가운데 참

---

1) 우공겸은 자는 원시元时이고 호는 태경泰景이며 명나라 만력 8년에 진사가 되어 구강추관九江推官을 제수받았으며 다시 예부禮部로 들어가 나랏일을 맡았는데 강직한 성품의 소유자로 알려져 있다. 만력 17년에는 신종神宗이 삼왕三王을 동시에 책봉하는 조서를 내리자 우공겸은 원외랑 진태래陳泰來와 함께 연명으로 상소를 올려 그 의도를 잘 이해하지 못하는 신종에게 재차 간언하여 결국 그의 의견을 받아들이게 만들기도 하였다. 만력 21년에 신종황제의 눈에 거슬리는 상소문을 올려 다시 안길판관安吉判官으로 좌천되는 등 그의 삶도 부침이 심하였는데, 그 나름의 소신과 원칙에 충실하려 했던 면모를 보여준다. 결국 우공겸은 고향인 금단金壇에서 20년 살면서 책을 짓는 것을 그치지 않았는데 그는 지구志矩라는 별당을 지어 후학들을 가르치다가 세상을 떠났다.

다운 맛이 있음을 알 수 있게 하고자 한다."[2]

겸허한 듯 쓴 제사이지만 우공겸과 홍자성의 관계가 결코 단순한 것이 아니고, 상당한 친분을 유지한 것으로 보인다. 책의 제목에서도 느껴지듯 홍자성의 삶이 결코 순탄치만은 않았다는 사실을 알 수 있다. 물론 이런 제사를 쓴 우공겸은 사람이란 결핍의 세월을 겪어야 인생의 참모습으로 나아갈 수 있다고 본 것이며, 이런 삶의 지혜가 이 책에 고스란히 담겨져 있음을 확신하고 있다. 이러한 긍정적인 평가는 물론 유가의 입장에서 한 것이지만, 책 어디를 읽어보더라도 결코 유가에 한정하지 않고 도가와 불교의 세계를 두루 아우르는 다양한 사상이 복합적으로 숨 쉬고 있다는 느낌을 분명히 받을 수 있겠다.

그런데 송대 성리학의 대가인 주희朱熹 역시 이 '채근'의 의미에 관해 이야기한 바 있다. 주희는《소학小學》〈선행善行〉편에서 "왕신민이 일찍이 '사람이 항상 나물 뿌리를 씹어서 먹을 수 있으면 모

2) "適有友人洪自誠者, 持《菜根譚》示予, 且丐予序. 予始訑訑然睨之耳. 既而徹几上陳編, 屏胸中褋慮, 手讀之, 則覺其譚性命直入玄微, 道人情曲盡岩險. 俯仰天地, 見胸次之夷猶; 塵芥功名, 知識趣之高遠. (……) 譚以菜根名, 固自清苦歷練中來, 亦自栽培灌溉裡得, 其顛頓風波, 備嘗險阻可想矣. 洪子曰: "天勞我以形, 吾逸吾心以補之; 天阨我以遇, 吾亨吾道以通之." "其所自警自力者又可思矣! 用是以數語弁之, 俾公諸人人, 知菜根中有真味也."

든 일을 할 수 있다.'고 하였는데 호강후가 이 말을 듣고는 "팔꿈치를 치며 감탄하고 칭찬하였다.〔汪信民嘗言人常咬得菜根則百事可做胡康侯聞之擊節嘆賞〕"라고 하였는데, 여기에 인용된 왕신민의 말은 사실상 송宋나라 소백온邵伯溫의 〈견문록見聞錄〉이란 글에서 인용한 것이다. 주희는 '채근菜根'이란 말의 의미를 꺼내들고는 그 단어의 의미에 대해 보충 설명해두었다.

"배우는 자가 모름지기 '늘 [학문에] 뜻을 둔 선비란 [자신의 시신이] 도랑과 계곡에 있게 될 것을 잊지 않는다.'는 말을 염두에 둔다면 도와 의가 중요해질 것이며, 삶과 죽음을 비교하여 따져보는 마음도 가벼워질 것이다. 하물며 입고 먹는 것은 지극히 미미한 말단의 일이니 얻지 못하더라도 꼭 죽는 것도 아닌데, 어찌하여 마음을 수고롭게 하면서 구하려 드는가? 내가 보건대, 지금 사람들은 나물 뿌리를 먹으려 하지 않고 그 자신의 본래의 마음을 어그러뜨리는 경지까지 이른 사람이 많으니 삼가지 않을 수 있겠는가?[3)]"

주자의 시각은 말단에 치우쳐 근본을 소홀하지 말아야 한다는

3) "學者須常以志士不忘在溝壑為念則道義重而計較死生之心輕矣.況衣食外物至微末事不得未必便死亦何用犯義犯分役心役志營營以求之耶.某觀今人因不能咬菜根而至於違其本心者衆矣,可不戒哉."

성리학자의 기본입장을 견지하면서 인간이 추구하는 진정한 가치는 선비다운 올곧은 자세를 견지하는 것이라고 할 수 있다.

요컨대 쓰레기에 불과한 '채근'이라도 씹으면 씹을수록 우러나오는 깊은 맛이 있는 것처럼 이 책에 수록된 내용 역시 사람들이 홀시하기 쉬운 내용인 듯해도 읽어보면 읽어볼수록 깊고 오묘한 향이 오래가길 바라는 저자의 바람이 남아 있지 않을까?

저자 홍자성은 누구인가

홍자성에 관한 전기는 정사《명사明史》에 기록이 남아 있지 않아 그에 관한 상세한 정보를 확인하기란 불가능하다. 홍자성은 환초도인還初道人이라는 예사롭지 않은 별칭으로 활동한 데서 알 수 있듯이 다른 전적을 들춰봐도 그에 관한 행적이 남아 있지 않다. 그나마《사고전서총목제요四庫全書總目提要》의《선불기종仙佛奇踪》이란 책이 보이는데, 이 책은 불교와 도교의 이야기를 수록한 책으로《월단당선불기종月旦堂仙佛奇踪》이라고도 하며 8권으로 이루어져 있다. 즉 이 책이 앞의 4권은 선사仙事, 즉 신선에 관한 일을 수록하고 뒤의 4권은 불사佛事, 즉 불교에 관한 일을 수록하고 있다고 기록하고 있으며 구체적으로 역대의 인물 100여 명과 관련인물을 수록하고 한 명의 전기에 그림이 하나씩 그려져 있다. 책 말미에는 양생법도 있어 중국 고대 양생에 관한 문헌적 가치도 있다. 노자老子부터 석가모니와 달마대사達磨大師 등 많은 관련 인물들이 수록되어 있고 저잣거리와 세속의 황당하고 괴이한 이야기가 수록되어 소설의 부류에 넣어도 될 만하다. 이 책에 수록된 인물판화는 상당히 정밀하게 그려져 있어 명대 화풍을 상당부분 드러내고 있다.

이 책의 서문에 "어려서는 번잡하고 화려한 것을 연모했으나 만년에는 선종의 적막함에 깃들었다.〔幼慕紛華, 晩栖禪寂〕"고 하였으니 그가 벼슬과 공명에 눈을 떴다가 만년에 이르러 산림에 은둔한 삶을 살았을 것임을 짐작할 수 있게 한다.

그 책의 해제에 "《선불기종仙佛奇踪》 4권은 명나라 홍응명洪應明이 지었다. 홍응명의 자는 자성自誠이고 호는 환초도인還初道人이며 사는 곳과 그 출신은 미상이다. 이 책은 만력萬曆 임인壬寅년에 지은 것이다."라고 되어 있으니 홍응명이 홍자성이고 《채근담》이란 책도 지은 것임을 유추할 수 있는 근거가 된다. 홍자성의 스승은 양신楊愼으로 알려져 있으며 우공겸 이외에도 《선불기종》에 글을 남긴 원황袁黃(1534~1607)이나 풍몽정馮夢禎(1548~1605) 등이 그의 벗으로 교유한 사이다. 이들은 사천성 신도新都 사람인 홍자성이 나중에 남경으로 와서 벼슬을 할 때 교류한 인물들로서 원황은 절강성의 가선嘉善 사람이고, 풍몽정은 강소성 고우高郵 사람인데 이 역시 명나라 초기 절강성 가흥嘉興으로 왔고 나중에 남경의 국자감사업國子監司業을 맡는 등 벼슬을 하다가 만년에 선종에 귀의하였던 것이다.

원황과 풍몽정은 홍응명의 선배이고 우공겸과는 나이가 비슷하며 이들 벗 세 사람이 홍응명의 책에 써 준 서문이나 글의 풍격도 상당히 비슷한 논조로 일관되어 있다. 순탄치 않은 벼슬길에서 물러난 홍자성이 만년에 도불에 심취하였으며 만력 30년(1602년) 전후로 하여 오늘날 난징南京의 진회하秦淮河 일대에 거주하면서 저술에 몰두하였다고 알려져 있는 시점과 맥락이 맞닿아 있다. 젊어서 열혈청년이었던 그가 여러 좌절을 겪고 은둔의 거처로 정한 진회하는 토질이 나빴기 때문에 농민들이 어떤 것을 심어도 잘 자라지 않아 물산이 풍부하지 못하여 백성들의 삶이 늘 고달팠던 곳으로 알려져 있다. 궁여지책으로 농민들은 채소를 시장에 내다 팔면서 채소의 뿌리는 쓰기만 하고 쓸모가 없기에 그 뿌리를 다 떼어내 버리고 팔 수 밖에 없었다. 홍자성은 당시 생활은 비록 곤궁했으나 그런 농민들의 처지를 애틋한 마음으로 바라보면서 돈이 좀 생기면 그것들을 사서 집으로 가곤 했다고 한다. 그러자 그 당시 사람들은 홍자성을 어리석은 바보로 보았다는 것이다.

하루는 친구 우공겸이 집으로 홍자성을 찾아왔다고 한다. 가난한 홍자성은 나물 뿌리를 소금에 절인 장아찌와 죽으로 대접을 했는데 우공겸은 맛을 보고 나서 탁자를 치며 좋아했다고 한다. 나물 뿌리로 만든 장아찌는 색이 검고 윤택이 흘렀으며 짠맛은 있었으나 상쾌한 향도 배어 있으며 풀뿌리의 떫은맛도 없는 그야말로 별미 중의 별미였다는 것이다. 그래서 홍자성에게 비법을 물어보니 장아

찌는 나물의 뿌리를 소금에 절여 1년쯤 발효시켜 떫은맛을 없애고 나서 물을 사용하여 소금기를 제거하고, 다시 태양 아래에서 사흘을 말린 다음 약간의 향신료를 집어넣어 밥상에 올린 것이라는 설명이었다. 그래서 우공겸이 생각하기에 홍자성이야말로 성정이 채근의 향기와 다를 바 없고, 버릴 수밖에 없는 '나물 뿌리(채근)'라는 것에 향을 더해 맛깔 나는 반찬으로 만들었으니, 이런 품성이 책 속에 스며 있을 것이라는 생각이 충분히 들었을 것이다.

그런 성품 때문에 홍자성은 만력 35년쯤 이 책을 완성하고 나서 바로 우공겸에게 서문을 써달라고 하면서도 자신은 그 어떤 서문이나 발문을 남기지 않은 특이한 책으로 재탄생시켰던 것이다. 그런 면에서 볼 때 이순의 나이를 다 마치지 못하고 생을 마감할 때까지 홍자성은 궁핍한 삶 속에서도 올곧은 삶의 자세를 견지하면서 이 명저를 저술했을 것으로 추론된다.

그렇다면 이렇게 궁핍한 삶을 살다 간 홍자성이 살았던 명대 후기의 사회상은 어떠했을까? 이 시기는 황제의 권력이 내리막으로 치달아 조정의 통치력이 약화되었으므로 관리들의 부패가 고개를 들기 시작했다. 이런 시대상황에서 식견 있는 지식인들은 벼슬의 길에서 풍파를 겪고 뿔뿔이 흩어져 강호에 은둔하거나, 때로는 후일을 기약하면서 권력자들과의 끈도 유지하려는 경향이 혼재되어 있었다.

물론 학문에 정진하여 벼슬길에 올라 세상을 위해 무엇인가를 하고자 했던 선비들은 현실에서 멀리 떨어져 관조적 태도를 견지하면서 유가의 가치관에 도가의 세계관과 삶의 방식을 함께 취하는 경향이 강했다.

홍자성은 이러한 지식인들의 비굴한 모습을 비판하거나 때로는 동조하면서 다양한 처세의 방식을 그려내고 있다. 당시 세상을 접하면서 마주하게 되는 군상들에 대하여 느낀 다양한 감정의 편린들을 담담하면서도 세밀하게 《채근담》으로 재탄생시킨 것이다.

《채근담》의 대체적인 맥락은 번잡하고 화려한 것을 추구하기보다는 조용한 가운데 진리를 깨달아가는 도인적인 삶을 추구한 것이 적지 않으니, 이는 명대 말에 흥성한 도교와 불교의 의식이 적지 않게 반영되어 있다. 당시 조정에서 선승禪僧이 왕을 보좌하여 국정에 일정부분 기여하기도 할 정도였으니 도불의 융성이 어느 정도였는지 짐작할 수 있을 것이다.

《채근담》의 판본과 그 전래과정

여러 차례의 인쇄과정을 거쳐 광범위하게 유통되어 온 《채근담》은 대체적으로 두 개의 판본이 있는 것으로 알려져 있다. 우리에게 널리 알려진 전집과 후집의 형태로 편집된 판본은 우공겸의 제사가 붙어 있고 권의 첫머리에 "환초도인 홍자성 지음"이라고 되어 있다.

바로 이 책이 일본으로 전해진 것으로 알려져 있고 오늘날 우리 나라에서도 소위 통행본이라고 알려진 판본이다. 일본학자들의 고증도 대체적으로 이견이 없다.

다른 하나의 판본은 전후 두 집으로 나누어져 있는 것은 같으나 전집을 다시 수성修省·응수應酬·평의評議·한적閑寂 4편으로 나누었고 후집은 개론槪論만 1편 있는 것으로, 가장 빠른 판본은 청나라 건륭 33년(1768) 상주常州의 천녕사天寧寺의 각본으로 이 판본 역시 중국에서 널리 유통되고 있다. 뒤이어 도광道光 6년(1826)의 중간본重刊本과 도광 15년(1835)의 북경유리창의 괴원재魁元齋 간본과 동치同治 4년(1865)의 중도당中道堂에서 간행된 각인본刻印本, 광서光緖 원년(1875)의 양주楊州의 장경서원藏經禪院의 각본 및 광서 5년(1879)의 춘전씨春田氏 중각본重刻本과 선통宣統3년(1911)의 각본刻本 등의 판본이 있다. 이들 판본 이외에도 1915년, 1920년, 1922년, 1927년, 1928년, 1929년, 1931년, 1932년, 1937년, 1941년, 1943년, 1948년 등에 지속적으로 출간되어 독자들의 사랑을 받았다. 이 두 계통의 판본을 비교하면 수록된 장이나 순서가 다르고 통행본보다 분량도 많다는 점에서 볼 때 누군가 편집한 것으로 짐작하나 이 역시 학자들의 견해가 일치하는 것은 아니다.

《채근담》의 광범위한 유통과 관심을 불러일으킨 나라는 일본이라는 데 학자들의 견해가 일치한다. 이미 이 책이 세상에 나오자마자 일본에 유전되어 일본 현존의 명대 만력 연간의 각본인 《준생

팔전遵生八箋》 뒤에 부록으로 《채근담》이 붙어 있으며 한편으로는 우공겸의 제사는 붙어 있지 않은 전집과 후집의 두 가지 형태의 《채근담》 2책이 1803년 판본으로 존재한다. 물론 내용은 《준생팔전》 뒤의 부록 《채근담》의 내용과 완전히 같다. 1822년에 일본에 완전한 형태의 책이 다시 판각되어 출간되는데 메이지 초년이나 다이쇼大正 14년 등에 계속해서 독자들에게 선보이게 되었다. 물론 이 과정에서 《채근담》은 약본略本이라는 형태로 널이 유통되기도 하였다.

적어도 1970년대까지 소위 '채근담 열풍'이 일본에 불고 있었으며 이런 풍조는 일본의 경제 번영과 맞물려 기업관리나 인사관리 업무관련 시장개척과 기업가의 수신 등의 방면에 두루 활용되어 일종의 필독서로까지 자리 잡게 되었던 것이다.

그렇다면 중국에서 《채근담》에 대한 평가는 어떠한가? 1987년에 리잉피아오李英標라는 학자가 기고한 글을 보면 채근담 열풍은 1980년대 중국의 독서분위기에서 상당히 중요한 의미를 지니는 것으로 평가받는다. 물론 홍콩이나 타이완에서도 이 책은 상당한 관심을 불러일으켜 다양한 독자층을 형성하고 있다고 보인다.

우리나라에서도 만해 한용운 선생이 이 책을 번역하고 해설을 달았으며, 시인 조지훈 선생의 번역본 등을 비롯하여 다양한 번역본이 출간되어 있으며 지금도 많은 관심을 받고 있는 것으로 보인다. 아마도 이 책이 수신과 처세, 인간관계, 세상만사 등에 관한 세세한 면모를 수록하고 있어 누가 읽더라도 보편적인 공감대를 형성하고 있기 때문일 것이다. 기본적으로 중용의 입장을 견지하면서도 도가의 무위자연에 접목되고 불교의 사유와도 통하는 사유가 녹아들어 있기에 가능한 일일 것이다.

《채근담》을 어떻게 읽을 것인가

《채근담》은 명대의 만력 연간에 지어졌으니 지금으로부터 대략 400여 년의 역사를 지니고 있으나 유감스럽게도 이 책의 가치에 대해서는 평가가 절하되어 《사고전서총목제요》에 그 목록조차 수록되어 있지 않다.

그러나 이 책은 오늘날 우리나라와 일본 등에까지 유행하여 《손자병법》이나 《삼국연의》 등과 같은 중국의 대표적인 경전들 못지 않은 독자층을 형성하고 있다.

이런 점은 과연 무엇 때문인가? 《채근담》은 분명 수신과 처세의 경전으로 유불도를 아우르는 수양서라고 규정할 수 있다. 저자의 기본적인 입장은 유가의 맥락을 견지하고 있다는 것이 정설이다. 하지만 다른 사상을 배척하거나 소외시키지 않고 다 망라하여 다루고 있으니 어느 한 사상이나 맥락에 한정하여 볼 수는 없다.

물론 어떤 사람은 이 책이 도가를 기본틀로 하고 유가의 중용의 도, 도교의 무위자연과 불교의 출세사상 등 세속을 벗어난 사상을 두루 융합하여 저자 스스로의 경험과 접목시켜 하나의 독특한 책으로 만들었다고 보면서 이 책의 기본틀을 유가 사상으로 보는 것을 경계한다. 그런데 이 설도 상당히 일리가 있으니, 어찌 보면 유가와 도가, 불가라는 세 축 가운데 어느 한 쪽에 무게중심을 두는 것 자체가 의미 없다는 생각이 들 정도로《채근담》은 상당히 균형 잡힌 시각을 보여주고 있다. 이 책을 지은 저자의 의도 역시 이들 세 사상의 탐구나 연구를 위한 것이 아니라는 점은 책의 어디를 읽어봐도 눈에 들어온다.

이 책은 냉엄한 현실을 직시해서 강인한 정신으로 돌파하려는 의지를 보여주기보다는 권력을 추구하면 낭패본다거나 최고의 것을 추구하지 말고 늘 뒤에서 조용히 물러나 세상을 보라는 태도를 취하여 지금 우리의 현실과 동떨어져 설득력을 갖기 어려운 면이 있다.

지나치게 추상적이거나 비현실적인 낙관론을 펼치는 내용이나 현실에서 동떨어진 발언 등으로 인해 이 책은 웅지를 펼치려는 세대가 읽기에는 버거운 측면이 있다. 아무래도《채근담》은 인생을 좀 살아본 뒤에라야 제대로 된 맛을 알 수 있지 않을까?

이 책의 한 구절 한 구절을 음미해보면 볼수록 오늘을 사는 우리의 삶과도 깊은 연관을 맺고 있는 내용들이 적지 않다는 사실을 거듭 확인할 수 있으며, 거의 모든 문장은 잘 짜여진 조각품처럼 대구와 비유로 구성되어 있다.

이 책을 접하는 독자들은 천천히 한 장씩 음미하면서 읽어보아야 제맛을 알 수 있을 것이다. 하루 1편 정도씩 읽어가도 좋다는 의미이다. 전집과 후집을 합쳐 359편으로 1년 365일과 거의 딱 들어맞는다. 물론 순서를 굳이 따질 필요 없이 읽어도 무방하다.

제아무리 경쟁이 치열한 세상이라고 해도 현실과 일정한 거리를 두어 생각해보는 것이 정신건강을 위해 매우 유익하지 않은가?

한 구절 한 문장마다 씹을수록 맛이 느껴지는 보배로운 글들이 수록되어 있는 이 책은 바로 이 '채근菜根'이란 단어가 주는 어감에서 느껴지듯 빈곤과 결핍을 견디며 삶의 의미를 잘근잘근 곱씹으며 살았던 지은이의 내공이 깊이 배어 있다.

독자는 책을 읽으며 세상의 모진 풍파를 견뎌낸 자만이 들려줄 수 있는 고요함의 참된 경지를 느낄 수 있을 것이다. 《채근담》에 나오는 문장을 하나 음미하면서 역자의 소회를 갈음하고자 한다.

진한 술이나 살진 고기, 맵고 단맛이 참맛이 아니다.

참맛은 담백할 뿐이다.

신묘하고 기이하며 탁월한 자는 지인至人이 아니다.

지인은 평범할 뿐이다.

醲肥辛甘, 非眞味. 眞味只是淡.

神奇卓異, 非至人. 至人只是常.

전집前集

1. 사람의 도를 따를 것인가, 권세에 빌붙을 것인가

도덕에 깃들어 지키는 사람은 쓸쓸하고 외로운 것이 한때이나

권세에 의지하여 아부하는 사람은 처량하기가 오랜 세월 동안이다.

[도에] 통달한 사람은 사물 밖에 있는 사물을 보고 몸이 죽고 난 뒤의 몸을 생각한다.

차라리 한때의 쓸쓸함과 외로움을 견딜지언정

오랜 세월 동안 불쌍하고 처량하게 될 일은 취하지 마라.

棲守道德者, 寂寞一時. 依阿權勢者, 凄涼萬古. 達人觀物外之物, 思身後之身. 寧受一時之寂寞, 毋取萬古之凄涼.

【해설】

누구나 권력과 명예를 추구하지만 영원할 수는 없다. 도덕과 권력, 이 둘 사이의 간극이 생각보다 크기 때문이다. 멀리 보아야 하는데, 사람은 늘 하늘의 이치와 반대로 가려고 한다. 인간의 도를 지키며 살 것인가, 세속적인 권세에 빌붙어 살 것인가, 둘 중 하나를 선택해야 하는데 문제가 그리 간단한 것은 아니다. 어느 한쪽에 치우치거나 모자라지 않고, 다소 어리석은 것 같으나 일정하여 변함이 없는, 군자다운 경지에 가까운 삶이 중요하다는 말이다.

2. 우직하고 둔하라

세상을 살아가는 시간이 짧으면 악에도 얕게 물든다.

일을 깊이 겪으면 기교나 거짓[1]도 깊다.

그러므로 군자[2]는 세련되고 노련하기보다는 소박하고 노둔魯鈍한 것이 낫고[3],

지나치게 공손하고 삼가기보다는 소탈하면서도 호탕한 것이 더 낫다.

涉世淺, 點染亦淺. 歷事深, 機械亦深. 故君子, 與其達練, 不若朴魯. 與其曲謹, 不若疎狂.

---

1) 원문의 '기계機械'는 교묘한 속임수나 거짓, 혹은 잔꾀나 권모술수를 말한다. 《장자莊子》 〈천지天地〉 편에 나온다. "내가 스승에게서 듣건대, 교묘함과 거짓을 쓰는 사람은 반드시 교묘한 일을 한다. 교묘한 일을 하는 사람은 반드시 잔꾀 부리는 마음을 갖고 있다. 잔꾀 부리는 마음이 가슴속에 있으면 순수하고 소박한 영혼이 갖춰지지 않는다. 순수하고 소박한 영혼이 갖춰지지 않으면 신성한 본성이 안정되지 않는다. 신성한 본성이 안정되지 않으면 도가 실어지지 않는다. 내가 알지 못하는 것이 아니라 부끄러워서 하지 않는 것이다.〔吾聞之吾師, 有機械者必有機事, 有機事者必有機心. 機心存於胸中, 則純白不備; 純白不備, 則神生不定; 神生不定者, 道之所不載也. 吾非不知, 羞而不為也〕" 덧붙이자면 '기機'는 본래 쇠뇌를 발사하는 방아쇠를 의미했는데, 이 문장의 핵심어인 '기심機心'은 나에게 어떤 이로운 일이 생길까 하면서 이리저리 머리를 굴리는 마음을 뜻한다.

2) '군자'란 학식과 덕행이 높은 사람을 가리킨다. 특히 공자 이래로 군자라는 말은 사회적 위치와 관련 없이 도덕적 품성이 높아 존경받는 사람을 가리킨다. 특히 공자는 군자의 길을 말하면서 믿음과 의로움의 관계를 중시했는데, 군자란 중용의 덕을 지키며 몸을 낮추어 사람들과 충돌하기보다는 여유로운 모습으로 대인의 풍모를 지키고 살며, 그런 모습을 간직해야 하는 존재가 군자다. 세상의 온갖 이치를 두루 알 수 있는 화통함과 유연성을 갖춘 인물이라는 의미이다. 소인小人은 이와 반대다.

【해설】

인간성을 상실하면 아부하게 되고 권모술수로 자신을 망가뜨린다. 지나친 세련미는 인간을 허식으로 몰아가므로, 우직하고 어수룩한 편이 더 낫다. 장자도 "교묘하게 다른 사람을 이기려 하지 말고, 모략으로 다른 사람을 이기려 하지 말며, 싸움으로 이기려 하지 말아야 한다.(無以巧勝人, 無以謀勝人, 無以戰勝人)"(《장자》 〈서무귀徐无鬼〉) 고 하지 않았던가. 자연을 거역하지 않는 것이 만사에 초연한 방법이다.

3) 세상을 살아가는 데 경험이 많다고 해서 좋은 것은 아니다. 그만큼 교묘한 눈속임이 판을 치게 되므로, 노자가 말한 '박로朴魯'라는 단어처럼 소박하고 노둔한 것이 더 낫다는 의미이다. 《논어論語》 〈위정爲政〉 편에 나오는 저 유명한 '불위여우不違如愚'라는 말은 "어기지 않는 것이 어리석은 것 같다"는 의미로, 공자가 안회와 온종일 대화를 하고 내린 총평이다. "내가 회(안회)와 온종일 이야기를 나눴는데, 어기지 않는 것이 어리석은 것 같았다. 물러간 뒤 그가 홀로 지내는 것을 살펴보니, 또한 [내가 해준 말들을] 완벽하게 실천하고 있었다. 회는 어리석지 않다.(吾與回言終日, 不違如愚. 退而省其私, 亦足以發, 回也不愚)" 자신과 함께 있을 때는 어기지 않고 고분고분하기만 한 것이 줏대가 없다고 생각했으나, 안회의 일거수일투족은 결코 어리석지 않다는 것이다. "눌언민행訥言敏行"(《논어》 〈이인里仁〉), 즉 말은 어눌하지만 행동이 민첩했던 어린 제자를 그토록 총애한 이유는 '어기지 않는' 것 때문이었을까? '불위不違'라는 말은 《논어》의 다른 편에도 나오니, "안회는 그 마음이 석 달 동안 인仁을 어기지 않았고, 그 나머지 사람들은 하루나 한 달 [인에] 이를 뿐이다.(回也, 其心三月不違仁, 其餘則日月至焉而已矣)"(〈옹야雍也〉)"라는 문장이다.

3. 알게 할 것과 모르게 할 것

군자의 마음속 생각은 푸른 하늘과 밝은 해와 같아,
남들로 하여금 알지 못하게 해서는 안 된다.
군자의 재능은 감춘 옥과 숨겨놓은 구슬처럼
남들로 하여금 쉽게 알지 못하게 해야 한다.

君子之心事, 天青日白, 不可使人不知. 君子之才華, 玉韞珠藏[4], 不可使人易知.

【해설】

푸른 하늘과 밝은 해는 꾸밈이나 거짓이 없듯이, 사람도 공명하고 바른 마음을 지녀야 한다. 자신의 재능을 가능하면 깊이 감추어 남의 눈에 띄지 않게 하는 것이 먼저 간직해야 할 삶의 지혜이다.

---

4) '옥온주장玉韞珠藏'이란 옥과 구슬을 잘 보관하여 남의 눈에 띄지 않게 간직한다는 말로, 《논어》 〈자한子罕〉 편에 나온다. "자공이 여쭈었다. '여기에 아름다운 옥이 있다면 궤에 넣어 보관하시겠습니까, 좋은 상인을 구하여 파시겠습니까?' 공자께서 말씀하셨다. '팔아야지! 그것을 팔아야지! 나는 상인을 기다릴 것이다.'〔子貢曰: '有美玉於斯, 韞匵而藏諸. 求善賈而沽諸.' 子曰: '沽之哉. 沽之哉. 我待賈者也.'〕" 군자와 소인의 차이는 감출 것과 드러낼 것을 명확히 하는 데서 드러난다. 소인은 감출 것은 드러내고 드러낼 것은 감추는 법이다.

4. 고수와 하수의 차이

권세와 이익, 분잡함과 화려함을 가까이하지 않는 사람은 정결하다.[5)]

그런 것들을 가까이하면서도 물들지 않는 사람은 더욱 정결하다.

지혜의 교묘함과 권모의 기교를 알지 못하는 사람은 고상하다고 하고,

그런 것을 알면서도 사용하지 않는 사람은 더욱 고상하다고 한다.[6)]

5) 세속에 물들지 않고 고결한 삶을 살아가려는 의지를 비유하는 말로 '기산세이箕山洗耳', '영수세이潁水洗耳'라는 말이 있다. 진대晉代 황보밀黃甫謐이 청고한 선비들의 언행과 일화를 모아 펴낸《고사전高士傳》이라는 책의 〈허유許由〉 편에 나오는 말이다. 허유의 자는 무중武仲이고 양성陽城 괴리槐里 사람으로, 사리가 분명하여 한 치의 흐트러짐도 보이지 않는 선비였다. 그의 성품을 높이 평가한 요임금은 자신의 자리를 물려줄 만하다고 생각하여 사신을 보내 허유가 은거하고 있는 기산에 찾아가게 했다. 그런데 허유는 제위에는 관심도 없을 뿐만 아니라, 구주九州의 수장으로 삼으려 한다는 사자의 말을 듣자, "들으려 하지 않고 영수 가에서 귀를 씻었다.〔不欲聞之, 洗耳於潁水濱〕"는 것이다. 그때 그의 친구 소부巢父가 송아지를 끌고 와 물을 먹이려다 귀 씻는 허유를 보고 까닭을 물었다. 허유가 "요임금이 나를 불러 구주의 수장으로 삼으려 하기에 그 소리가 듣기 싫어 귀를 씻고 있었네.〔堯欲召我為九州長, 惡聞其聲, 是故洗耳〕"라고 답하자, 소부는 한술 더 떠 시큰둥한 표정으로 이렇게 말했다. "자네가 만일 높은 언덕과 깊은 계곡에만 거처한다면 사람 다니는 길이 통하지 않을 테니 누가 자네를 볼 수 있었겠는가? 자네는 일부러 떠돌며 그 명예 듣기를 구한 것이니, 내 송아지의 입을 더럽혔네.〔子若處高岸深谷, 人道不通, 誰能見子. 子故浮游, 欲聞求其名譽, 污吾犢口〕" 그러고는 송아지를 끌고 상류로 올라가 물을 먹였다. 소부는 그 길로 기산으로 들어가 나무 위에 집을 짓고 살았다고 한다. 최고의 권력을 단칼에 거절할 수 있는 사람은 세상에 흔치 않다. 귀를 씻은 허유나 자신이 은자인 것조차 알리지 말아야 한다며 허유가 귀 씻은 물조차 더럽다고 한 소부의 절개와 지조는 오늘날에도 시사하는 바가 크다. 세상에 최고 권력을 마다할 사람이 몇이나 되겠는가. 그러나 이들은 본분을 지키고 자신이 거한 자리에 맞게 처신하여 이름을 더욱 드높였다.

勢利紛華, 不近者爲潔. 近之, 而不染者, 爲尤潔. 智械機巧, 不知者爲高. 知之, 而不用者, 爲尤高.

【해설】

탐욕이 강한 사람은 세속적인 것만 꿈꾼다. 권세·이익·분잡함·화려함 이 네 가지는 사람을 타락시키는 것이기에 이런 것들에 물들지 않는 사람이 바로 청렴한 사람이다. 고상한 사람은 남을 속이는 권모술수나 임시방편의 임기응변을 좋아하지 않는 인격자이다. 문제는 이런 사람들을 찾아보기 어렵다는 데 있다.

6) 이 문장은 노자가 말한 다음의 구절과 비교해서 읽어볼 만하다. "백성들을 다스리기 어려운 것은 그들이 지혜가 많기 때문이다. 따라서 지혜로써 나라를 다스리는 것은 나라의 도적이요, 지혜로써 나라를 다스리지 않는 것이 나라의 복이다.〔民之難治, 以其智多. 故以智治國, 國之賊, 不以智治國, 國之福〕" 백성의 지혜가 오히려 넘치는 것을 우려하고 있다. 노자에게 우민은 수단이지 목적이 아니다. 오늘날 노자의 이런 주장은 이상적이고 무모한 것으로 느껴진다. 하지만 달리 생각하면, 그만큼 노자 시대에 온갖 작위가 넘쳐났고 가치관의 일방적 강요가 횡행했음을 짐작할 수 있다.

5. 귀에 거슬리는 말과 마음에 거슬리는 말

귓속으로는 늘 귀에 거슬리는 말을 들으려 하고,

마음속으로는 마음에 거슬리는 일을 간직하고 있어야,

겨우 덕으로 나아가고 이는 행동을 닦는 숫돌이 된다.[7]

만일 하는 말마다 귀를 즐겁게 하고 하는 일마다 마음을 유쾌하게 한다면,

곧 이승의 삶을 잡아 짐새의 독[8] 속에 파묻는 것이다.

耳中常聞逆耳之言, 心中常有拂心之事, 總是進德修行的砥石. 若言言悅耳, 事事快心, 便把此生[9], 埋在鴆毒中矣.

7) 이 구절과 함께 읽어볼 구절이 《한비자韓非子》에 나온다. "군자는 말하는 것을 어려워합니다. 또한 지극한 말은 귀에 거슬리고, 마음에 거슬립니다. 현명하고 성스러운 군주가 아니면 아무도 들어주지 못합니다.(君子難言也. 且至言忤於耳而倒於心. 非賢聖莫能聽)"(《한비자》〈난언難言〉) 여기서 군자는 유세가를 말한다. 한비자는 군주를 설득하기 위해서는 논리보다는 마음으로 접근해야 한다고 보았다. 요컨대 상대방이 원하는 바를 잘 헤아려 유세하라는 것이다. 한비자는 이런 사례를 들었다. "오자서伍子胥는 지략이 뛰어났지만 오왕吳王이 그를 처형했고, 공자는 다른 사람을 설득하는 능력이 뛰어났지만 광匡 땅 사람들이 그를 억류했으며, 관중管仲은 진실로 현명했지만 노魯나라는 그를 죄인 취급했습니다. 이들 세 대부가 어찌 현명하지 않았겠습니까? 그들의 세 왕이 명석하지 못했던 탓입니다. 상고시대에 탕왕湯王은 훌륭한 성군이었고, 이윤伊尹은 매우 지혜로웠습니다. 쟁기질하던 농부인 이윤은 뛰어난 지혜로 훌륭한 성군을 설득하기 위해 일흔 번이나 유세했지만 받아들여지지 않았습니다. 그래서 그가 몸소 솥과 도마를 들고 가 요리사가 되어 친해지고 나서야, 탕왕이 비로소 그의 현명함을 알고 요직에 등용했습니다." 그러고는 다시 구체적으로 예시하면서, 익후翼侯라는 자는 불에 구워졌고, 비간比干은 심장이 도려내졌으며, 매백梅伯은 소금에 절여졌고, 오기吳起라는 자도 몸이 찢기는 형벌을 받았다고 했다.

8) 원문의 '짐독鴆毒'을 해석한 것으로, 맹독을 가리킨다. '짐鴆'은 광둥성에 사는 독 있는 새로, 이 새의 날개를 담근 술을 마시면 곧장 목숨을 잃는다고 한다.

【해설】

힘으로 자신을 지키는 자는 혼자 영웅이 되지만, 덕으로 자신을 지키는 자는 천하를 얻을 수 있으니, 덕을 쌓고 수양하는 것이 무엇보다도 중요하다. 순자가 《순자荀子》〈권학勸學〉 편에서 "나무에 그늘이 있어야 모든 새가 쉰다.〔林木茂而斧斤至焉, 樹成蔭而衆鳥息焉〕"라는 구절을 인용하면서 "나무에 잔가지도 없어 햇빛을 가릴 만한 공간이 없다면 누가 그 아래에서 쉴 수 있겠는가?"라고 한 데서 알 수 있듯이, 선비에게 덕은 기본적인 자질이다. 감언이설은 마치 짐독에 머리를 파묻는 것처럼 자신을 구렁텅이로 몰아갈 것이다.

9) '차생此生'이란 이승을 뜻하며, '전생前生'과 반대되는 개념이다. 말똥에 굴러도 이승이 좋다는 속담도 있지 않은가.

6. 마음이 기뻐야 하는데

사나운 바람과 성난 비가 내리면 날짐승도 두려워하지만, 맑게 갠 날 맑은 바람이 불어오면[10] 풀과 나무도 기뻐한다.[11] 알지어다, 천지에는 하루라도 온화한 기운이 없어서는 안 되고, 사람의 마음에는 하루라도 기쁜 마음[12]이 없어서는 안 된다는 것을.

疾風怒雨, 禽鳥戚戚. 霽日光風, 草木欣欣. 可見, 天地不可一日無和氣, 人心不可一日無喜神.

---

10) 원문의 '제일광풍霽日光風'은 '광풍제월光風霽月'이라는 성어로 더 알려져 있으니, 맑은 날의 바람과 갠 날의 달이라는 말로, 맑고 깨끗한 심성 혹은 그러한 사람을 비유한다. 중국 원대元代의 정사인 《송사宋史》〈주돈이전周敦頤傳〉을 보면, 주돈이는 북송의 유명한 유학자로 옛사람의 풍모가 있으며 올바른 정치를 하였다. 그는 태극太極을 우주의 본체로 보아 《태극도설太極圖說》을 지어 성리학의 토대를 구축한 학자이다. 송대의 대표적 시인 황정견黃庭堅은 주돈이의 인품을 다음과 같이 평하였다. "그 사람의 인품은 매우 고결하고, 가슴속은 맑은 날 바람과 갠 날의 달 같다.〔其人品甚高, 胸懷灑落, 如光風霽月〕" 또한 주자朱子의 시구에 이런 말이 있다. "파란 구름[은] 애오라지 흰 돌과 같은 멋이 있고, 청명한 달 맑은 바람이 다시 전해져 온다.〔青雲白石聊同趣, 霽月光風更別傳〕" '광풍제월'은 마음이 넓어 자질구레한 데 거리끼지 않고 쾌활하며 깨끗한 인품을 비유하는 말이다.

11) 야생에서 뛰노는 짐승들이나 무심한 풀과 나무도 주변 환경에 민감하게 반응하므로, 하물며 사람은 주위 환경에 더더욱 민감하지 않을 수 없다.

12) 원문의 '희신喜神'을 번역한 것이다. 여기서 '신神'은 '마음 심心' 자와 같은 뜻이다.

【해설】

조화롭고 즐거운 마음으로 인생을 즐겁게 살아야 한다. 마음이 즐거우면 세상이 즐겁고, 천지에 온화한 기운이 있어야 만물이 자라고, 사람도 마음이 유쾌해야 행복하고 평화롭다. 그러니 단 하루만이라도 즐겁게 살자.

7. 지인은 평범한 사람이다

진한 술이나 살진 고기, 맵고 단 맛이 참맛이 아니다.
참맛은 단지 담백할 뿐이다.
신묘하고 기이하며 탁월한 자는 지인至人[13]이 아니다.
지인은 단지 평범할 뿐이다.

醲肥辛甘, 非眞味. 眞味只是淡. 神奇卓異, 非至人.[14] 至人只是常.

【해설】

누구나 먹기 좋아하는 음식은 쉽게 싫증이 나기 마련이다. 사람

13) 《장자》〈소요유逍遙遊〉 편에 나오는 말로, "지인에게는 자기가 없고, 신인에게는 공이 없고, 성인에게는 이름이 없다.(至人無己, 神人無功, 聖人無名)"는 데서 나온 말이다. 즉 지인은 자신의 이익을 추구하지 않는 일정한 경지에 오른 사람을 지칭한다. 또 《장자》〈응제왕應帝王〉 편에서는 "지인이 마음을 쓰는 것은 마치 거울과 같아 자신의 의견을 펼치지 않고, 다른 사람의 호의를 받아들이지도 않고, 사물에 응하여 숨겨두지도 않는다. 그러므로 지인은 사물을 이기고 상처 받지 않을 수 있는 것이다.(至人之用心若鏡, 不將不迎, 應而不藏, 故能勝物而不傷)"라고 말하고 있다.

14) '도룡기屠龍技'라는 말이 있다. '도룡', 즉 용을 잡는 기술은 제아무리 수준이 높아도 쓸데없다는 말로, '도룡지술屠龍之術'이라고도 한다. 《장자》〈열어구列禦寇〉 편에서 장자가 지인과 성인聖人을 설명한 데서 유래한 말이다. "도를 알기는 쉬우나 말하지 않기란 어렵다. 도를 알면서도 말하지 않음은 하늘을 좇는 것이고, 알면서 말하는 것은 인위人爲의 경지로 가는 것이다. 옛날 지인들은 하늘을 좇고 인위로 가지 않았다. 주평만朱泙漫이라는 사람은 용을 죽이는 방법을 지리익支離益에게 배우느라 천금이나 되는 가산을 탕진하여 3년 만에 그 재주를 이루었지만 쓸 데가 없었다.(知道易, 勿言難. 知而不言, 所以之天也; 知而言之, 所以之人也; 古之人, 天而不人. 朱泙漫學屠龍於支離益, 單千金之家, 三年技成而無所用其巧)"

도 너무 남다른 체하면 오래가지 못한다. 담백한 음식 맛이 그렇듯이, 참된 사람은 평범한 가운데 진리가 있음을 실감케 한다. 그런데 사람은 그 이치를 모르고 자극적인 것만 찾는다. 지미무미至味無味라는 말처럼, 지극한 맛은 맛이 없는 것이다.

8. 아무리 바빠도 여유를

하늘과 땅은 고요하여 움직이지 않으나,

기氣는 쉬거나 잠시도 멈추는 일 없이 작용한다.

해와 달은 밤낮으로 바쁘게 치닫건만,

변함없는 밝은 빛은 영원토록 바뀌지 않는다.[15)]

그러므로 군자는 한가로울 때도 긴장될 때의 마음가짐을 유지해야 하고,

바쁜 가운데서도 여유롭고 한가로운 흥취와 맛을 지녀야만 한다.

天地寂然不動, 而氣機無息少停. 日月晝夜奔馳, 而貞明萬古不易. 故君子閒時要有喫緊[16)]的心事, 忙處要有悠閒的趣味.

【해설】

천지는 고요해서 움직이지 않는 것 같으나 쉼 없이 활동함으로써 만물을 자라게 한다. 천지자연의 이치가 보이지 않는 곳에서 작용하듯, 우리도 살아가는 동안 태연자약하게 지내면서도 늘 긴급한 상황을 설정해놓고 미리 대비해야 한다.

---

15) 천지자연의 이치가 그렇다. 활동하지 않는 듯해도 보이지 않는 이면에서는 활동하고, 해와 달도 부지런히 달리고 달려 빛을 비춘다. 우리도 태연자약한 가운데서도 늘 언제 닥칠지 모르는 일에 대비해야 한다.

16) '끽긴喫緊'이란 '매우 긴요하다'는 뜻이다.

9. 망상 다스리기

밤 깊어 인적이 고요한데 홀로 앉아 마음을 들여다보면,

비로소 망상이 다 사라지고 참된 마음이 오롯이 드러나는 것을 깨닫게 되니,[17]

언제나 이런 가운데에서 마음이 자유로이 노니는 경지를 얻게 된다.

이미 참된 본성이 드러났는데도 망상에서 벗어나기 어렵다는 것을 깨닫는다면

또한 이 가운데에서 크나큰 부끄러움을 느끼게 될 것이다.

夜深人靜, 獨坐觀心, 始覺妄窮而眞獨露, 每於此中, 得大機趣. 旣覺眞現而妄難逃, 又於此中, 得大慚忸[18].

【해설】

사람이 자신의 본성을 되찾고 참다운 삶의 의미를 발견하는 시간은 만물이 잠들어 있고, 고요하며, 혼자 있을 때이다. 명예욕과 망상에서 벗어나지 못하여 아등바등하는 자신을 바라보며 스스로를 꾸짖어야 한다.

---

17) 허망한 모든 생각을 떨쳐버리려면 홀로 있으면서 마음을 들여다보는 것이 최상이라는 의미이다.

18) '참뉵慚忸'은 '부끄러워하다'라는 뜻이다.

10. 마음에 거슬리는 곳이 있다고 해서

은혜 속에서 재앙은 피어나므로,
마음이 만족스러울 때 일찌감치 돌이켜보아야 한다.
간혹 실패했을 때 도리어 공을 이룰 수도 있으므로,
마음에 거슬리는 곳이 있다고 해서 곧바로 손을 놓지 마라.

恩裡, 由來生害. 故快意時, 須早回頭. 敗時, 或反成功. 故拂心處, 莫便放手.

【해설】

모든 것은 상대적으로 존재하므로 시비, 즉 옳고 그름이라는 이분법으로 단언하지 말아야 한다. 만족이란 스스로 얻는 것이지 남이 주는 것이 아니다. 자신의 일에 의미를 부여하고 그것이 중요함을 알면 만족할 수 있다. "지식이 넓다고 반드시 아는 것은 아니고, 분별력이 있다고 해서 반드시 지혜로운 것도 아닌데, 성인들은 그렇게 단정해왔다.〔且夫博之不必知, 辯之不必慧, 聖人以斷之矣〕."(《장자》〈지북유知北遊〉)고 한 장자의 말처럼, 사물의 이치란 묘하게 존재하므로 묘함을 깨달으려는 마음자세가 중요하다. 인간 스스로 자신의 깜냥을 과대평가하다 보면 무리수만 두게 된다.

11. 맑고 깨끗해야 하는 이유

명아주로 입을 달래고 비름나물로 내장을 채우는 사람은
대부분 얼음처럼 맑고 옥구슬처럼 정결한데,
곤룡포를 입고 맛있는 음식을 먹는 사람은
비복처럼 무릎 꿇고 노비 같은 얼굴로 아첨한다.
대체로 의지는 맑고 깨끗하여 밝게 되지만,
절개는 살지고 단것만 좇다가 상실하게 된다.

藜口莧腸者, 多氷淸玉潔. 袞衣玉食者, 甘婢膝奴顔. 蓋志以澹泊明, 而節從肥甘喪也.

【해설】

벼슬이나 권력 있는 자들은 행복할 것 같지만 전혀 그렇지 않다. 높은 벼슬에 올라 맛있는 음식을 먹는 사람들의 모습이 더 구차해 보인다. 속세의 그림자를 벗어나 재야에 있는 자들이 오히려 마음의 평안을 얻는 법이다. 《천자문》에 나오는 '해구상욕骸垢想浴'이라는 말처럼 몸에 때가 끼면 씻을 생각을 해야 하지 않을까?

12. 생전에 할 일과 사후에 할 일

마음이 고뇌에 찰 때는 마음을 느슨하고 너그럽게 써서
사람들로 하여금 불평스러운 탄식을 하지 않게 해야 한다.
죽은 뒤에는 은혜와 덕이 오래도록 흐르게 하여
사람들로 하여금 다함이 없다고 생각하게 해야 한다.

面前的田地[19), 要放得寬, 使人無不平之歎. 身後的惠澤, 要流得久, 使人有不匱[20)之思.

【해설】

살아 있을 때는 자신을 활짝 열어두어 사람들의 원한을 사지 말고, 죽은 뒤에도 은혜와 덕이 널리 퍼지도록 덕을 쌓아야 한다. 원한은 승패에 모든 것을 걸고 무소불위의 권력을 휘두르는 과정에 필연적으로 동반되는 최고의 흉이요 탈이다.

19) '전지田地'란 마음이나 심정을 비유하며, 밭이 곡식을 생산하듯 마음이 고뇌를 만들어내는 것을 말한다.

20) '궤匱'란 '다하여 없어지다'라는 뜻이다.

13. 양보하고 덜어주며 살아가라

작은 길과 좁은 곳에서는 한 걸음 양보하여 다른 사람이 먼저 가게 하고,

맛좋은 음식은 열 가운데 셋만 덜어서 다른 사람에게 맛보게 하라.

이것이 바로 세상을 살아가는 지극히 편안하고 즐거운 방법 가운데 하나이다.

徑路窄處[21], 留一步與人行. 滋味濃的, 減三分讓人嗜. 此是涉世一極安樂法.

【해설】

세상을 살아갈 때 남에게 양보하고 겸양의 미덕을 쌓는 것이 안락을 보장하는 길인데, 우리가 그렇게 하고 있는지 한번 돌아볼 일이다.

21) '착처窄處'는 '좁은 곳'이라는 뜻이다.

14. 속물근성에서 벗어나라

사람의 됨됨이에 대단히 고상하고 원대한 바가 있는 것은 아니니,

세속의 욕정[22]에서 벗어난다면 곧 명망 있는 부류에 들어가게 된다.

학문을 할 때 대단한 학식을 쌓는 공부가 있는 것은 아니니,

물욕의 얽매임[23]을 덜어 없애면 곧 성인[24]의 경지를 넘어서게 된다.

---

22) 권력과 부귀 등 속세의 가치에 다가서지 않는 것이 좋지만, 그런 속성을 알면서도 빠져드는 것이 인간 욕망의 근성이다. 합종가로 유명한 소진蘇秦이 6국의 재상 자리에 오르자 자신을 구박했던 형수를 찾아가 "부귀해지면 친척들이 두려워하고 가난하고 천하면 업신여긴다.(富貴則親戚畏懼之, 貧賤則輕易之)"(《사기史記》〈소진열전蘇秦列傳〉)고 말한 것처럼, 세태가 이러하니 자꾸만 부귀를 추구하는 것이다. 재상이 되어 천하의 모든 것이 다르게 보이던 어느 날, 소진은 북쪽 조나라 왕에게 일의 경과를 보고하러 가는 길에 낙양을 지나게 되었다. 짐을 실은 수레들의 행렬이 엄청날 뿐 아니라 제후들마다 소진을 모시려고 사신을 보내오기도 하고 전송하는 자가 너무 많아 군주의 행차에 견줄 만하였다. 옛날에 그를 그토록 무시했던 주나라 현왕顯王도 이 소문을 듣고 두려워 소진이 지나가는 길을 쓸게 하고 교외까지 사람을 보내 위로했다. 가족 사이에서도 성공해야 대접받는데, 남들과의 관계에서는 말해 무엇하랴.

23) 원문의 '물루物累'를 번역한 것으로, 《장자》〈각의刻意〉 편에 나온다. "지혜와 교묘함을 없애버리고 하늘의 이치를 따르므로 하늘의 재앙이 없게 되고 물욕의 얽매임이 없게 되며, 사람들의 비난이 없게 되고 귀신의 꾸짖음을 받지 않게 됩니다.(去知與故, 循天之理. 故無天災, 無物累, 無人非, 無鬼責)" 이와 관련된 사례 하나를 들어보자. 《열자列子》〈설부說附〉 편에 나오는 말이다. 옛날 제나라 사람 중에 금을 욕심내는 사람이 있었다. 그는 이른 아침 옷을 입고 시장에 가서 금 파는 곳을 찾아가 금을 훔쳤다. 관리가 그를 체포하고 그에게 물었다. "사람들이 모두 보고 있는데도 남의 금을 훔친 까닭이 무엇인가?(人皆在焉, 子攫人之金何)" 그 사람이 대답했다. "금을 가지고 갈 때는 사람은 보이지 않고 금만 보였습니다.(取金之時, 不見人, 徒見金)" 사람이 자기 목적만 성취하려 하다 보면 주위 여건을 고려하지 않고 무모해지기 십상이다. 자신을 너무 내세우지 말고, 때와 장소에 따라 알맞게 처신하라는 당부이다.

作人, 無甚高遠事業, 擺脫得俗情, 便入名流. 爲學, 無甚增益工夫, 減除得物累, 便超聖境.

【해설】

사람의 됨됨이와 학문은 세속의 때를 벗어야 이룰 수 있는 것이지, 책만 읽어서도 안 되고 물욕에 얽매여서도 안 된다. 경험적 지식과 욕망은 도道를 인식하는 데 선입관이나 편견으로 작용하니 이것을 제거해야 진리가 밝게 드러난다.

24) '성인聖人'은 본래 요임금이나 순임금처럼 덕망이 뛰어나고 판단력과 통찰력을 갖춘 이상적인 사람을 의미한다. 다시 말해 포괄적인 면을 함축한 말이다.

15. 의협심과 소박한 마음

벗을 사귈 때에는 모름지기 10분의 3의 의협심을 지녀야 하고, 사람의 됨됨이는 약간의 소박한 마음을 간직해야 한다.

交友, 須帶三分俠氣. 作人, 要存一點素心[25].

【해설】

교우관계든 인간관계든 모든 것을 이해타산으로만 봐서는 안 되며, 늘 순수하고 소박한 마음을 가져야 한다. 마땅히 그래야 하는 상황에서 무관심할 수 있는 여유, 불필요한 지식에 오염되지 않은 순결한 영혼, 소박한 인격, 단순한 생활 등이 '소심素心'의 개념에 담겨 있지 않겠는가?

25) '소심素心'은 도연명陶淵明의 〈귀원전거〉에 나온다. "다만 뽕나무와 삼이 잘 자라고 누에 칠 달에 길쌈을 하길 바라네. 소박한 마음이 바로 이와 같으니, 길을 닦아 좋은 벗 오길 바라네.〔但願桑麻成, 蠶月得紡績. 素心正如此, 開徑望三益〕"

16. 나서지 말고 분수를 지켜라

총애와 이익은 남보다 앞서서 차지하지 말고,
도덕과 사업은 남보다 뒤처지지 마라.
받아 누리는 것은 분수 밖으로 넘치지 않게 하고,
수양하고 실천하는 것은 분수 안으로 줄이지 마라.

寵利, 毋居人前. 德業, 毋落人後. 受享, 毋踰分外. 修爲, 毋減分中.

【해설】

군자와 소인의 차이는 결국 이익의 문제에 달려 있다. 남보다 더 챙기려 하지 말고 늘 분수껏 처신하는 것이 중요하다. 온갖 작위가 넘쳐나고 가치관을 일방적으로 강요하는 현실에서 비극이 시작된다.

17. 양보하고 남을 챙겨라

세상을 살아갈 때 한 걸음 양보하면 올라갈 수 있고,

한 걸음 물러나는 것이 곧 한 걸음 나아가는 기본이다.

사람을 대할 때는 약간 너그럽게 하는 것이 복이 되니,

남을 이롭게 하는 것이 실제로는 자신을 이롭게 하는 근본이자 기초이다.

處世, 讓一步爲高. 退步, 卽進步的張本. 待人, 寬一分是福. 利人, 實利己的根基.

【해설】

남을 위하는 것이 곧 자신을 위하는 것이고, 남에게 양보하는 것이 곧 내가 나아가는 길임을 아는 것이 처세의 기본이요 사람 대하는 기법이다. "공이 이루어지면 자신은 물러나는 것이 하늘의 이치이다.〔功遂身退, 天之道〕"(《노자》 9장)라는 노자의 말과 기본적으로 맥락이 같다.

18. 자만과 뉘우침

세상을 덮을 만한 공로도 '긍(矜: 자만)' 한 글자를 감당할 수 없고,[26)]

하늘에 닿을 듯한 죄와 허물도 '회(悔: 뉘우침)' 한 글자를 당해내지 못한다.

蓋世功勞, 當不得一箇矜字. 彌天罪過, 當不得一箇悔字.

26) "우자천려, 필유일득愚者千慮, 必有一得"이라는 말이 있다. 아무리 어리석은 사람도 천 번 생각하다 보면 한 번 정도는 취할 만한 생각이 있다는 의미이다. 《사기》〈회음후 열전〉에 이런 내용이 있다. 한漢나라 대장군 한신韓信이 조趙나라 군대 20만 명을 배수진을 친 끝에 물리치고 명장 이좌거李左車를 사로잡는다. 이좌거의 역량을 아는 한신은 그에게 북쪽 연燕나라와 동쪽 제齊나라를 이길 수 있는 방법에 관해 의견을 구했으나, 이좌거는 '패배한 장수는 용기를 말하지 않는다.(敗將不可以言勇)'는 말만 하면서 좀처럼 마음의 문을 열지 않다가 마침내 이렇게 말했다. "신이 듣기로, '지혜로운 사람도 천 번 생각에 한 번의 실수가 있을 수 있고, 어리석은 사람도 천 번 생각하면 한 번은 얻음이 있을 수 있다.(智者千慮, 必有一失. 愚者千慮, 必有一得)'고 하였습니다. 그래서 성인은 '미치광이의 말도 가려서 듣는다'고도 하였습니다. 신의 계책이 반드시 채택될 만한 것은 못 되지만 그래도 충심껏 아뢰겠습니다." 이좌거의 말은 겸허한 듯하면서도 대단한 자부심이 깔려 있다. 이좌거가 마음의 문을 연 이유는 무엇일까? 바로 한신이 한 이 말 때문이었다. "내가 들은 바로는 현인 백리해百里奚가 우虞나라에 살 때는 우나라가 망하였으나, 진秦나라에 있게 되자 진나라가 제후들의 우두머리가 되었다고 합니다. 백리해가 우나라에 있을 때는 어리석었다가 진나라에 간 뒤 지혜로운 사람이 된 것은 아닙니다. 군주가 그를 등용했는지 등용하지 않았는지, 또 그의 말을 받아들였는지 받아들이지 않았는지에 달린 일입니다. 만약 성안군이 당신의 계책을 들었다면 나 같은 사람은 이미 포로가 되었을 것입니다. 성안군이 당신을 쓰지 않았기 때문에 내가 당신을 모실 수 있게 된 것뿐입니다. 마음을 다하여 당신의 계책을 따르겠으니 부디 사양하지 마십시오." 한신의 겸손에 이좌거는 감동했고, 그의 은근한 자부심이 빛을 발하여 한신은 고조 유방을 도와 천하를 통일하게 된다.

【해설】

이 두 글자야말로 세상을 살아가는 중요한 처세의 원칙이다. 즉 자신을 뽐내는 것보다 어리석은 행위는 없으며, 뉘우치는 것보다 중요한 덕목도 없다. 이런 사유는《상서》〈대우모大禹謨〉편에 나오는 "자만은 손해를 불러오고, 겸손은 이익을 거두게 해준다.〔滿招損, 謙受益〕"라는 말을 떠올리게 한다.[27)]

27) 공자도 자장子張이 녹봉을 구하는 방법을 물었을 때, 최종적으로 "말에 허물이 적고 행동에 후회가 적으면 녹봉은 그 안에 들어 있다.〔言寡尤, 行寡悔, 祿在其中矣〕"(《논어》〈위정爲政〉)라는 말을 남겼다.

19. 빛을 감추고 덕을 길러야

완벽한 명성과 훌륭한 공로를 혼자만 차지해서는 안 된다.

조금은 다른 사람에게 주어야만 해로움을 멀리하고, 자신을 온전히 할 수 있을 것이다.

욕된 행위와 더러운 이름을 남에게 전부 떠안겨서는 안 된다.

조금은 자신에게 돌려야만 빛을 감추고 덕을 기를 수 있을 것이다.

完名美節, 不宜獨任. 分些與人, 可以遠害全身. 辱行汚名, 不宜全推. 引些歸己, 可以韜光養德[28).

【해설】

좋은 명성은 남에게 돌리고, 더러운 이름은 본인이 책임지는 것이 좋다. 칭찬을 독차지하지 않고 불명예를 남에게 미루지 않는 자기희생이 덕을 쌓는 지름길이다. 맨 마지막 구절 '도광양덕韜光養德'은 멀리 보고 남들이 눈치채지 않게 하면서 자신을 다지라는 의미이다.

---

28) 양회도광養晦韜光 혹은 도광온덕韜光韞德 혹은 도광양회韜光養晦와 유사한 말로, 정관응鄭觀應의《성세위언盛世危言》〈초간자서初刊自序〉에도 나온다. 사조謝脁의〈제경황후애책문齊敬皇后哀策文〉에도 "덕을 먼저하고 빛을 감춰라.〔先德韜光〕"라는 말이 나오는데, 이 역시 유사한 개념으로 보아야 한다.

20. 여지를 남겨라

일마다 여유를 두어 다하지 않는 의미를 남겨두어야,

조물주도 나를 꺼리지 않고 귀신도 나를 해치지 못한다.

사업이 반드시 만족하기를 바라고 공명이 가득 차기만을 바란다면,

안으로 변고가 생기지 않더라도 반드시 밖에서 근심을 불러일으킨다.

事事留個有餘不盡的意思, 便造物不能忌我, 鬼神不能損我. 若業必求滿, 功必求盈者, 不生內變, 必召外憂.

【해설】

인간의 욕망은 만족을 모른다. 채우면 채울수록 욕망이 더 커진다. 마음에 여유가 있어야 운명도 나를 빗겨간다. 욕심은 재앙을 초래하므로 욕심을 억제하여 항상 적당한 여지를 남기며 살아가는 것이 지혜다. 여기서 '영盈' 자의 이면에는 차면 기운다는 이치가 담겨 있다.

21. 참부처의 의미

가정에는 참부처가 한 명씩 있고 일상에도 참다운 도가 있으니,

사람이 성실한 마음과 온화한 기운, 유쾌한 얼굴빛과 부드러운 말씨로 부모와 형제로 하여금 육체와 골격 둘을 풀어 [한 몸처럼 되게 하고] 뜻과 기운이 서로 교류하게 하면, 숨을 고르고 마음을 보는 것보다 만 배는 낫다.

家庭有個眞佛, 日用有種眞道. 人能誠心和氣, 愉色婉言, 使父母兄弟間, 形骸兩釋, 意氣交流, 勝於調息[29]觀心[30]萬倍矣.

【해설】

참부처는 절이 아닌 집에도 있을 수 있으며, 진리 또한 일상생활에서 찾아야만 한다. 사람의 마음이 온화하고 명랑하며 말투가 부드러우면 부처님 앞에 앉아 있는 것보다 훨씬 더 진리에 다가서는 것이다.

---

29) '조식調息'이란 도사가 양생하기 위해 정좌하여 숨을 고르는 것이다.

30) '관심觀心'이란 불자가 좌선하고 안으로 반성하는 것이다.

22. 도를 터득한 사람의 본질

활동하는 것을 좋아하는 사람은
구름 속의 번개나 바람에 흔들리는 등불과 같고,
고요함을 즐기는 사람은
불 꺼진 재나 마른 나뭇가지와 같다.
모름지기 움직이지 않는 구름과 멈춰 있는 물[31] 속에서
솔개가 날고 물고기가 뛰노는 것과 같은 기상이 있어야

---

31) 원문의 '지수止水'를 번역한 말이다.《장자》〈덕충부德充符〉 편에 덕이란 참된 도를 체득한 인간의 내면이 밖으로 드러난 것임을 밝히는 문답 네 개가 담겨 있는데, 여기에 나오는 말이다. 노나라에 형벌로 발뒤꿈치를 잘린 불구자가 있었는데, 이름이 왕태王駘라고 했다. 그는 덕망이 매우 높아서 그를 따라 배우는 이가 공자의 제자와 거의 맞먹을 정도였다. 그래서 공자의 제자 상계常季가 공자에게 이렇게 물었다. "왕태는 외발이 불구자입니다. 그런데 그를 따르는 이가 선생님의 제자와 노나라 인구를 반씩 갈라 가질 정도입니다. 그는 서 있어도 가르치지 않고 앉아 있어도 의논하는 일이 없는데, 빈 마음으로 찾아갔던 이가 무언가를 가득 얻고 돌아옵니다. 본래 말 없는 가르침이라는 것이 있어서 겉으로 드러나지는 않아도 속으로 완성된 마음을 지닌 사람이 아닐까요? 그는 어떤 사람입니까?〔王駘, 兀者也, 從之遊者, 與夫子中分魯. 立不敎, 坐不議, 虛而往, 實而歸. 固有不言之敎, 無形而心成者邪? 是何人也〕" 공자가 대답했다. "그분은 성인이다. 나는 아직 찾아뵙지 못했지만 앞으로 스승으로 삼으려고 한다. 하물며 나만 못한 사람들이야 말할 것이 있겠느냐. 노나라 사람뿐만 아니라 온 천하 사람을 이끌고 가서 그를 따르려고 한다." 상계가 또 물었다. "그는 스스로를 수양함에 자기 지혜로 그 마음을 터득하고, 스스로의 마음으로 그 변함없는 본심을 터득했습니다. 그러고 보면 그것은 자기 자신을 위해서 한 수양인데, 세상 사람들은 어째서 그에게 모여들까요?" 공자가 대답했다. "사람은 흐르는 물을 거울삼지 않고 잔잔하게 가라앉은 물을 거울삼는다. 잔잔하게 가라앉았기 때문에 다른 모든 가라앉은 것을 잔잔하게 할 수 있다.〔人莫鑑於流水, 而鑑於止水, 唯止能止衆止〕" 공자의 말은 '지수止水', 즉 정지되어 가라앉은 물만이 무언가를 비출 수 있듯이, 왕태에게 제자들이 달려가는 이유는 일부러 불러모으지 않아도 사람들을 모여들게 하는 보이지 않는 힘이 있기 때문이라는 뜻이다. 말하자면 상심常心을 얻은 자는 사물을 객관적으로 바라볼 수 있는 시각을 얻은 것이다.

겨우 이것을 도를 터득한 마음의 본체라고 하는 것이다.

好動者, 雲電風燈. 嗜寂者, 死灰槁木. 須定雲止水中, 有鳶飛魚躍[32)]氣象, 纔是有道的心體.

【해설】

사람은 어느 곳에서든 중심을 잡아야 하며, 동적인 사람이나 정적인 사람이나 모두 정중동靜中動의 경지에는 쉽게 도달하지 못한다. 사람의 마음은 언제나 태연한 가운데 동적인 마음을 간직해야 한다.

32) '연비어약鳶飛魚躍'은 후집 66번에도 나오는데, '어약연비魚躍鳶飛'로 앞뒤 단어가 바뀌어 있다. 출전은 《시경詩經》 대아大雅의 〈한록旱麓〉 편이다. "솔개는 날아 하늘에 이르고 고기는 연못에서 뛰논다.〔鳶飛戾天, 魚躍於淵〕"는 의미이다.

23. 꾸짖거나 베푸는 방법

남의 잘못을 꾸짖을 때는 너무 엄하게 하지 마라.
그 사람이 견디어 받아들일 수 있을지 생각해야 한다.
남에게 선을 베풀 때 지나치게 높게 하지 마라.
그 사람으로 하여금 따를 수 있게 해야 한다.[33)]

攻人之惡, 毋太嚴. 要思其堪受. 教人以善[34)], 毋過高. 當使其可從.

【해설】

칭찬이든 꾸짖음이든 지나치면 역효과를 낸다. 특히 너무 심하게 꾸짖어 반감을 초래해서는 안 되며, 마음으로 느끼게 하는 배려와 묘미가 필요하다.

33) 사람 다루는 법을 말하고 있다. 너무 가혹하게 해서도 안 되고 너무 고상하게 해도 역효과가 난다는 뜻이다. 상대가 받아들일 만큼 적당한 선 안에서 응대하고 궁지로 몰아가지 말라는 것이다. 선을 베푸는 것도 마찬가지이다.

34) '선善'이라는 글자를 그대로 두었다. 유가의 비조 공자는 '선善'을 '미美'와 함께 거론하는 경우가 많았다. "공자께서 〈소韶〉(순임금 때의 악곡 이름)를 일러 말씀하셨다. '지극히 아름답고, 또 지극히 선하구나.〔子謂韶. 盡美矣, 又盡善也〕'"(《논어》〈팔일八佾〉) 여기서 '미'는 아마도 소리 자체를, '선'은 내용을 가리킬 것이다.

24. 깨끗함은 더러움으로부터, 밝음은 어둠으로부터

굼벵이는 몹시 더럽지만 매미로 변하여[35] 가을바람에 이슬을 마시고,

썩은 풀은 빛이 없지만 반딧불로 변하여 여름밤을 빛낸다.

진실로 알지어다, 깨끗함은 늘 더러움으로부터 나오고 밝음은 언제나 어둠으로부터 생겨난다는 것을.

糞蟲至穢, 變爲蟬, 而飮露於秋風. 腐草無光, 化爲螢, 而輝采於夏月. 固知, 潔常自汚出, 明每從晦生也.

【해설】

썩은 흙을 먹고 자라는 굼벵이는 나중에 매미로 변하여 맑은 이

35) '환골탈태換骨奪胎'라는 성어의 의미인 뼈를 바꾸고 태아를 빼앗는다는 말과 같은 개념으로, 옛 시문의 뜻은 따르고 어구만 고쳐 자기의 시문으로 삼는다는 것과 맥락이 같다. 내용을 간단히 살펴보자. 황정견黃庭堅은 소식과 함께 북송을 대표하는 시인으로 시구를 다듬어 세련되게 하는 데 온 힘을 기울였다. 남송의 승려 혜홍惠洪은《냉재야화冷齋夜話》라는 시 평론서에서 황정견의 말을 인용하여 이런 말을 한 적이 있다. "시의 뜻은 그 끝이 없지만 사람의 재주는 한계가 있다. 한계가 있는 재주로 무궁한 뜻을 추구하려 든다면 도연명이나 두보杜甫라 할지라도 그 교묘함을 잘 얻지 못할 것이다. 그 뜻을 바꾸지 않고 자기 말로 만드는 것을 환골법이라 하고, 그 뜻에 빗대어 형용하는 것을 탈태법이라고 한다." 환골이란 도가에서 영단靈丹을 먹어 보통 사람의 뼈를 선골仙骨로 만드는 것을 말하며, 탈태는 시인의 시상이 어머니의 자궁 속에 있는 아기와 같아서 자궁을 자기 것으로 삼아 시적 경지로 변화시킨다는 뜻이다. 그러므로 환골탈태란 옛 시인들이 지은 시구를 자기 시에 그대로 끌어다 쓰는 방법으로, 작시의 한 기법이다. 이 개념이 변하여 구시대적 사고를 새롭게 바꾸는 것을 의미하게 되었다.

슬을 마시며 고고하게 산다. 썩은 풀도 반딧불로 변하여 아름다운 빛을 내며 날아다닌다. 모든 일에는 과정이 있는 법이다.

25. 객기를 부리지 마라

높다고 자랑하고 오만하게 구는 것은 객기가 아님이 없으니,[36)]
객기를 항복시켜야만 정기가 펼쳐질 수 있다.
정욕과 의식[37)]은 모두 망령된 마음에 속하는 것이니,
망령된 마음을 다 없앤 뒤에야 참마음이 나타나게 된다.

矜高妄傲, 無非客氣. 降伏得客氣下, 而後正氣伸. 情欲意識, 盡屬妄心. 消殺得妄心盡, 而後眞心現.

【해설】

객기를 부리면 거만함과 뽐내려는 마음이 충동질하여 온갖 욕망과 잡념이 발동하므로 이를 경계해야 한다. 객기를 몰아내야 정기가 자라나고 망령된 마음이 참마음으로 바뀌는 것이다.

---

36) 높은 자리건 낮은 자리건 정도의 차이는 있을지언정 겸손한 인품이 중요하다는 뜻이다. "최고의 선은 물과 같다. 물은 만물을 이롭게 하는 데 뛰어나지만, 다투지 않고 모든 사람들이 싫어하는 곳에 머문다. 그러므로 도에 가깝다.〔上善若水. 水善利萬物而不爭, 處衆人之所惡, 故幾於道〕"(《노자》 8장)나 "장수 노릇을 잘하는 자는 무용을 뽐내지 않고, 싸움을 잘하는 자는 노여워하지 않으며, 적을 잘 이기는 자는 [그와] 더불어 [싸우지] 않고, 사람을 잘 부리는 자는 그보다 자기를 낮춘다. 이것을 다투지 않는 덕이라 한다.〔善爲士者不武, 善戰者不怒, 善勝敵者不與, 善用人者爲之下, 是謂不爭之德〕"(《노자》 68장) 등을 더불어 읽을 만하다.

37) 원문의 '의식意識'은 불교 용어로 이해와 득실 등을 판단하는 지능을 말하며, 불교의 육식六識 중 맨 마지막에 속한다.

26. 미리 예방해라

배불리 먹고 난 뒤에 음식의 맛을 생각하면 맛있고 맛없는 경계가 모두 사라지고,

색욕을 충족시키고 난 뒤에 음욕을 생각하면 남녀 간의 정념이 끊어진다.

그러므로 사람은 늘 일이 끝난 뒤에 뉘우치는데, 일을 시작할 때 어리석음과 혼미함을 깨뜨린다면, 본성이 확고해지고 행동도 바르지 않음이 없게 될 것이다.

飽後思味, 則濃淡之境都消. 色後思婬, 則男女之見盡絕. 故人常以事後之悔悟, 破臨事之癡迷, 則性[38]定而動無不正.

【해설】

사람은 누구나 일상을 벗어난 지나친 것을 추구하지만, 자신의 본성을 잃지 말고 과도한 것을 경계하는 마음을 가져야 한다. 늘 바르게 행동하기 위해 평정심을 유지하려는 의지가 중요하다.

---

38) 원문의 '성性'은 '하늘이 나에게 준 것〔天所以與我者〕'이다. 《중용中庸》에서 "하늘이 명한 것을 '성'이라 하고, '성'에 따르는 것을 '도'라 한다.〔天命之謂性, 率性之謂道〕"고 말한 것과 같은 맥락으로 볼 수 있다.

27. 한적과 벼슬 사이

높은 관직에 있어도 산림에 묻혀 사는 기질과 맛이 없어서는 안 된다.

숲속과 샘물이 흐르는 산림에 은거하면서도 나라를 다스리는 경륜을 품어야 한다.

居軒冕[39]之中, 不可無山林的氣味. 處林泉之下, 須要懷廊廟之經綸[40].

【해설】

높은 벼슬자리에 있어도 자연을 벗 삼고 은자의 고결함을 지니는 여유가 있어야 한다. 지위에만 급급하면 자신을 망칠 뿐 아니라 국가와 사회에도 죄를 짓게 된다. 또한 설령 은둔해 있더라도 늘 나라를 걱정하는 선비의 자세를 견지해야 한다. 동산고와東山高臥[41]라는 말이 있다. 동산 높은 곳에 누워 있다는 말로, 동산에 숨어 여

39) '헌면軒冕'에서 '헌'은 대부 이상이 타는 수레를 뜻하고 '면'은 대부 이상이 머리에 쓰는 예관, 즉 면류관을 뜻한다.

40) '경륜經綸'은 '실을 다스리는 일治絲之事'이라는 의미로, 다스리다는 뜻이다. "운뢰는 둔이다. 군자는 그로써 다스린다.〔雲雷, 屯, 君子以經綸〕"라는 말이 《주역》 '수뢰둔괘水雷屯卦'에 나온다.

41) 《진서晉書》〈사안전謝安傳〉에 나오는 말이다. 동진 때 환온桓溫이라는 이가 권력을 휘두르며 진晉나라를 무너뜨리고 자신이 직접 제위에 오르려고 하여, 진나라의 정세가 매우 혼란스러웠다. 진晉나라의 사안(謝安, 자는 안석安石)이라는 이는 세속적 권력과 부귀를 등지고 동산으로 들어가 은둔지사가 되었다. 그의 동산 생활은 자연에 귀의하는 삶이었다. 사안의 인물됨이 익히 알려져 있던 터라 조정에서 여러 차례 사람을 보내 조정으

유롭게 산다는 뜻이다. '동산'은 절강성 임안현 서쪽에 있는 산 이름이고, '고와'란 세상을 피해 산속에 숨어 평화롭게 사는 것을 말한다.

로 돌아와달라고 청했다. 그러나 사안은 자신이 있을 곳은 조정이 아니라 동산이라며 응하지 않았다.

28. 성공과 감동 사이

세상을 살아가면서 성공을 꼭 구하지 말지니, 허물이 없는 것이 바로 성공이다.

다른 사람에게 줄 때 [나의] 덕에 감동하기를 바라지 말지니, 원망을 사지 않는 것이 바로 은덕이다.

處世, 不必邀功, 無過便是功. 與人, 不求感德, 無怨便是德.

【해설】

처세의 기본은 지나치지 않는 것, 무리수를 두지 않는 것이다. 세상을 살아가면서 남의 입방아에 오르내리지 않는다면 적어도 잘 살아간다고 할 수 있다. '과즉물탄개過則勿憚改'라는 말처럼, 허물이 있으면 고치기를 꺼리지 말고 잘못을 범했을 때는 곧장 바르게 고쳐야 한다.

29. 지나치지 마라

근심하면서 부지런한 것은 미덕이지만, 너무 고달프면 본성에 따라 감정을 기쁘게 할 수 없다.

담담하고 결백한 것은 고매한 품격이지만, 너무 [인정이] 메마르면 남을 구제하고 만물을 이롭게 할 수 없다.

憂勤是美德. 太苦則無以適性怡情. 澹泊是高風. 太枯則無以濟人利物.

【해설】

근면의 미덕은 아무리 강조해도 지나치지 않다. 하지만 몸과 마음을 지나치게 수고롭게 하면 결국 건강을 해치게 된다. 근면하되 자신을 돌아보는 여유가 있는 삶의 자세가 필요하고, 다른 사람의 입장에서 생각해보는 너그러움도 요청된다.

30. 초심으로 돌아가고 끝을 생각해라

일이 막히고 형세가 쪼그라든 사람은 마땅히 처음에 지녔던 마음의 근원으로 돌아가야 한다.

공이 이루어져[42] 행동이 만족스러워진 선비는 마지막 길을 살펴야만 한다.

事窮勢蹙之人, 當原其初心. 功成行滿之士, 要觀其末路.

【해설】

실패하든 성공하든 늘 냉정한 자세로 스스로 돌파구를 찾는 것이 중요하다. 성공했다고 해서 너무 치닫지 말고 잠시 멈추어 미래를 내다보는 여유가 필요하다는 것이다. 특히 선비는 학문에 뜻을 두고 학문이 깊어질수록 어진 이에 가까워지는 사람이다. 어진 이

42) 원문의 '공성功成'은 '공수功遂'라는 말과 같다. 노자의 말을 한번 읽어보자. "가지고 있으면서 그것을 채우려 하면 그만두는 것만 못하니, [날을] 다듬으면서 그것을 뾰족하게 하면 오래 보존할 수 없다. 금과 옥이 집안에 가득 차도 그것을 지킬 수 없고, 부귀하면서 교만하면 스스로 그 허물을 남긴다. 공이 이루어지면 스스로 물러나는 것이 하늘의 이치이다.〔持而盈之, 不如其已, 揣而銳之, 不可長保. 金玉滿堂, 莫之能守, 富貴而驕, 自遺其咎. 功遂身退, 天之道〕"(《노자》 9장) '공수신퇴功遂身退'는 사람이 공을 세우고 자리를 오래 차지해서는 안 된다, 물러나지 않고 자리도 피하지 않으면 해를 당하니 이는 하늘의 상도라는 의미이다. 해와 달이 그렇듯 만물에는 성함이 있으면 반드시 쇠함이 있으며, 즐거움이 극에 이르면 슬퍼질 때가 온다. 노자는 인간의 근본적인 권력욕을 역설적으로 말하고 있다. '토사구팽'도 물러날 때와 장소를 구분하지 못하는 인간의 어리석음을 빗댄 말이다. 부귀나 재물, 명예를 갖고 있다면 갖고 있다는 사실 자체를 잊어버리라는 것이 노자의 충고다. 교만해지면 모든 것을 송두리째 잃는 것은 순식간이다.

는 남과 구별되는 나, 즉 육체를 중심으로 파악하는 나로서의 삶을 극복하고 남과 하나인 나, 즉 본마음을 중심으로 하는 나로서의 삶을 영위하는 자이다.

31. 각박하게 굴지 말고 감춰두어라

잘살고 존귀한 집안은 마땅히 너그럽고 돈후해야 하는데도 도리어 시기하고 각박하면

이는 잘살고 귀하면서도 그 행실을 가난하고 천하게 하는 것이니, 어찌 온전히 누릴 수 있겠는가?

총명한 사람은 마땅히 [그 재능을] 거두어 감춰야 하는데도 도리어 드러내고 빛나게 한다면[43)]

---

43) '낭중지추囊中之錐'라는 고사성어가 있다. '주머니 속의 송곳'이라는 말로, 재능이 뛰어난 사람은 숨어 있어도 곧 남의 눈에 띈다는 뜻이다. 《사기》〈평원군우경 열전平原君虞卿列傳〉에 나오는 말이다. 진秦나라가 조나라의 수도 한단을 포위하자, 조나라는 당시 전국戰國 사공자四公子 중 한 명인 평원군(조승趙勝)을 보내 초나라에 도움을 청하게 하였다. 평원군은 빈객과 문하 중에서 용기와 힘이 있고 문학적 소양과 무예를 두루 갖춘 사람 스무 명과 함께 가기로 약속했다. 평원군이 열아홉 명을 뽑고 나머지 한 명을 뽑지 못해 스무 명을 채우지 못하고 있을 때, 모수毛遂라는 이가 앞으로 나서 스스로 자신을 추천하며 평원군에게 말했다. "초나라와 합종 맹약을 맺기 위해 빈객과 문하 스무 명과 함께 가기로 약속하고, 밖에서 사람을 찾지 않기로 했다고 들었습니다. 한 사람이 모자라니 저를 그 일행에 끼워주십시오." "선생은 내 빈객으로 있은 지 몇 해나 되었소?" "3년 됐습니다." "대체로 현명한 선비는 비유하자면 주머니 속에 있는 송곳과 같아서 그 끝이 금세 드러나 보이는 법이오. 그런데 선생은 내 빈객으로 3년이나 있었지만 내 주위 사람들이 선생을 칭찬한 적이 한 번도 없으며, 나도 선생에 대해 들은 바가 없소. 이것은 선생에게 이렇다 할 재능이 없다는 뜻이오. 선생은 같이 갈 수 없겠으니 남아 있으시오." "저는 오늘에야 당신의 주머니 속에 넣어달라고 부탁드리는 것입니다. 저를 좀 더 일찍 주머니 속에 있게 했더라면 송곳 자루까지 밖으로 나왔을 것입니다. 겨우 그 끝만 드러나 보이지는 않았을 것입니다." 평원군은 결국 모수와 함께 가기로 했다. 열아홉 명은 모수를 업신여겨 서로 눈짓하며 비웃었으나, 그러한 마음을 입 밖으로 내어 말하지는 않았다. 그러나 예상과 달리 모수의 큰 활약으로 교섭이 성공리에 이루어졌다. 평원군은 조나라로 돌아와 이렇게 말했다. "다시는 감히 선비를 고르지 않겠다. 내가 지금까지 고른 선비 수는 많다면 천 명이고 적어도 백여 명은 될 것이다. 나는 스스로 천하의 선비를 잃은 적이 없다고 생각해왔는데, 이번 모 선생의 경우에는 실수하였다. 모 선생은 한 번 초

이는 총명하면서도 그 병폐에 어리석고 어두워질 것이니, 어찌 실패하지 않겠는가?

富貴家, 宜寬厚, 而反忌刻. 是富貴而貧賤其行矣, 如何能享. 聰明人, 宜斂藏, 而反炫耀. 是聰明而愚懵[44]其病矣, 如何不敗.

【해설】

잘살든 못살든 귀하든 천하든, 각자의 입장에서 처세하는 것이 대단히 중요하다. 재능이 있다고 뽐낸다면 다른 사람의 미움을 받는 것은 당연지사이다. 그러기에 태공도 이렇게 말하였다. "자신을 귀하게 여김으로써 다른 사람을 천하게 여기지 말고, 스스로를 잘났다고 여겨 다른 사람을 멸시하고 하찮게 여기지 마라.〔勿以貴己而賤人, 勿以自大而蔑小〕"[45]

나라에 가서 조나라를 구정九鼎이나 대려大呂보다도 무겁게 만들었다. 모 선생의 세 치 혀는 군사 백만 명보다도 강했다. 나는 감히 다시는 인물을 평가하지 않겠다." 그러고는 모수를 상객으로 삼았다. 결국 재능은 드러나게 되는 것이 아닌가. 물론 재능을 너무 빛나게 하려고 요란을 떨어서는 안 된다.

44) '우몽愚懵'은 '어리석고 어둡다'는 뜻이다.

45) 《명심보감明心寶鑑》〈정기正己〉 편에 나온다.

32. 절제의 미학

낮은 곳에 살아보고 나서야 높은 곳에 오르는 것이 위태롭다는 것을 알게 되고,

어두운 곳에 처하고 나서야 밝은 곳을 향하는 것이 지나치게 드러난다는 것을 알게 된다.

고요함을 지키고 나서야 활동하기 좋아하는 것이 지나치게 수고롭다는 것을 알게 되며,

침묵을 수양하고 나서야 말 많은 것이 시끄럽다는 것을 알게 된다.

居卑而後, 知登高之爲危. 處晦而後, 知向明之太露. 守靜[46]而後, 知好動之過勞. 養默而後, 知多言之爲躁.

【해설】

겪어보지 않으면 얼마나 가치 있는지 얼마나 위험한지 알지 못한다. 그러므로 높은 곳에 올라도 겸손하고 낮은 곳에 있어도 비굴하지 않는 자세가 필요할 터이다.

---

46) 원문의 '수정守靜'은 《노자》 16장에서 나온다. "[마음이] 비어 있음의 극치에 이르면, 고요의 독실함을 지켜라. 만물이 모두 일어날 때, 나는 [만물의] 되돌아감을 본다.〔致虛極, 守靜篤. 萬物竝作, 吾以觀復〕" 이 문장을 설명하면, '허虛'와 '정靜'은 인위적 노력을 통해 도달할 수 있는 것이 아니고 인간의 근원적 성性 자체의 모습이므로, 본원적 성性을 완전히 실현해 극치에 이른 것이라 할 수 있다.

33. 내려놓기

공적과 명성, 부유함과 귀함을 추구하는 마음을 내려놓아야만 속세에서 벗어날 수 있다.

도덕과 인의[47]에 얽매이는 마음을 내려놓아야만 비로소 성인의 경지에 들어갈 수 있다.

放得功名富貴之心下, 便可脫凡. 放得道德仁[48]義[49]之心下, 纔可入聖.

47) 원문의 '도덕인道德仁'은 유가의 개념이지만 노자는 이를 비판적으로 설명했다. "최상의 덕은 덕이라고 하지 않으니 이 때문에 덕이 있다. 하급의 덕은 덕을 잃으려 하지 않으니 이 때문에 덕이 없다. 최상의 덕은 [아무것도] 하지 않으며, [무엇을] 위해 하는 것도 없다. 최하의 덕은 작위로 행한다. 최상의 인은 작위로 행하지 않는다. 최상의 의로움은 작위로 행한다.(上德不德, 是以有德.下德不失德, 是以無德. 上德無爲而無以爲,下德爲之而有以爲, 上仁爲之而無以爲, 上義爲之而有以爲)" 좀 더 부연하면, 상당히 길고도 다양한 의미를 두루 담고 있는 이 장은《노자》후반부의 첫머리인 동시에 하편 덕경의 서문에 해당한다. 노자가 말하는 '상덕上德'은 가장 훌륭한 덕이면서 도의 구체적인 모습이다. 이 첫 문장에 대한 한비자의 주석은 다음과 같다. "'최상의 덕은 덕이라 하지 않는다'는 것은 정신이 외부 사물에 의해 어지러워지지 않는 것을 말한다. 정신이 외부 사물에 의해 어지러워지지 않으면 그 몸이 완전하게 되는데, 이것을 덕이라고 한다. 덕이란 스스로 얻는 것이다. 무릇 덕이란 무위無爲함으로써 모이고, 욕심이 없는 상태(無欲)에서 만들어지며, 사고하지 않는(不思) 가운데 평온해지고, 수단을 사용하지 않음(不用)으로써 고정된다. 하고자 하는 욕망이 있으면 덕은 머무를 곳이 없고, 덕이 머무를 곳이 없으면 완전하지 못하다. 기능하고 사려하면 덕이 확고해지지 않는데, 확고하지 않으면 효과가 없게 된다. 효과가 없는 것은 인위적으로 덕을 취하는 데서 생겨난다. 인위적으로 덕을 구하면 덕이 없게 되고, 인위적으로 덕을 구하지 않으면 덕이 있게 된다. 그래서 다음과 같이 말했다. '최상의 덕은 덕이라고 하지 않으니 이 때문에 덕이 있다.'('上德不德', 言其神不淫於外也. 神不淫於外, 則身全. 身全之謂得. 得者, 得身也. 凡德者, 以無爲集, 以無欲成, 以不思安, 以不用固. 爲之欲之, 則德無舍, 德無舍, 則不全.用之思之, 則不固, 不固, 則無功, 無功, 則生有德.德則無德, 不德則有德.故曰, '上德不德, 是以有德.')"(《한비자》〈해로解老〉편)

【해설】

누구나 부귀와 공명을 바라지만, 거기에 눈멀어 온갖 노력을 쏟아부어버리면 속물이 된다. 도덕과 인의가 좋지만 그 굴레에 속박되어서는 안 될 것이다.

48) 원문의 '인仁'은 공자의 사상에서 가장 핵심적인 개념이다. 글자상 의미는 '어짊', '인자함'이다. 공자는 이 개념을 '사람을 사랑하는 것' 혹은 '사람을 사람답게 대하는 것'의 뜻으로 썼다. 청나라 학자 완원阮元은《논어》에 '인' 자가 105번 나온다고 밝혔다. 공자는 '인'의 실천 방법으로 효孝, 제悌, 충忠, 서書, 예禮, 악樂을 제시했다. 인이라는 개념을 담을 수 있는 낱말이 없으므로 기존 관례에 따라 '인하다', '인한' 등의 용어를 그대로 사용한다. 김원중,《논어》, 서울, 휴머니스트, 38쪽.

49) '의義'는 '의宜'와 통하니, '마땅함'이라는 개념이다. 의리란 사람과 사람 사이에 꼭 필요한 관계의 도이고, 부부와 형제, 친척 사이에 꼭 지켜야 하는 정의이기도 하다. 즉 사람으로서 지켜야 할 도리가 바로 '의'이며, 이 글자에는 사람과 사람이 서로 지켜야 할 절도와 예의가 담겨 있다.

34. 독단적인 생각을 경계해라

이익과 욕심이 다 마음을 해치는 것이 아니고, 사사로운 견해가 곧 마음을 해치는 해충이다.

음악과 여색[50]이 반드시 도道를 방해하는 것이 아니고, 총명함이 곧 도를 가로막는 울타리요 병풍이다.

利欲未盡害心. 意見乃害心之蟊賊[51]. 聲色未必障道. 聰明乃障道之藩屛[52].

【해설】

눈에 보이는 것보다 보이지 않는 것이 더 위험하다는 생각은 늘 유효하다. 음악이나 여색이 도를 터득하는 데 장해가 되는 것이 아니고, 오히려 잘난 체하는 태도가 더 문제되는 것이 아닐까? 자허원군[53]의 〈성유심문誠諭心文〉(마음을 진실되게 깨우치는 글)에도 "총명

---

50) 율곡栗谷 이이李珥도 《격몽요결擊蒙要訣》〈혁구습장革舊習章〉에서 학문에 뜻을 두고도 일상에서 저지르기 쉬운 잘못 여덟 가지를 꼽았는데, 마지막 구절은 이러하다. "탐하는 욕망에 절도가 없어 끊거나 절제하지 못하고 재물과 이익과 노래와 여색의 맛을 사탕처럼 여기는 것이다.(嗜慾無節, 不能斷制, 貨利聲色, 其味如蔗)" (《격몽요결》, 김원중 역, 민음사 50~51쪽).

51) '모적蟊賊'은 농작물을 해치는 해충인데, '모蟊'는 뿌리를 잘라먹는 벌레라는 의미이고, '적賊'은 묘목의 마디를 갉아먹는 벌레라는 의미이다. 부연하면 '모적'은 선량한 백성을 해치는 악인을 뜻하기도 한다.

52) '번병藩屛'은 울타리와 병풍을 뜻하며, 제후를 지칭하는 개념이기도 하다.

53) 자허원군은 도교와 관련된 사람인데, 정확히 누구인지는 알 수 없다. 자허는 하늘을 가리키고, 원군은 여신선女神仙의 미칭이라고 하는데, 명확하지 않다.

한 사람도 어두울 때가 많고, 잘 세운 계획도 편의를 잃을 때가 있다.〔聰明, 多暗昧, 算計, 失便宜〕"고 하지 않았던가. 노자도 총명과 지혜를 끊어버려야만 백성의 이익이 백 배가 된다고 단언했다. 유가의 인仁과 의義를 끊어야만 백성이 노인을 공경하고 어린아이를 아끼며, 기교의 음란함을 단절해야만 도적이 사라진다는 논법이다.

35. 양보

사람의 감정은 번복되고 세상의 길은 구불구불하다.

가기 어려운 곳이 있으면 반드시 한 걸음 물러서는 방법을 알아야 하고,

쉽게 갈 수 있는 곳에서는 10분의 3의 공을 양보하는 데 힘써야 한다.

人情反復[54], 世路崎嶇. 行不去處, 須知退一步之法. 行得去處, 務加讓三分之功.

【해설】

인생을 살아가는 방법은 상대에게 양보하고 이익을 나누는 것이다. 이익이 생겼을 때 조금만 더 양보하면 갈등의 씨앗은 사라진다.

54) 원문의 '반복反復'은 '번복翻覆'이라는 단어와 같으며, 두보의《빈교행貧交行》에 나오는 다음 구절에 등장한다. "손을 뒤집으면 구름이 되고 다시 엎으면 비가 되니, 어지럽고 경박한 세태를 어찌 셀 수 있으리!〔翻手作雲覆手雨, 紛紛輕薄何須數〕"

36. 군자와 소인 대하는 법

소인을 대할 때 엄격하게 하는 것은 어렵지 않으나 미워하지 않기가 어렵다.

군자를 대할 때 공손하게 하는 것은 어렵지 않으나 예의를 차리기가 어렵다.

待小人, 不難於嚴, 而難於不惡. 待君子, 不難於恭, 而難於有禮.

【해설】

사람을 대하는 것은 늘 어렵다. 소인의 경우 지나치게 엄격하게 대하기 쉬우나 그러면 자칫 감정을 자극해 원망의 여지를 남길 수 있으므로 너그럽게 대하면서 미워하는 감정을 숨겨야 한다. 군자 앞에서도 지나친 공손함보다는 나름의 소신을 갖고 예의를 차리는 것이 좋다.

37. 총명함을 버리고 번잡하고 화려함을 거절해라

차라리 소박하고 꾸밈없음을 지키고 총명함을 없애, 정기를 남겨 천지에 되돌려야 한다.

차라리 번잡하고 화려함을 거절하고 담담한 삶을 달갑게 여겨, 청렴한 이름을 세상에 남겨야 한다.

寧守渾噩而黜聰明, 有些正氣還天地. 寧謝紛華而甘澹泊, 有個淸名在乾坤.

【해설】

세상을 살 때 잔꾀를 부리거나 잔재주를 피우지 말아야 한다. 총명을 내치고 자연의 기운에 맡기는 것이 중요하다. 번잡하고 화려함을 일삼다 보면 오히려 이름이 더욱더 더러워진다.

38. 마음을 항복시키고 객기를 제어해라

마귀를 항복시키려면 먼저 스스로의 마음을 항복시켜라. 마음이 가라앉으면 뭇 마귀들이 물러나 고분고분해진다.

횡포함을 제어하려면 먼저 이러한 객기를 제어해라. 객기가 평온해지면 밖으로부터의 횡포도 침입할 수 없다.

降魔[55]者, 先降自心. 心伏, 則群魔退聽. 馭橫者, 先馭此氣. 氣平, 則外橫不侵.

【해설】

불교에서는 마음을 육적六賊의 하나로 보았다. 모든 망상과 욕심이 마음에서 비롯되기 때문이다. 평상심을 유지하면 사람은 편안해진다. 속박에서 벗어나기 위해 마음을 평온하게 하면 무엇도 나를 침범하지 못한다.

55) 원문의 '마魔'는 사람의 마음을 어지럽혀 수도를 방해하는 마귀의 속성으로 산속의 도적처럼 보이는 적보다 더 무서운 마음속의 도적을 의미한다.

39. 제자 교육하기

제자[56]를 가르칠 때는 규중 처녀를 기르는 것처럼, 무엇보다 드나드는 것을 엄히 단속하고 교우관계[57]를 삼가게 해야 한다.

한 번이라도 못된 친구와 가까이하게 되면, 이는 청정한 밭에 질 나쁜 씨앗을 뿌리게 되는 것이어서 평생토록 좋은 벼를 심기 어려울 것이다.

教弟子, 如養閨女, 最要嚴出入謹交遊. 若一接近匪人, 是清淨田中, 下一不淨種子, 便終身難植嘉禾.

【해설】

제자를 가르칠 때는 엄격하면서도 분명한 원칙이 중요하고, 친구를 사귈 때는 신중함과 조심스러운 행동이 필요하다. 근묵자흑이라는 옛말이 있듯이, 주변에 누가 있느냐에 따라 인성이 결정되기 때문이다. 나를 도와주는 사람도 주위 사람이고, 나를 나락으로 빠뜨리는 사람도 주위 사람이다.

---

56) 원문의 '제자弟子'를 번역한 것인데, 당시에는 제자를 자식과 똑같이 사랑했으므로 여기서 제자를 자녀로 번역할 수도 있다.

57) 《논어》〈안연〉 편에서 증자가 "군자는 글을 통해 벗을 모으고, 벗을 통해 인仁을 돕는다.〔君子以文會友, 以友輔仁〕"고 한 말을 상기할 필요가 있다.

40. 욕망에 물들지 말고 도리에 맞는 행동을 꺼리지 마라

욕망이라는 길에서 편리함을 즐기느라 잠시라도 손가락 끝이 물들게 하는 행동은 하지 마라.

한번 손가락 끝이 물들면 곧장 만 길 낭떠러지 아래로 깊이 들어가게 된다.

도리에 관한 일은 어려움을 꺼려 조금이라도 발걸음을 물리지 마라.

한번 발걸음을 물리면 온 산이 가로막힌 듯 멀리 떨어지게 된다.

欲路上事, 毋樂其便而姑爲染指[58]. 一染指, 便深入萬仞. 理路上事, 毋憚其難而稍爲退步. 一退步, 便遠隔千山.

【해설】

행복과 불행, 성공과 실패는 생각의 차이에서 온다. 속세의 상황

58) 원문의 '염지染指'는 손가락을 솥 안에 넣어 국물을 맛본다는 뜻으로, 남의 물건을 옳지 못한 방법으로 몰래 가진다는 의미이다. 《좌전左傳》 선공宣公 4년 조에 나온다. 춘추시대 정鄭나라 자공子公, 즉 공자송公子宋과 자가子家 두 공자가 입궐하려는데, 집게손가락이 움직이자 자공이 말했다. "오늘 맛있는 걸 먹게 되려나보다." 그러고 나서 궁중에 들어가니 초楚나라에서 영공靈公에게 진상한 큰 자라 요리를 준비하고 있었다. 모두들 식탁에 앉았는데, 자공의 손가락 움직인 얘기를 들은 영공이 그 손가락이 효험 없음을 보이려고 짓궂게 자공에게는 자라 요리를 주지 않았다. 화가 난 자공은 솥에 집게손가락을 넣어 자라 요리를 묻혀 빨면서 밖으로 나갔다. 그러자 영공이 노여워하며 자공을 죽여야겠다고 했으나, 도리어 자공에게 살해되었다는 이야기이다.(《한시어사전》, 2007. 7. 9., 국학자료원)

과 상관없이 올바른 정신 수양은 필요하다. 자신의 미래를 아는 사람은 아무도 없기 때문이다.

41. 중용의 길

생각이 깊은 사람은 자신을 대할 때도 후하고 남을 대할 때도 후하며 어디서나 깊이가 있다.

생각이 얕은 사람은 자신을 대할 때도 박하고 남을 대할 때도 박하며 하는 일마다 모두 얕다.

그러므로 군자는 늘 자신이 좋아하는 것에 머물고 너무 깊이 탐해도 안 되고, 너무 메마르거나 쓸쓸해서도 안 된다.

念頭濃者, 自待厚, 待人亦厚, 處處皆濃. 念頭淡者, 自待薄, 待人亦薄, 事事皆淡. 故君子居常嗜好, 不可太濃艶, 亦不可太枯寂.

【해설】

생각이 깊은 사람은 모든 일을 깊게 한다. 그렇지만 정도가 지나치면 무절제하고 낭비하게 된다. 청렴한 것도 중요하지만 너무 지나치면 각박해지니 결국 중용의 도가 필요한 것이다. 그렇기에 공자도 "중용이 덕이 되는 것은 아마도 최고인 듯하구나! 사람들 중에 [그것을 지닌 이가] 드물어진 지 오래되었다.〔中庸之爲德也, 其至矣乎. 民鮮久矣〕"(《논어》〈옹야雍也〉)고 하지 않았던가.

42. 운명의 지배를 받지 않는 법

그가 부를 내세우면 나는 인을 내세우고, 그가 벼슬을 내세우면 나는 의를 내세운다.[59] 군자는 진실로 군주와 재상에게 휘어잡혀 놀림을 당하지 않는다.

사람은 [마음먹으면] 반드시 하늘을 이길 수 있고, 뜻을 하나로 모으면 기질도 변화시킨다. 또한 군자는 조물주의 인재양성 틀에 영향을 받지 않는다.

彼富我仁, 彼爵我義. 君子固不爲君相所牢籠. 人定勝天, 志一動氣. 君子亦不受造物之陶鑄[60].

【해설】

상대가 자신의 재산을 자랑하면 인한지 물어보고 권세를 내세우면 의로운지 따져보아야 하듯, 인생의 모든 행복과 불행은 인과응

---

59) 《맹자》〈공손추公孫丑 상上〉에서 나온 문장이다. "증자가 말하였다. '진나라와 초나라의 부유함에 미칠 수는 없으나, 그들이 부를 갖고 있으면 나는 인을 가지고 있고, 그들이 작위를 갖고 있으면 나는 의를 가지고 있으니 내가 어찌 부족하겠는가.'〔曾子曰: '晉楚之富, 不可及也. 彼以其富, 我以吾仁; 彼以其爵, 我以吾義, 吾何慊乎哉'〕" 같은 맥락에서 공자도 "군자는 한 끼 밥을 먹는 동안에도 인을 어기지 않고, 황망하고 다급할 때도 반드시 여기(인)에 근거하고, 넘어질 때[곤궁과 좌절에 빠져 있을 때]도 반드시 여기에 근거한다.〔君子無終食之間違仁, 造次必於是, 顚沛必於是〕"(《논어》〈이인里仁〉)고 했다.

60) '도주陶鑄'의 자전적 의미는 도공陶工이 옹기를 만들고 단공鍛工이 금속을 녹여 부어 그릇을 만든다는 뜻으로, 인재를 양성한다는 의미이다.

보이다. 마음이 깨끗하고 순수한 사람에게 부귀영화와 고관의 녹봉은 대수가 아니다.

43. 입신과 처세

입신에 있어 한 걸음 높게 서지 않으면 마치 먼지 속에서 옷을 털고 진흙탕 속에서 발을 씻는 것과 같으니 어떻게 [남보다] 달관할 수 있겠는가!

처세에 있어 한 걸음 물러서지 않으면 마치 불나방이 등불을 향해 몸을 내던지고 숫양이 울타리를 들이받는 것과 같으니 어찌 편안하고 즐거울 수 있겠는가!

立身, 不高一步位, 如塵裡振衣[61], 泥中濯足, 如何超達? 處世, 不退一步處, 如飛蛾投燈, 羝羊觸藩, 如何安樂!

61) 원문의 '진리진의塵裡振衣'는 굴원屈原의 〈어부사漁夫辭〉에 나오는 구절에서 따온 것이다. "머리를 감은 사람은 반드시 관의 먼지를 털어서 쓰고, 목욕을 한 사람은 반드시 옷의 티끌을 털어서 입는다고 하였소. 사람이라면 누가 자신의 깨끗한 몸에 더러운 때를 묻히려 하겠소! 차라리 강물에 몸을 던져 물고기 배 속에서 장사를 지내는 게 낫지. 또 어찌 깨끗한 몸으로 속세의 더러운 티끌을 뒤집어쓰겠소.[新沐者必彈冠, 新浴者必振衣. 人又誰能以身之察察, 受物之汶汶者乎! 寧赴常流而葬乎江魚腹中耳, 又安能以皓皓之白而蒙世俗之溫蠖乎]" 굴원이 좌천되어 재야를 떠돌 때 어부와 나눈 대화의 끝 부분이다. 앞 부분은 이렇다. 굴원은 꾀죄죄한 얼굴빛과 마른 나뭇가지처럼 야윈 몸으로 드넓은 초나라의 강가를 유람하고 있었다. 어떤 어부가 그를 보고 "당신은 삼려대부나 되는 분이거늘 무슨 일로 이곳까지 왔습니까?"라고 묻자, 굴원은 "온 세상이 혼탁한데 나 홀로 깨끗하고, 모든 사람이 취했는데 나 홀로 깨어 있어서 쫓겨났다오.[擧世混濁而我獨淸, 衆人皆醉而我獨醒, 是以見放]"라고 대답했다. 그러자 어부는 굴원을 이렇게 몰아쳤다. "온 세상이 혼탁하다면 왜 그 흐름을 따라 물결을 타지 않으십니까? 모든 사람이 취해 있다면, 왜 그 지게미를 먹거나 밑술을 마셔 함께 취하지 않으십니까? 어찌하여 아름다운 옥처럼 고결한 뜻을 가졌으면서 스스로 내쫓기는 일을 하셨습니까?[擧世混濁, 何不隨其流而揚其波? 衆人皆醉, 何不餔其糟而啜其醨? 何故懷瑾握瑜而自令見放爲?]"

【해설】

우리 인간은 스스로를 높이고 자신이 대단하다고 과장하면서 허풍을 떤다. 그러나 이는 모두 자신이 현명하지 못함을 고백하는 것이며, 스스로 어떤 일이든 제대로 해낼 수 없음을 웅변하는 것이다. 위기에 처했을 때 어느 정도 포기하는 지혜는 늘 필요하다. 눈앞의 상황을 초연하게 보아야지 너무 집착하면 파국을 초래하게 된다.

사마천司馬遷은 《사기》 〈굴원가생열전〉의 '태사공왈'에서 굴원에 대해 "진흙 속에서 뒹굴다 더러워지자 매미가 허물을 벗듯 씻어내고, 먼지 쌓인 속세 밖으로 헤쳐나와 세상의 더러움에 물들지 않았다. 그는 진흙 속에 있으면서도 더러워지지 않은 사람이다. 이러한 그의 지조는 해와 달과 그 빛을 다툴 만하다"라고 극찬했다. 사마천은 불우하게 살다 간 굴원에게 한없는 동병상련의 정감을 투사하여, 그의 문학에는 '원怨'과 '분憤'을 삭힌 한의 정서가 깊이 배어 있다고 평했다.

44. 집중력 싸움

학문하는 사람은 정신을 가다듬어 한길로 돌아가게 해야 한다.

덕을 닦으면서 사업의 성공이나 명예에 뜻을 두면 절대 참된 조예를 얻을 수 없을 것이다.

책을 읽으면서 시문을 읊조리는 데 흥취를 두면 깊은 마음까지는 이르지 못한다.

學者要收拾精神, 併歸一路. 如修德而留意於事功名譽, 必無實詣. 讀書而寄興於吟咏風雅, 定不深心.

【해설】

학문이나 수양을 할 때는 집중력이 필요하다. 속세의 명리에 마음을 뺏기면 높은 경지에 이르지 못하고, 음풍농월을 일삼다 보면 진리는 덩달아 사라지게 된다.

45. 지척과 천 리 사이

사람들은 저마다 큰 자비를 품고 있으니, 유마힐[62]과 천박한 사람[63]의 마음이 둘이 아니다.

어디에든 참다운 정취와 맛이 깃들어 있으니, 화려한 집과 초가집이 다른 곳이 아니다.

다만 욕망에 가리우고 감정에 치여 눈앞에서 실수를 저지르면 매우 가까운 곳이 천 리처럼 멀어질 것이다.

人人有個大慈悲, 維摩屠劊, 無二心也. 處處有種眞趣味, 金屋茅簷, 非兩地也. 只是欲蔽情封, 當面錯過, 使咫尺千里矣.

【해설】

부귀할수록 자만하지 말고 자비로운 마음을 지녀야 한다는 것은 인간의 기본덕목이다. 불교에서는 부귀를 전생에서 쌓은 결과물로 본다. 선행을 많이 해야만 복의 뿌리가 더욱 깊고 튼튼해지고 자손 만대까지 이어지는 법이다.

---

62) 석가와 동시대를 살다 간 인도의 거사로 원문에는 '유마維摩'라고 표기되어 있다. 정식 명칭은 '유마힐維摩詰'이다. 보살의 화신이라 할 만큼 자비심이 있었다.

63) 원문의 '도회屠劊'를 번역한 것으로, '도'는 도살하는 자를, '회'는 죄인의 목을 자르는 자를 뜻한다. 두 글자를 합치면 매우 천박한 일을 하는 자를 가리킨다.

46. 탐욕을 경계해라

덕에 나아가고 도를 닦을 때는 나무와 돌 같은 [굳은] 마음을 가져야 한다.

하나라도 탐내고 부러워하면, 바로 탐욕의 경지로 치닫게 된다.

세상을 구제하고 나라를 다스릴 때는 구름과 물 같은 [맑은] 정취가 있어야 한다.

하나라도 탐내고 집착하면, 바로 위기에 빠지게 된다.

進德修道, 要個木石的念頭. 若一有欣羡, 便超欲境. 濟世經邦, 要段雲水的趣味. 若一有貪著, 便墮危機.

【해설】

도덕수양은 인간의 기본자세이다. 수양을 통해 탐욕과 망상을 부리지 않고 의지를 굳게 지키되 구름이나 물처럼 유유자적하면 행복은 저절로 다가오는 법이다.

47. 선한 자와 흉악한 자

길한 사람은 언행이 편안하고 상서로울 뿐 아니라, 잠들어 있을 때도 온화한 기운이 없지 않다.

흉한 사람은 하는 일마다 거칠고 잔인할 뿐 아니라, 목소리와 웃음소리에도 온통 살기가 있다.

吉人無論作用安詳, 則夢寐神魂, 無非和氣. 凶人無論行事狼戾, 則聲音咲語[64], 渾是殺機.

【해설】

인간의 선악은 마음을 통해 드러난다. 악한 사람은 잠시 선해졌다 해도 언제든 본성으로 되돌아가기 마련이다. 선한 사람은 선한 마음이 자리잡고 있으므로 웬만해서는 흔들림이 없다.

---

64) '소어咲語'는 '웃음을 띠고 하는 말'이라는 뜻으로 '소咲'는 '소笑'의 고자古字이다.

48. 삼감과 경계

간이 병들면 눈으로 볼 수 없게 되고, 콩팥이 병들면 귀로 들을 수 없게 된다.

병은 사람이 보지 못하는 곳에 생기지만, 반드시 남들이 보는 곳에서 발병한다.[65)]

그러므로 군자는 [남들이 보는] 밝은 곳에서 죄를 짓지 않으려면, 먼저 [아무도 모르는] 어두운 곳에서 죄를 짓지 말아야 한다.

---

65) '병이 골수에 들어간다.〔病入骨髓〕'는 말이 있다. 병의 뿌리가 깊고 중하다는 말로, '병입고황病入膏肓'과 같은 말이다. 어떤 상황이든 손쓸 수 없는 지경에 이르면 그때에는 어떤 처방도 효험이 없다는 말로, 모든 재앙은 미연에 방지하라는 뜻이다. 전설적인 명의 편작扁鵲은 성이 진秦이고 이름은 월인越人이었다. 젊었을 때는 여관 관리인으로 일하기도 했다. 객사에서 장상군長桑君이라는 자의 비방약을 먹고 오장을 투시할 수 있는 힘이 생겼고, 웬만한 질병은 모두 터득했다고 한다. 편작이 제나라에 갔을 때의 일이다. 환후桓侯라는 왕이 편작을 빈객으로 예우했는데, 편작은 그를 보고 피부에 병이 있으니 치료하지 않으면 깊어질 거라고 했다. 환후는 자신에게는 질병이 없다며 이익을 탐한다고 그를 비난했다. 닷새 뒤 편작이 다시 환후를 찾아가 "왕께서는 혈맥에 병이 있습니다. 지금 치료하지 않으면 훨씬 깊어질 것입니다"라고 말했으나 환후는 치료할 생각조차 하지 않았다. 닷새가 지난 뒤 편작이 다시 찾아가 더 심각한 어조로 장과 위 사이에 병이 있으니 치료하지 않으면 깊은 곳까지 들어간다고 말했다. 그러나 환후는 편작을 그냥 돌려보냈다. 또다시 닷새 뒤에 편작이 찾아가 환후를 쳐다보고는 아무런 말 없이 물러나왔다. 이상하다고 생각한 환후가 사람을 보내 까닭을 묻자, 편작은 이렇게 대답했다. "병이 피부에 있을 때는 탕약과 고약으로 고칠 수 있고, 혈맥에 있을 때는 쇠침과 돌침으로 치료할 수 있으며, 장과 위에 있을 때는 약주藥酒로 고칠 수 있습니다. 그러나 병이 골수까지 들어가면 사명(司命, 인간의 생명을 주관하는 고대 전설 속의 신)도 어찌할 수 없습니다. 지금은 병이 골수까지 들어가 있기 때문에 제가 더 이상 드릴 말씀이 없었던 것입니다.〔疾之居腠理也, 湯熨之所及也;在血脈, 鍼石之所及也, 其在腸胃, 酒醪之所及也; 其在骨髓, 雖司命無柰之何. 今在骨髓, 臣是以無請也〕"(《사기》〈편작창공 열전〉) 그제야 환후가 편작을 찾았으나, 그는 이미 자리를 피해 떠난 뒤였다. 환후는 결국 치료도 못 해보고 죽었다.

肝受病, 則目不能視. 腎受病, 則耳不能聽. 病受於人所不見, 必發於人所共見. 故君子欲無得罪於昭昭, 先無得罪於冥冥.

【해설】

인품은 아주 사소한 일을 통해 드러난다. 사소한 일 때문에 운명이 바뀌기도 하니, 우리는 늘 말 한마디에도 신경을 써야 한다.《노자》52장의 "작은 것을 보는 것을 밝음이라 한다.〔見小曰明〕"는 말을 떠올려보자. 이는 사소한 변화를 감지하는 명철한 지혜와 날카로운 통찰력을 의미한다.

49. 줄여라

일을 적게 하는 것보다 더 큰 복이 없고[66] 마음을 많이 쓰는 것보다 더 큰 화가 없다.

일에 고통스러워해본 사람만이 일을 줄이는 것이 복됨을 알고,

마음을 평온하게 해본 사람만이 마음을 많이 쓰는 것이 화가 됨을 안다.

福莫福於少事, 禍莫禍於多心. 唯苦事者, 方知少事之爲福. 唯平心者, 始知多心之爲禍.

【해설】

일을 줄이고 마음 쓰는 일을 적게 하라는 것은, 부질없는 일과 쓸데없는 마음씀에 불필요한 정력을 낭비하지 말라는 경고이다. 진솔

---

66) 《순자荀子》〈권학勸學〉 편에 보면 "신은 도를 교화하는 것보다 큰 것이 없고, 복은 화가 없는 것보다 긴 것이 없다.〔神莫大於化道, 福莫長於無禍〕"는 말이 나오는데 이 구절 후반부와 논조가 비슷해 보인다. 순자의 사상에 대해 좀 더 부연하면 이렇다. 순자는 외재적 '예'를 취하여 성악설을 주장하였다. 인간의 본성은 악하므로 '작위〔僞〕'가 필요하다고 했다. '위僞'는 '본성〔性〕'에 반대되는 말로, '人(사람)'과 '爲(행위)'의 합성 개념, 즉 후천적 노력을 의미한다. 이 '위'의 극치가 '예의'이고, 예의가 사회질서를 유지하는 근간이라고 본 것이다. 순자는 '의'를 중시하면서 '이利'도 중시하였다. 맹자가 왕도王道만을 숭상했다면, 순자는 패도覇道도 함께 숭상했다. 순자는 도덕에 의한 통치보다는 객관적 사회규범으로서 '예'에 의한 통치를 이상적인 통일국가의 조직과 운용 원리로 제시했다. 그리고 '예'에 기초하는 사회가 실현되기 위해서는 무엇보다도 '정명正名', 즉 실제와 명분의 통합이 실현되어야 한다고 했다. 여기서 '명名'은 사회 구성원들이 지켜야 할 객관적인 질서의 기초단위인 셈이다.

한 마음자세로 세상과 사물을 있는 그대로 바라보는 평정심이 필요하다는 뜻이다.

50. 살아가는 법

잘 다스려진 세상을 살아감에는 반듯해야 하고,

어지러운 세상에 살아감에는 원만해야 하며,

평이한 세상[67]에서는 마땅히 반듯함과 원만함을 두루 갖추어야 한다.

선한 사람을 대함에 있어 너그러워야 하고,

악한 사람을 대함에 있어 엄해야 하며,

보통 사람을 대함에 있어 마땅히 너그러움과 엄정함을 아울러 지녀야만 한다.

處治世, 宜方. 處亂世, 宜圓. 處叔季之世, 當方圓竝用. 待善人[68], 宜寬. 待惡人, 宜嚴. 待庸衆之人, 當寬嚴互存.

67) 원문 '숙계지세叔季之世'를 번역한 것으로, 춘추시대 노나라 삼환씨三桓氏(맹손·숙손·계손)가 다스리던 비교적 큰 혼란이 없는 시대를 의미한다. 맹손·숙손·중손(계손)을 가리키는 명칭은 '삼손'인데, 모두 노나라 환공桓公으로부터 나왔으므로 '삼환三桓'이라고 한다.

68) 인간의 본성은 선하다는 성선설은 맹자 사상의 기초이다. "인간은 다른 사람의 고통을 차마 보지 못하는 마음을 가지고 있다. (……) 사람에게는 타인의 고통을 차마 눈뜨고 보지 못하는 마음이 있다고 말하는 까닭은 [이렇다.] 만약 어떤 사람이 어린아이가 우물에 빠지려고 하는 것을 갑자기 보게 되면 놀라움과 측은한 감정을 경험할 텐데, 그것은 그 어린아이의 부모와 내적 교분을 맺으려는 것도 아니고, 마을 사람들과 친구들의 칭찬을 듣기 위해서도 아니며, 그런 감정을 느끼지 않았다는 비난이 싫어서도 아니다. 이런 점에서 볼 때, 측은지심이 없으면 인간이 아니고, 수오지심이 없으면 인간이 아니고, 사양지심이 없으면 인간이 아니며, 시비지심이 없으면 인간이 아니다.〔人皆有不忍人之心, (……) 所以謂人皆有不忍人之心者. 今人乍見孺子將入於井. 皆有怵惕惻隱之心. 非所以

【해설】

인간관계를 맺을 때는 치세이건 난세이건 말세이건 간에 행동 기준을 정할 필요가 있다. 사람을 대함에 있어서 자신만의 기준을 일관되게 적용해야 하는데, 가장 어려운 것이 보통 사람을 대하는 방법이다.

內交於孺子之父母也. 非所以要譽於鄕黨朋友也. 非惡其聲而然也. 由是觀之, 無惻隱之心, 非人也, 無羞惡之心, 非人也, 無辭讓之心, 非人也, 無是非之心, 非人也〕"(《맹자》〈공손추 상〉)

51. 새겨두어야 할 것과 잊지 말아야 할 것

내가 남에게 베푼 공은 마음에 새겨두지 말되, [나의] 잘못은 새겨두어야 한다.

남이 나에게 베푼 은혜는 잊지 말되, [남에 대한] 원한은 잊어야 한다.

我有功於人, 不可念, 而過則不可不念. 人有恩於我, 不可忘, 而怨則不可不忘.

【해설】

타인에게 베푼 은혜를 내세우지 말고, 남에게 잘못한 일이 있으면 깊이 반성하라는 말이다. 그러나 남이 나에게 베푼 은혜에는 반드시 크게 보답하고, 남이 나에게 잘못을 저지르더라도 잊어버리면 된다. 노자는 한걸음 더 나아가 '보원이덕報怨以德[69]'(63장)이라는 말을 했으니 '원한을 덕으로 갚는다'는 의미인데, 보통 사람이 덕으로 덕을 갚고 원망으로 원망을 갚는 것과는 다르다. "신묘한 약

---

69) '보원이덕'은 "원한을 감추고 그 사람과 벗한다.〔匿怨而友其人〕"(《논어》〈공야장公冶長〉)는 말과 맞닿아 있다. 물론 두 사람의 시각이 다르므로 각각의 의미는 따로 검토할 필요가 있다. 《논어》〈헌문〉 편에 보면 이런 말이 있다. "어떤 사람이 말했다. '은덕으로 원한을 갚으면 어떻습니까?' 공자께서 말씀하셨다. '무엇으로 은덕을 갚겠는가? 곧은 마음으로 원한을 갚고 은덕으로 은덕을 갚는다.'〔或曰: '以德報怨, 何如'. 子曰: '何以報德. 以直報怨, 以德報德'〕" 공자는 은덕은 은덕으로, 원한은 곧은 마음으로 갚아야 한다고 말했다. 곧은 마음이란 곧 원한에 값하는 것이다. 원한을 원한으로 갚을 필요는 없지만, 그에 상응하는 처벌이나 조치가 필요하다는 이야기이다.

도 원한 맺힌 병을 고치기는 어렵다.〔妙藥難醫寃債病〕"[70]는 말도 있지 않은가?

70) 《명심보감》〈성심省心 상上〉 편에 나오는 말로서 재동제군梓潼帝君의 가르침이다.

52. 베풂의 방식

은혜를 베푼 사람이 안으로 자신을 보지 않고, 밖으로는 남을 보지 않으면 한 말의 곡식이 만 섬의 은혜가 된다,

재물로 남을 이롭게 하는 사람이 자신이 베푼 것을 계산하고 상대방이 보답해주기를 요구하면, 백일(百鎰, 2천 냥)의 돈으로도 한 푼의 공을 이루기 어렵다.

施恩者, 內不見己, 外不見人, 則斗粟可當萬鍾之惠. 利物者, 計己之施, 責人之報, 則百鎰難成一文之功.

【해설】

은혜를 베풀었으면 따지지 말고, 은혜 받은 것을 오히려 자랑하라는 말이다. 타인에게 물질적 도움을 주었다고 해서 그 사람이 지불해야 할 액수를 미리 계산하는 것은 바람직하지 않다는 뜻이다.

53. 법문이란

사람의 처지란 갖출 수도 있고 갖추지 못할 수도 있거늘, 저 혼자서만 갖출 수 있겠는가?

자기 감정의 도리도 순리에 맞는 경우도 있고 맞지 않는 경우도 있으니, 남들이 모두 순응하게 할 수 있겠는가?

이러한 이치로써 서로를 살피고 대조하여 다스린다면 이 또한 편리한 방법[71]이라 하겠다.

人之際遇, 有齊有不齊, 而能使己獨齊乎. 己之情理, 有順有不順, 而能使人皆順乎. 以此相觀對治, 亦是一方便法門.

【해설】

삶에 대한 유연한 자세를 갖추기는 쉽지 않다. 자신만이 안다고 자만하고 타인을 무시하는 한 타인을 자신의 영역으로 끌어들일 수는 없는 법 아닌가? "굽으면 [도리어] 온전해지고, 구부리면 곧아지고, 움푹하게 되면 채워지고, 해지면 새로워지며, [지식이] 적으면 얻게 되고, 많아지면 미혹된다.(曲則全, 枉則直, 窪則盈, 敝則新, 少則得, 多則惑)"(《노자》 22장)는 노자의 역설의 언어를 돌아볼 필요가 있다.

---

71) 원문의 '방편법문方便法門'을 번역한 것으로 불교의 '진실법문眞實法門'에 대응하는 말인데, 세상을 살아가는 데 쉽게 이용하는 편법을 가리킨다. '법문'이란 '부처의 교법敎法'으로 중생을 열반에 들게 하는 문이라는 뜻이다.

54. 마음을 깨끗이 하는 것이 먼저다

마음이 맑고 깨끗해야 비로소 책을 읽어 옛것을 배울 수 있다.[72)]

그러지 않으면 한 가지 선한 행동을 보고 몰래 자기 욕심을 채우게 되고, 한마디 선한 말을 듣고 그것을 빌려 자신의 단점을 덮을 것이니,

이는 적에게 군사를 빌려주고 도둑에게 식량을 내어주는 것[73)]과 같다.

心地乾淨, 方可讀書學古. 不然, 見一善行, 竊以濟私, 聞一善言, 假以覆短. 是又藉寇兵而齎盜糧矣.

72) 도연명의 〈오류선생전五柳先生傳〉에 나오는 다음의 표현을 염두에 두고 읽어보면 된다. "선생이 어디 사람인지 알 수 없고 성과 자도 확실하지 않다. 집 주위에 버드나무 다섯 그루가 있어서 그것을 호로 삼았다. 선생은 한가롭고 고요하며 말이 적고 명예와 실리를 도모하지 않았다. 독서를 좋아하지만 깊은 해석을 구하지는 않고, 뜻 맞는 곳이 있으면 밥 먹는 것도 기꺼이 잊어버린다.(先生不知何許人, 亦不詳其姓字. 宅邊有五柳樹, 因以爲號焉. 閑靖少言, 不慕榮利, 好讀書, 不求甚解. 每有意會, 便欣然忘食)" 여기서 선생은 도연명 자신이다. 책을 읽을 때도 한 글자 한 구절의 해석에 구애받기보다는 책 속의 대의를 깨닫는 데 중점을 두고, 자신의 생각과 들어맞는 곳이 있으면 그곳에 푹 빠져들어 청복淸福을 누린다는 내용이다.

73) 이사李斯가 진시황에게 보낸 서신에서 자신을 쫓아내려는 자들을 비판하면서 지연에 얽매이지 말고 인재를 두루 포용해서 써야 한다고 한 구절에 이 원문이 나온다. 〈이사열전〉에 따르면 다음과 같다. "신이 듣건대 '땅이 넓으면 곡식이 많이 나고, 나라가 크면 인구가 많으며, 군대가 강하면 병사도 용감하다'고 합니다. 태산太山은 흙 한 줌도 양보하지 않으므로 그렇게 높아질 수 있고, 하해河海는 작은 물줄기 하나도 가리지 않으므로 그렇게 깊어질 수 있으며, 왕은 어떠한 백성도 물리치지 않으므로 자신의 덕을 천하에 밝힐 수 있는 것입니다. 그리하여 땅에는 사방의 구분이 없고 백성에게는 다른 나라의 차별이 없으며, 사계절이 조화되어 아름답고, 귀신은 복을 내립니다. 이것이 오제와

【해설】

책을 읽고 학문을 함에 있어 마음가짐에 따라 결과가 달라진다. 책을 읽는 행위에는 세상의 진리가 담겨 있고, 천지의 미묘한 이치가 숨 쉬고 있다. 특히 타인의 선행으로 자신의 욕망을 채우려 하거나, 타인의 좋은 말로 자기 잘못을 덮어서는 안 된다.

삼왕에게 적이 없었던 까닭입니다. 그런데 지금 진나라는 백성을 버려 적국을 이롭게 하고 빈객을 물리쳐 제후를 도와 공적을 세우게 하고, 천하의 선비를 물러나 감히 서쪽으로 향하지 못하게 하며 발을 묶어 진나라로 들어오지 못하게 하고 있습니다. 이는 이른바 '적에게 군사를 빌려주고 도둑에게 식량을 내어주는 것'과 같습니다.(臣聞地廣者粟多, 國大者人眾, 兵彊則士勇. 是以太山不讓土壤, 故能成其大; 河海不擇細流, 故能就其深; 王者不卻眾庶, 故能明其德. 是以地無四方, 民無異國, 四時充美, 鬼神降福, 此五帝三王之所以無敵也. 今乃棄黔首以資敵國, 卻賓客以業諸侯, 使天下之士退而不敢西向, 裹足不入秦, 此所謂藉寇兵而齎盜糧者也)"

55. 사치스러운 자와 능력 있는 자

사치스러운[74] 사람은 잘살아도 만족하지 못하니, 어찌 검소한 사람이 가난하면서 여유로움이 있는 것만 같겠는가?

능력 있는 사람은 수고로워도 [남의] 원망을 모아들이니[75], 어찌 서툰 사람이 한가롭게 살면서 천성[76]을 온전히 하는 것만 같겠는가?

奢者, 富而不足. 何如儉者, 貧而有餘. 能者, 勞而府怨. 何如拙者, 逸而全眞.

【해설】

사람의 욕망은 많지만, 모든 것을 갖춘 사람은 드물다. 혼자만 모든 조건을 갖추려 하지만, 그렇지 못한 것이 세상의 이치이다. 춘추시대 제나라의 상국相國이었던 안영晏嬰은 늘 여유가 있었다. 그는 인품이 온후하고 학문이 두터웠다. 낡은 갖옷을 30년이나 입을 만큼 검소하고 청렴했다. 50년 동안 상국 자리에 있으면서 2인자 행

74) 사치를 반대하는 것은 유가나 도가, 묵가가 거의 매한가지였다. 묵자 역시 사치와 낭비를 줄이고, 예악마저 필요없는 것으로 보면서 절용節用을 강조했으니 말이다.

75) 원문의 '부府'를 번역한 것으로 본래의 의미는 창고이지만, 여기서는 동사의 의미로 쓰였다.

76) 원문의 '진眞'을 번역한 것이다. 장자에 의하면《장자》〈어부漁父〉 편의 '소이수어천야所以受於天也', 즉 '하늘에서 부여 받은 바'라는 의미로, 필자는 천성이라고 번역했다. 보충하면, 자연은 바꿀 수 없기에 성인은 하늘을 따르고 진을 귀하게 여기며 속세에 얽매이지 않는다. 이것이 바로 장자의 관점이다.

동미학의 귀감을 보여 결단력과 슬기와 해학이 넘쳤다. 무엇보다 외교 수완이 뛰어나 제나라의 위상을 높이는 데도 일익을 담당했다. "만족할 줄 아는 사람은 가난하고 지위가 낮아도 즐겁고, 만족할 줄 모르는 사람은 돈 많고 신분이 높아도 근심하게 된다.〔知足者, 貧賤亦樂, 不知足者, 富貴亦憂〕"[77]

다른 사람과 나를 비교해보면서 세상을 형편에 따라 살아가는 것도 소중한 생존법이다.

77) 《명심보감》〈안분安分〉 편에 나온다.

56. 먼 곳을 내다보아라

책을 읽으면서 성현의 뜻을 보지 못하면 글자나 베껴 쓰는 노예일 뿐이요,

관직에 몸담으면서 백성을 사랑하지 않으면 관복을 입은 도적일 뿐이다.

학문을 가르치면서 몸소 행하는 것을 숭상하지 않는다면 입으로만 하는 빈말이 될 것이다.

사업을 세우면서 덕의 씨앗을 뿌리는 것을 생각하지 않는다면 눈앞에서 [져버리는] 꽃이 될 것이다.

讀書, 不見聖賢, 爲鉛槧傭. 居官, 不愛子民, 爲衣冠盜. 講學, 不尙躬行, 爲口頭禪. 立業, 不思種德, 爲眼前花.

【해설】

독서와 강학은 모두 마음을 움직여야만 가능하다. 마음으로 이해하고 깨닫지 못하면, 책에 담긴 미묘한 진리를 풀어낼 방법이 없다.

57. 본래의 모습을 찾아야

사람 마음에 한 권의 참다운 문장[78]이 있으나 단편적으로 남은 기록에 가리어 모두 단단히 갇혀 있고,

한 곡의 참다운 음악이 있으나 요염한 노래와 춤에 가리고 파묻혀버렸다.

학문하는 자는 모름지기 외부 사물을 쓸어내고 본래의 면목을 찾아야만 비로소 참다운 묘미를 받아들일 수 있다.

人心有一部眞文章, 都被殘編斷簡封錮了. 有一部眞鼓吹, 都被妖歌艷舞湮沒了. 學者須掃除外物, 直覓本來, 纔有個眞受用.

【해설】

자신의 가슴속에 있는 참된 문장을 읽고, 옛사람의 하찮은 말 몇 마디에 가려져 있는 글을 읽어라. 마음속의 참된 음악을 듣고, 세속의 노래와 춤을 벗어나 높은 경지의 풍류를 들어라. 마음의 자리가 중요하다. 참다운 즐거움은 밖에 드러나 보이는 데 있는 것이 아니라 자신의 마음속에 이미 깃들어 있음을 알아야 한다.

---

78) '문장文章'과 관련된 명언이 있다. "문장은 나라를 다스리는 큰 사업이며, 썩지 않는 성대한 일이다.〔文章經國之大業, 不朽之盛事〕." 조비曹丕가 일찍이 《전론典論》 〈논문論文〉에서 한 말로, 여기서 말하는 문장은 문학·역사·철학 등 다방면에 걸쳐 글로 쓰인 모든 것을 뜻한다.

58. 전화위복

괴로운 마음 가운데서도 늘 마음을 기쁘게 하는 정취를 갖게 되고,
뜻대로 되었을 때도 곧 뜻을 잃는 슬픔이 생겨나게 된다.

苦心中, 常得悅心之趣. 得意時, 便生失意之悲.

【해설】

역경을 거치는 가운데 행복을 맛보는 사람이 있고, 성공하는 가운데서도 슬픔을 맛보는 사람이 있다. 이것이 바로 삶이다. 성공과 실패는 번갈아가며 찾아오는 것이므로, 성공한 때일수록 실패에 대비하는 준비 자세가 필요하다. 새옹지마塞翁之馬[79]라는 말이 있다.

79) 초기 도가의 노장사상을 기반으로 하여 유안劉安이 지은 《회남자淮南子》〈인생훈人生訓〉에 나오는 말이다. 중국 북방에 호胡라는 이민족이 살고 있었다. 어느 날 변방 노인의 말 한 마리가 오랑캐 땅으로 달아나자 이웃 사람들이 위로했다. 그러나 늙은이는 이 일을 마음에 두지 않고 태연히 말했다. "이 일이 복이 될지 누가 압니까?" 몇 달이 지난 어느 날, 달아났던 말이 오랑캐의 좋은 말 한 필을 데리고 돌아왔다. 마을 사람들이 와서 축하하는 말을 하자, 노인은 이번에도 기뻐하는 빛 없이 태연히 대꾸했다. "이것이 화로 변하지 않는다고 누가 말할 수 있겠소?" 얼마 뒤에 노인의 아들이 말을 타다가 떨어져 다리가 부러졌다. 마을 사람들이 또 위로하러 왔다. 그러나 노인은 슬퍼하는 기색도 없이 여전히 태연하게 말했다. "이것이 행복으로 바뀌지 않는다고 그 누가 말할 수 있겠소?" 그로부터 1년이 지나 오랑캐가 쳐들어오자 젊은이는 모두 전쟁터로 나가야만 했다. 전쟁터로 나간 젊은이들은 대부분 살아 돌아오지 못했으나 늙은이의 아들만은 불구여서 전쟁터로 끌려가지 않아 목숨을 부지할 수 있었다. 이 성어와 비슷한 말로 '흑우생백독黑牛生白犢'이라는 말이 있다. 검은 소가 흰 송아지를 낳았다는 말로, 재앙이 복이 되기도 하고 복이 재앙이 되기도 한다는 뜻이다. 좀 길지만 소개하면 이렇다. 《열자》〈설

'변방 늙은이의 말'이라는 뜻으로 인생의 길흉화복이 무상하여 예측할 수 없음을 뜻하며, 전화위복轉禍爲福과 같은 말이다.

부〉 편을 보면 송宋나라 사람 가운데 어질고 의로운 행동을 좋아한 사람 이야기가 나온다. 그는 삼대에 걸쳐 그것에 힘썼다. 하루는 그 집에서 기르던 검은 소가 까닭도 없이 흰 송아지를 낳았다.〔家無故黑牛生白犢〕 그가 공자에게 물었다. 이에 공자는 다음과 같이 대답했다. "길한 징조이니 그것을 하느님께 바치시오." 그로부터 1년 뒤, 그의 아버지가 까닭도 없이 눈이 멀었다. 그런데 그 집 소가 또다시 흰 송아지를 낳았다. 아버지는 아들을 시켜 또다시 공자에게 물어보게 하였다. 그러자 아들이 말했다. "먼젓번에 그분에게 물어보고 눈이 멀었는데 무엇 때문에 또 물으려 하십니까?" 아버지가 대답했다. "성인의 말씀은 처음에 어긋나다가도 뒤에는 들어맞는다. 다시 그분께 여쭈어보거라." 아들이 또다시 공자에게 물으니 공자가 대답했다. "길한 조짐이로다." 그리고 다시 그 송아지로 제사를 지내라고 하였다. 아들이 돌아와 말을 전하니 아버지가 말했다. "공자님의 말씀대로 하거라." 그로부터 1년이 지난 뒤 그 아들이 또 까닭 없이 눈이 멀었다. 그 후 초나라가 송나라를 공격하여 그들이 사는 성까지 포위하였다. 백성은 자식을 바꾸어 잡아먹고 유해를 쪼개어 밥을 지었다. 장정들은 모두 성 위로 올라가 싸우다가 죽은 자가 태반이었다. 하지만 이들 부자는 모두 병이 있어서 화를 면할 수 있었다. 포위가 풀리자 그들은 눈이 회복되어 다시 사물을 볼 수 있게 되었다.

59. 뿌리 내리기

도덕으로부터 온 부귀와 명예는 산림 속의 꽃과 같아서 스스로 퍼져 무성히 번성해 나가지만, 공적으로부터 온 부귀와 명예는 마치 화분 속의 꽃과 같아서 이리저리 옮기는 자리에 따라 흥하거나 망한다. 권력으로부터 얻은 부귀와 명예는 마치 꽃병 속의 꽃과 같아서 뿌리가 내리지 않으니, 그 시듦 또한 서서 기다릴[80] 수 있다.

富貴名譽, 自道德來者, 如山林中花, 自是舒徐繁衍. 自功業來者, 如盆檻中花, 便有遷徙廢興. 若以權力得者, 如甁鉢中花, 其根不植, 其萎可立而待矣.

【해설】

[누구나 바라는] 부귀와 공명을 얻는 방법은 다양하다. 뿌리와 가지가 번성하지 못한 꽃은 그 생명을 누릴 수 없듯이, 부귀도 마찬가지이다. 권력으로 빼앗은 부귀공명은 언제든 사그라질 수 있다.

80) 원문의 '입이대立而待'를 번역한 것으로, '금방'이라는 뜻이다.

60.백 년인가 하루인가

봄이 되어 화창해지면 꽃도 아름다운 빛깔을 펼쳐내고 새도 몇 가락 고운 소리를 지저귄다.

사군자士君子[81]가 다행히 반열에서 두각을 나타내고 다시 따뜻하고 배부르게 지내어 좋은 말 하기를 좋아하고 좋은 행실을 생각하지 않는다면,

비록 세상에서 백 년을 살더라도 채 하루를 살지 않은 것과 같다.

春至時和, 花尙鋪一段好色, 鳥且囀幾句好音. 士君子, 幸列頭角, 復遇溫飽, 不思立好言[82]行好事, 雖是在世百年, 恰似未生一日.

【해설】

사군자가 공적을 세우는 것은 그의 삶에서 좋은 일이지만, 더 중요한 것은 모든 사람을 위해 좋은 일을 많이 하고 덕을 베푸는 것이다. 즉 본인이 명예를 얻었다면, 백성들을 편안하게 하는 일에 힘써야 한다.

---

81) 사회적 지위가 있으며, 덕행이 높고 학문에 통달한 자를 가리킨다.

82) 원문의 '호언好言'은 노자의 '다언삭궁多言數窮'을 떠올리게 한다. 말을 많이 하면 막히게 된다는 뜻으로《노자》5장의 "비어 있는데도 다함이 없고, 움직일수록 더욱 [바람 소리가] 나오는구나. 말을 많이 할수록 자주 궁색하게 되니, [풀무나 피리처럼] 빈 속을 지키는 것만 못하다.(虛而不屈, 動而愈出. 多言數窮, 不如守中)"에서 나왔다. 자신을 과시하거나 구구절절 논리를 펼쳐 주장을 관찰하려는 것이 얼마나 어리석은 일인지를 강조하고 있다. 노자가 보기에 천지天地로 대변되는 만물은 자연스럽게 발전해 나가는 것이고 어떤 편견이나 편애가 없어야 한다.

61. 조심과 대범 사이

학문하는 자는 조심스럽고 삼가는 마음을 지니되 또한 활달한 풍류도 지녀야 한다.

한결같이 거두어 단속하고 지나치게 맑으면, 이는 가을의 [차가운] 살기만 있고 [만물을] 자라게 하는 봄기운은 없는 것이니, 어찌 만물을 싹트고 자라게 할 수 있겠는가?

學者要有段兢[83]業的心思, 又要有段瀟灑的趣味. 若一味斂束淸苦, 是有秋殺無春生, 何以發育萬物.

【해설】

학문에 뜻을 둔 사람은 규칙과 관습에 얽매이지 않아야 하고, 지나치게 방종해서도 안 된다. 마음속의 복잡한 생각을 떨쳐내야 비로소 학문의 길로 들어서서 만물의 의미를 이해할 수 있다.

---

83) 원문의 '긍兢'은 '긍긍兢兢'의 개념으로 삼가고 조심하는 모양이니, 매우 두려워하고 조심한다는 의미이다. 이 말은《시경》〈소아〉〈소민小旻〉 편에 나온다. "감히 맨손으로 호랑이를 못 잡고 감히 걸어서 황하를 못 건넘을/사람들은 알지만 그 밖의 것은 알지 못하네/두려워하며 조심하기를 깊은 못에 임하듯 하고/엷은 얼음판 밟고 가듯 해야 한다네.〔不敢暴虎 不敢馮河 人知其一 莫知其他 戰戰兢兢 如臨深淵 如履薄氷〕" 조심성 있는 사람은 악정惡政에서도 깊은 연못이나 엷은 얼음 위에 있는 것처럼 처신한다는 말이다. '전전긍긍'이라는 말도 여기서 나왔으나 지금은 조금 다른 의미로 쓰인다.

62. 잔재주를 부리지 마라

진정한 청렴에는 청렴하다는 이름조차 없으니,
이름을 세우려는 사람은 탐욕스럽기 때문이다.
크게 교묘한 사람은 교묘한 재주가 없으니,
재주를 부리는 사람은 서툰 자이기 때문이다.

眞廉, 無廉名. 立名者, 正所以爲貪. 大巧[84], 無巧術. 用術者, 乃所以爲拙.

【해설】

진정으로 청렴하고 결백한 사람은 청렴결백이라는 말조차 모른다. 청렴결백하다고 소문이 났다면 이는 탐욕의 소치일 뿐 그 사람의 참모습이 아니다. 또한 재주가 뛰어난 사람은 잔재주를 부리지 않는다. 세속적인 사람들은 가득 차 있는 것을 요구하고 욕망하지만, 상황을 전혀 다른 시각으로 볼 수도 있다. 사실은 뭔가 좀 부족해 보일 때 더 오래 쓰일 수 있지 않은가.

---

84) '대교大巧'는 이 문장의 '졸拙'과 연계되며, 《노자》 45장에 나오는 "뛰어난 기교는 서툰 듯하다.〔大巧若拙〕"는 개념으로 귀결된다. 이 개념의 의미를 파악하기 위해서는 "크게 이뤄진 것은 결함이 있는 듯하나, 그 작용은 어그러지지 않는다. 크게 채워진 것은 비워져 있는 듯하나, 그 작용은 다하지 않는다. 크게 곧은 것은 굽은 듯하고, 크게 뛰어난 기교는 서툰 듯하며, 크게 훌륭한 언변은 말을 더듬는 듯하다.〔大成若缺, 其用不弊. 大盈若沖, 其用不窮. 大直若屈, 大巧若拙, 大辯若訥〕"라는 문장을 읽어보고 맥락을 짚어야 한다.

63. 적당히 비워라

기울어진 그릇[85]은 가득 차면 엎질러지고 흙으로 빚은 저금통은 비어 있어야 온전할 수 있다.

그러므로 군자는 차라리 무無에 살지언정 유有에 살지 아니하고, 차라리 모자란 곳에 살지언정 완전한 곳에는 머무르지 않는다.

敧器, 以滿覆. 撲滿, 以空全. 故君子寧居無, 不居有.寧處缺, 不處完.

【해설】

기울어진 그릇은 가득 차면 엎어질 수밖에 없다. 사람이 몸을 온전하게 보존하려면 필요한 일만 해야지 완전무결한 것에 집착해서는 안 된다. 물론 그렇게 되는 일도 드물다. 세상의 일들 중에 내 일만 순조롭게 풀린다면, 그것은 불행의 조짐일 뿐이다.

85) 물을 넣는 그릇으로, 물이 없으면 기울어지고 물이 반쯤 차면 똑바로 선다. 군주가 마음의 중용을 지키기 위해 늘 곁에 두었다고 한다. '자리 오른쪽에 놓고 경계로 삼는 그릇(유좌지기宥坐之器)'이라는 의미이다.

64. 명예욕의 뿌리와 객기

명예욕의 뿌리를 뽑지 못하는 자는 천 대 수레[86]를 가진 것을 가볍게 여기고 한 표주박[87]의 음식을 달갑게 여겨도 항상 속세의 욕망으로 떨어질 것이다.

객기를 녹여버리지 못한 사람은 비록 은택이 온 천하에 있고 이익이 만대에 끼칠지라도 보잘것없는 재주나 가지게 될 것이다.

名根未拔者, 縱輕千乘甘一瓢, 總墮塵情. 客氣未融者, 雖澤四海利萬世, 終爲剩技.

【해설】

명예욕과 객기는 사람의 마음을 허황되게 하며 인간을 거기에

86) 원문의 '승乘'을 번역한 말이다. '승'은 전차를 세는 단위이다. 일승一乘에는 갑옷 입은 병사 세 명, 보병 일흔두 명, 거사車士 스물다섯 명이 딸린다. 주周나라 때 천자는 제도에 따라 사방 천 리를 영역으로 하고 전쟁 시에 전차 만 승을 내놓았다. 세력이 큰 제후는 사방 백 리를 소유하고 전쟁 시에 전차 천 승을 내놓았다. 제후 아래의 대부는 전쟁 시에 수레 백 대를 내놓았다. 다시 말해 만승지국은 천자의 나라, 천승지국은 제후의 나라, 백승지국은 대부의 영지를 일컫는다.《논어》〈학이〉 편에 이런 내용이 있다. "공자께서 말씀하셨다. '천 대의 전차를 가진 나라를 이끌어가는 방법은 일을 경건하게 처리하고, 믿음을 가지며 절약하고 사람을 사랑하여, 백성들을 부리되 때에 맞게 부리는 것이다.'〔子曰: '道千乘之國, 敬事而信, 節用而愛人, 使民以時'〕"

87) 원문의 '표瓢'를 번역한 것으로 청빈의 상징이다.《논어》〈옹야雍也〉 편을 보면 공자가 안회의 삶을 평가한 말이 나온다. "어질구나 회(안회)여! 한 통의 대나무 밥과 한 표주박의 마실거리를 가지고 누추한 골목에 살면서도, 다른 이들은 그 근심을 견디지 못하는데 회는 그 즐거움을 바꾸려 하지 않으니, 어질구나, 회여!〔賢哉回也! 一簞食, 一瓢飮, 在陋巷, 人不堪其憂, 回也不改其樂. 賢哉回也!〕"

종속되게 만든다. 이런 욕망의 뿌리를 없애지 않으면, 설령 잠시 동안 청빈함에 만족할지라도 언제든 틈만 생기면 부귀를 탐하게 될 것이다. 객기가 외부로 드러나면 그 사람이 이룬 공적은 한순간에 무너지기 십상이다.

65. 공명정대

마음의 본체가 빛처럼 밝으면 어두운 방 안에도 푸른 하늘이 있고,

생각이 어둡고 어리석으면 밝은 해 아래에서도 악귀가 생긴다.

心體光明, 暗室中, 有青天. 念頭暗昧, 白日下, 生厲鬼.

【해설】

모든 것은 마음자세에 달려 있다. 군자는 자신의 몸가짐을 바르게 하여, 주변 사람들로 하여금 올바른 도리를 깨닫게 해야 한다. 학문을 하는 목적은 단순한 지식 습득이 아니라 성인이 되려는 데 있으므로, 무엇보다 먼저 몸과 마음을 경건하게 해야 하지 않겠는가.

66. 참된 즐거움, 더 큰 근심

사람들은 명예와 지위만 즐거운 줄 알고, 명예와 지위가 없는 즐거움이 가장 참된 즐거움이라는 것을 알지 못한다.

사람들은 굶주리고 추운 것만 근심인 줄 알고, 굶주리지 않고 춥지도 않은 근심이 더욱 큰 근심인 줄은 알지 못한다.

人知名位爲樂, 不知無名無位之樂爲最眞. 人知饑寒爲憂, 不知不饑不寒之憂爲更甚.

【해설】

지위가 높다고 해서 즐거운 것이 아니고, 궁핍하다고 해서 근심스러운 것이 아니다.[88] 한평생 살아가면서 명예와 지위를 초월할 때 진정한 자유의 길로 들어설 수 있는 법이다.

88) 물론 이런 명제에 동의하지 않는 야심가도 많았다. "가장 큰 부끄러움은 낮은 지위에 있는 것이며, 가장 큰 슬픔은 경제적으로 궁핍한 것이다.〔詬莫大於卑賤, 而悲莫甚於窮困〕" (《사기》〈이사열전〉) 이사가 스승 순경荀卿(순자)에게서 천하를 다스리는 제왕의 기술을 배우고 [나서 올린] 작별인사의 한 대목이다. 이사는 초나라 출신이었지만, 공부를 끝마치자 초나라 왕은 섬길 만한 인물이 못 되고 여섯 나라는 모두 약소해서 공을 세울 만하지 않다고 생각해 서쪽 진나라로 들어가기로 한다. 이런 결정을 하게 된 것은 서로 다른 환경 속에 사는 두 마리 쥐에게서 세상 사는 이치를 터득한 때문이었다.

67. 선과 악의 뿌리

악한 일을 하고 나서 남이 알까 두려워하면, 악함 가운데에도 선으로 갈 수 있는 길이 있고,

선한 일을 하고 나서 남이 알아주기에 급급해하면, 그 선한 곳에 이미 악의 뿌리가 있는 것이다.[89)]

爲惡而畏人知, 惡中猶有善路. 爲善而急人知, 善處卽是惡根.

【해설】

진실한 마음이야말로 모든 일을 헤쳐나갈 수 있는 길이다. 선한 일을 했다고 이곳저곳에 떠벌리는 사람은 진정으로 선하지 않다. 반면 잘못을 저질렀다 해도 양심이 남아 있는 사람은 사회에 유익한 사람이 될 가능성이 높다.

89) 선악에 관한 매우 유명한 공자의 말이 있다. "착한 일을 하는 사람에게는 하늘이 복으로 갚아주고, 착하지 않은 일을 하는 사람에게는 하늘이 재앙으로 갚는다.(爲善者, 天報之以福, 爲不善者, 天報之以禍)"(《공자가어》 권5 〈재위在危〉 제20)이다.

68. 군자의 자세

하늘이 변화하는 기밀은 헤아릴 수 없어 펼쳐졌다가 눌리니, 이는 모두 영웅을 조롱하고 호걸이 있는 곳도 전복시킨다.

군자는 다만 [운명이] 거꾸로 와도 순리로 받아들이고 편안한 곳에 머물면서도 위태로움을 생각하니[90], 하늘도 그 재주를 쓸 도리가 없다.

天地機緘, 不測. 抑而伸, 伸而抑. 皆是播弄英雄, 顚倒豪傑處. 君子只是逆來順受, 居安思危, 天亦無所用其伎倆矣.

【해설】

운명이란 변화무쌍하며, 우리 인간의 지혜로 해결되지 않는 일이 많다. 운명에 휘둘리지 않으려면 역경을 순리로 받아들이고, 불행을 행운으로 여기는 자세가 필요하다.

---

90) "편안하게 머물면 위험을 생각하고, 위험을 생각하면 대비를 하게 되고, 대비를 하면 우환이 없게 됩니다.(居安思危 思則有備 有備無患)"라는《춘추좌씨전》 양공 11년 조에 나오는 구절로,《서경》을 인용한 위강魏絳의 말이다. 위강은 당시 진晉나라 왕 도공悼公을 도와 정나라에 승리를 거두게 했고, 도공은 전차와 악사樂師, 미인 등을 얻었는데, 그의 공을 인정한 도공이 그 절반을 주자 이 말을 하면서 세 차례나 사양한 뒤 어쩔 수 없이 받았다고 한다.

69. 성질이 조급한 사람, 은덕이 적은 사람

성질이 조급한 사람은 타오르는 불길 같아서 만나는 것마다 태워버리고,

은덕이 적은 사람은 얼음처럼 차가워 만나는 것마다 반드시 죽게 만들며,

꽉 막히고 고집스러운 사람은 고여 있는 물과 썩은 나무와 같아서 살아 있는 기운이 이미 끊어져 [이런 사람들은] 모두 공적을 세우거나 복을 늘리기 어렵다.

燥性者, 火熾, 遇物則焚. 寡恩者, 氷淸, 逢物必殺. 凝滯[91]固執者, 如死水腐木, 生機已絶. 俱難建功業而延福祉.

【해설】

운명은 성격에서 나온다. 사람은 외모만큼이나 성격도 다르고, 성격에 따라 성공 여부가 결정된다. 성질이 조급하거나 과격하거나 인색하거나 엄격하거나 고집스러운 것이 바로 사람의 결점이기 때문이다.

---

91) '응체凝滯'는 융통성이 없다는 말로 "성인은 사물에 엉키어 머물지 않고 세상과 더불어 움직인다.(聖人不凝滯於物, 而能與世推移)"는 《어부사》의 구절에서 유래했다.

70. 화를 멀리하고 복을 부르는 법

복은 억지로 맞이할 수 없는 것이니, 즐겁고 기쁜 마음을 길러 복을 부르는 근본을 삼아야 할 뿐이다.

화는 피할 수 없는 것이니, 해치려는 마음을 버려 화를 멀리하는 방법을 삼아야 할 뿐이다.

福不可徼. 養喜神, 以爲召福之本而已. 禍不可避. 去殺機, 以爲遠禍之方而已.

【해설】

복을 좋아하고 화를 싫어하는 것은 인간의 본능이다. 그러나 구한다고 해서 복이 오는 것이 아니고, 피한다고 해서 화가 피해지는 것도 아니다. 그저 마음 자체를 다스려야 할 뿐이다.

71. 군자의 처세법

열 마디의 말 가운데 아홉 마디가 맞더라도 반드시 대단하다고 칭찬받지는 못하지만, 한마디 말이라도 맞지 않으면 비방과 허물이 한꺼번에 몰려든다.

열 가지 계책 중에 아홉 개가 성공하더라도 반드시 공으로 돌리지는 않지만, 한 가지 계책이 성공하지 못하면 헐뜯음과 비난이 떼지어 일어난다.

군자는 말 없을지언정 시끄럽게 굴지 않고, 서툰 체할지언정 기교를 부리지 않는다.[92)]

---

92) '득심응수得心應手'라는 말이 있다. 일을 할 때 손 가는 대로 따라가도 마음과 서로 호응한다는 말로, 일하는 것이 매우 능숙하여 자연스럽다는 뜻이다. 《장자》〈천하〉 편에 이런 내용이 있다. 제나라 환공桓公이 대청 위에서 글을 읽고, 윤편輪扁은 뜰 아래에서 수레바퀴를 깎고 있었다. 윤편이 망치와 끌을 놓고 올라와서 환공에게 물었다. "왕께서 읽고 계신 책에 무엇이 쓰여 있는지 감히 여쭙고 싶습니다." 환공이 대답했다. "성인의 말씀이지." "성인은 살아 계신 분입니까?" "이미 돌아가신 분이다." "그렇다면 왕께서 읽고 계신 것은 옛사람의 찌꺼기이겠습니다." 환공이 말했다. "내가 책을 읽고 있는데 수레바퀴공이 어찌 논의를 할 수 있는가? 올바른 근거가 있다면 괜찮지만, 근거가 없으면 죽여버리겠다." 윤편이 말했다. "저는 제가 하는 일로 그 일을 살폈습니다. 수레바퀴를 깎을 때 엉성하게 깎으면 헐렁해져 견고하지 않고, 꼭 끼게 깎으면 빠듯해서 서로 들어맞지 않습니다. 엉성하지도 꼭 끼지도 않게 하는 것은 손의 감각이 마음에 호응하여 이루어지는 것이지, 입으로 설명할 수 있는 것이 아닙니다.〔不徐不疾, 得之於手, 而應於心, 口不能言〕 거기에는 법도가 존재하기는 합니다만 저는 그것을 제 아들에게 가르쳐줄 수 없고, 제 아들도 그것을 저에게서 배울 수가 없습니다. 그래서 칠십 노인이 되도록 수레바퀴를 깎고 있는 것입니다. 옛사람과 그의 전할 수 없는 정신은 함께 죽어버립니다. 그러니 왕께서 읽고 계신 것은 옛사람들의 찌꺼기일 것입니다." 이 글에서 장자는 사람의 말이나 글로는 도저히 올바른 도를 표현할 수 없음을 강조하였다. 그런데도 사람들은 글을 통하여 도를 공부하려 드니 어리석다는 것이다. 고인의 학문 가운데 정묘하여 홀로 이루어진 부분은 말로 표현해낼 수가 없는데, 굳이 끄집어내려 하면 문제가 될 수밖에 없다는 뜻이다.

十語九中, 未必稱奇. 一語不中, 則愆尤駢集. 十謀九成, 未必歸功. 一謀不成, 則訿議叢興. 君子所以寧默毋躁, 寧拙毋巧.

【해설】

말을 줄이고 행동으로 보여주는 것이 화근을 줄이는 방법이다. 침묵은 금이라는 말처럼, 침묵만이 몸과 마음을 편안하게 해주고 근심 걱정을 없애준다. 경거망동은 일을 많이 벌이는 자에게 귀결되는 몫이다. 《한비자》〈난언〉 편에는 "군자는 말하는 것을 어려워한다.〔君子難言〕"는 구절이 나온다. 여기서 군자는 유세가를 말하는데, 한비자가 든 사례[93]를 통해 말을 얼마나 신중하게 해야 하는지를 알 수 있다.

93) 앞의 각주 7번 참조.

72. 복과 은택을 오래가게 하는 법

천지의 기운은 따뜻하면 [만물을] 자라게 하고, 차가우면 [만물을] 죽게 한다.

그러므로 본성의 기운이 차갑고 쌀쌀한 사람은 누리는 것도 차갑고 박하다.

기운이 온화하고 마음이 따뜻한 사람만이 복이 두텁고 은택도 오래간다.

天地之氣, 暖則生, 寒則殺. 故性氣淸冷者, 受享亦凉薄. 唯和氣熱心之人, 其福亦厚, 其澤亦長.

【해설】

다른 사람을 대할 때 가을바람처럼 냉랭하게 대하지 말고 봄날의 따스한 마음으로 대해야 한다. 즐거운 마음으로 남을 도와줄 수 있는 사람은 자신에게 다가오는 난관도 남의 도움을 받아 헤쳐 나갈 수 있다.

73. 하늘의 이치, 인간의 욕망

하늘의 이치를 따르는 길은 매우 넓어, 잠시라도 여기서 노닐면 가슴속으로 곧 깨달아 넓어지고 탁 트이며 밝아진다.

사람의 욕망이라는 길은 매우 좁아, 겨우 한 발짝만 발 붙여도 눈앞은 온통 가시밭길과 진흙탕이 된다.

天理路上, 甚寬. 稍游心[94], 胸中便覺廣大宏朗. 人欲路上, 甚窄. 纔寄迹, 眼前俱是荊棘泥塗.

【해설】

욕심을 버리고 자연의 이치를 따르는 것이 세상을 살아가는 기본자세이다. 명예와 이익을 좇느라 심신이 지친 현대인들에게 욕심을 버리는 순간 만사가 태평해진다는 진리를 이야기하고 있다.

94) '유심遊心'은 도가에서 사물을 대하는 이상적 경지를 가리키는 말로 "무릇 사물에 맡겨 마음을 노닐게 하고 부득이함에 맡겨 내면을 기르는 것이 지극한 도입니다.〔且夫乘物以遊心, 託不得已以養中, 至矣〕"(《장자》〈인간세人間世〉)에서 유래했다.

74. 복 얻는 법, 앎 얻는 법

한 번의 괴로움과 한 번의 즐거움을 번갈아가며 지극히 연마한 이후에 복을 얻어야만 그 복이 비로소 오래간다.

한 번의 의심과 한 번의 믿음을 번갈아가며 지극히 참작한 이후에 앎을 얻어야만 그 앎이 비로소 참된 것이 된다.

一苦一樂, 相磨練, 練極而成福者, 其福始久. 一疑一信, 相參勘, 勘極而成知者, 其知始眞.

【해설】

괴로움과 즐거움, 의심과 믿음은 서로 번갈아가면서 찾아온다. 괴로움과 즐거움을 함께 단련하고, 의심과 믿음 없이 더불어 비교, 대조하여 얻은 것이 참된 진리이다.

75. 채움과 비움

마음이란 비우지 않을 수 없으니, 비워두면 의리가 와서 자리를 잡는다.

마음은 채워두지 않을 수 없으니 채워두면 물욕이 들어오지 못한다.

心不可不虛. 虛則義理來居. 心不可不實. 實則物欲不入.

【해설】

욕심을 버리고 모든 것을 받아들이는 비움의 미학을 터득해야만 일이 쉽게 풀린다. 겸허함은 성공한 사람들의 필수 덕목이다. 정말 지혜로운 사람은 겉으로는 다소 어리석어 보인다.

76. 적당히 더럽고 적당히 깨끗하기

땅이 더러우면 만물이 많이 자라지만, 물이 맑으면 물고기가 항상 없다.[95)]

그러므로 군자는 마땅히 때를 머금고 더러움을 받아들이는 아량이 있어야 하며, 결백함을 좋아하여 홀로 행동하려는 지조를 견지해서는[96)] 안 된다.

---

95) 원문의 '수지청자상무어水之淸者, 常無魚'를 번역한 것으로, 사람이 지나치게 결백하면 따르는 무리가 없다는 비유이다. 후한시대 《한서》를 지은 반고에게는 반초라는 동생이 있었다. 반초는 형 반고와 달리 문학보다는 무예에 뛰어났다. 그는 명제明帝 때 오랑캐 땅의 50여 부족을 복속시켜 한나라의 세력을 확장시킨 공으로 화제和帝 때 정원후定遠侯에 봉해졌으며, 서역도호부西域都護府의 도호(都護, 총독)로 취임했다. 반초의 임무는 복속된 50여 부족을 감독하여 모반을 미리 막는 것이었다. 《후한서》 〈반초전〉에 의하면 반초는 10년 동안 이 일을 충실히 해내고 귀국하게 되었다. 그의 후임으로 임명되어 온 임상任尙이 찾아와 서역을 다스리면서 유의할 점을 물었다. 이에 반초는 임상의 사람 됨됨이를 꼼꼼히 살펴본 다음 이런 말을 해주었다. "그대는 성격이 너무 엄하고 조급한 것 같소. '물이 너무 맑으면 물고기가 없다'는 말이 있듯이, 정치도 너무 엄하게 서두르면 따라오는 이가 아무도 없는 법이오. 그러니 사소한 일은 덮어두고 대범하게 다스리도록 하시오." 그런데 임상은 반초의 충고를 귀담아듣지 않았다. 자기 방법대로 다스렸고, 결국 반초가 복속시킨 부족들은 임상이 다스린 지 5년 만에 저마다 모반을 일으켜 한나라를 등졌다.

96) 이 구절과 관련된 사례를 하나 들겠다. 한나라 무제 때의 명신이요, 골계가로서 이름을 떨친 동방삭東方朔은 당시 무제에게 직간을 서슴지 않은 몇 안 되는 인물이었으나 끝내 조정의 시기를 받아 관직에서 쫓겨나게 되었다. 그는 자신과 동병상련의 처지에 있던 전국시대 초나라의 애국 시인 굴원을 추모하여 지은 시 〈칠간七諫〉에서 이렇게 읊었다. "얼음과 숯은 서로 함께할 수 없으니/나는 진실로 목숨이 길지 못함을 안다/즐거움도 없이 홀로 고통스럽게 죽어/내 나이 다하지 못함을 슬퍼한다.(氷炭不可以相幷兮 吾固知乎命之不長 哀獨苦死之無樂兮 措余年之未央)" '얼음과 숯은 서로 함께할 수 없으니'라는 구절에서 '빙탄불상용'이라는 말이 나왔다. 굴원은 부정부패와 아첨만을 일삼던 당시 관리들과는 달리, 나라의 앞날을 걱정하며 충언하기를 서슴지 않았다. 굴원의 간언은 아첨

地之穢者，多生物．水之清者，常無魚．故君子當存含垢納汚之量，不可持好潔獨行之操．

【해설】

흔히 고상함은 평범함과 상극이라고 생각하나, 진정으로 고상한 사람은 세속적 평범함에 섞이려 한다. 적어도 군자에게는 속세의 모든 것을 너그럽게 받아들일 수 있는 도량이 필요하다.

하는 자들의 폐부를 찔렀다. 그래서 그들은 굴원에게 누명을 씌워 관직을 박탈했고, 참소를 당한 굴원은 강호를 떠돌게 되었다. 굴원은 자신의 우국충정을 알아주지 않는 세상이 야속해 그런 마음을 시로 표현했는데, 후세 사람들은 그 시들의 문학적 가치를 높이 평가하고 있다. 갈등과 번뇌 속을 헤매던 굴원은 끝내 멱라강에 몸을 던져 죽고 말았다. 세상과 타협하지 못하고 자신의 세계관을 고집한 굴원의 모습은 타산지석으로 삼을 만하지 않은가.

77. 번뇌라는 병

수레를 뒤엎는 사나운 말도 마음대로 달리게 할 수 있고, 녹아서 튀어오르는 쇳물도 결국은 부어 만드는 틀로 돌아가게 된다.

그러나 게을러서 꾸물대며 떨쳐 일어나지 않으면 죽을 때까지 진보가 없다.

백사[97]가 '사람에게 번뇌의 병이 많은 것은 부끄러워할 일이 아니지만, 평생 동안 번뇌가 없음이 나의 근심거리이다'라고 한 것은 정말로 옳은 말이다.

泛駕之馬, 可就驅馳. 躍冶之金[98], 終歸型範. 只一優游不振, 便終身無個進步. 白沙云, 爲人多病未足羞, 一生無病是吾憂, 眞確論也.

97) 진백사陳白沙를 가리킨다. 중국 명나라 중기의 학자로서 평생을 은둔하면서 성명학을 가르쳤는데 그가 은둔한 곳이 '백사'라는 곳이라서 이렇게 불린다.

98) '약야지금躍冶之金'은 《오월춘추吳越春秋》의 〈합려내전闔閭內傳〉에 나오는 '간장막야干將莫耶'라는 성어를 떠올리게 한다. 그 내용은 이렇다. 오吳나라에 유명한 대장장이 간장干將이 아내 막야莫耶와 오순도순 살고 있었다. 당시 오나라 왕이던 합려闔閭는 간장을 불러 명검 두 자루를 만들도록 명령했다. 간장은 나라에서 제일가는 대장장이임을 공식적으로 인정받았기에 최선을 다해 칼을 만들려고 했다. 그는 정선된 청동만으로 칼을 주조하기 시작했는데, 이 청동은 3년이 지나도록 녹지 않았다. 왕의 독촉이 매일 계속되고 청동은 녹을 기미조차 보이지 않으므로, 그는 걱정이 이만저만이 아니었다. 어떻게 하면 청동을 녹여 하루속히 칼을 만들 수 있을까 하는 걱정에 뜬눈으로 밤을 새우는 날이 많았다. 그러던 중 아내 막야가 청동을 녹일 방법을 알아냈다. 부부의 머리카락과 손톱을 잘라 용광로에 넣고 소녀 3백 명이 풀무질을 하는 것이었다. 막야의 말대로 하자 청동은 정말 천천히 녹기 시작했고, 칼도 명검으로서 손색이 없을 만큼 제 모습을 드러내기 시작했다. 칼이 완성되자, 간장은 음양의 원리에 따라 양陽으로 된 칼에는 간장이라는 이름을 새기고 음陰으로 된 칼에는 막야라고 새겼다.

【해설】

사나운 말도 길들이면 명마가 되고 아무리 품질 나쁜 쇠도 좋은 그릇으로 만들 수 있다. 좋은 자질을 타고난 사람도 게으르고 노력하지 않으면 발전할 수 없다. 반대로 타고난 자질이 좋지 못한 사람도 노력하고 수양하면 뛰어난 인물이 되는 것은 시간문제이다.

78. 사욕을 탐하지 마라

사람이 한 번이라도 사욕을 탐하는 마음이 생기면 단단한 것이 녹아 부드러워지고[99], 지혜가 막혀 혼미해지며, 은덕을 변하게 하여 참혹하게 만들고, 깨끗함을 물들여 더럽게 하여 한평생의 인품을 무너뜨려버린다.

그러므로 옛사람[100]은 탐내지 않음을 보배로 삼았으니, 한평생 [물욕을] 초월한 까닭이다.

人只一念貪私, 便銷剛爲柔, 塞智爲昏, 變恩爲慘, 染潔爲汚, 壞了一生人品. 故古人以不貪爲寶, 所以度越一世.

99) 이 구절은 노자의 유명한 말 "천하에서 가장 부드러운 것이 천하에서 가장 단단한 것을 부리고 있다.〔天下之至柔, 馳騁天下之至堅〕"(43장), "사람이 살아 있을 때는 부드럽고 연약하지만 죽으면 딱딱해지고 굳어버린다. 만물이나 초목들도 살아 있을 때는 부드럽고 여리지만 죽으면 마르고 뻣뻣해진다. 그러므로 딱딱하고 굳어버린 것은 죽음의 무리이고, 부드럽고 연약한 것은 삶의 무리이다.〔人之生也柔弱, 其死也堅强. 萬物草木之生也柔脆, 其死也枯槁. 故堅强者死之徒, 柔弱者生之徒〕"(76장)를 연상시킨다.

100) 여기서 옛사람은 춘추시대의 현신으로 평가받는 자한子罕을 가리키는데, 《한비자》에 이와 관련된 이야기가 실려 있다. "송나라의 한 농부가 가공하지 않은 옥돌을 얻게 되자 자한에게 바치려고 하였다. 자한이 받지 않으려고 하자 농부가 말하였다. '이것은 보옥으로서 마땅히 군자의 물건이 되어야지 소인이 쓰기에는 마땅하지 않습니다.' 자한이 말하였다. '그대는 옥을 보물로 생각하지만, 나는 그대의 옥을 받지 않는 것을 보물로 생각하오.' 이것이 바로 농부는 옥을 바라지만 자한은 바라지 않는다는 것이다. 그래서 말하였다. '욕심을 부려 얻으려고 하지 않으며, 얻기 어려운 재화를 귀하게 여기지 않는다.'〔宋之鄙人得璞玉而獻之子罕, 子罕不受. 鄙人曰: '此寶也, 宜爲君子器, 不宜爲細人用.' 子罕曰: '爾以玉爲寶, 我以不受子玉爲寶.' 是鄙人欲玉, 而子罕不欲玉. 故曰: '欲不欲, 而不貴難得之貨.'〕"(〈유로〉 편). 이 인용문의 '不欲'이라는 단어는 원문의 '불탐不貪'과 연관된다. 이 내용은 《춘추좌씨전》 양공 15년 조에도 실려 있다.

【해설】

마음 수양에서 욕심을 줄이는 것은 유가이든 도가이든 불가이든 모두 강조하는 덕목이다. 탐욕이 싹트면 공든 탑이 모두 무너진다. 인생을 초월하고 영원히 살아남는 길은 탐욕을 버리는 것이다.

79. 바깥 도적과 안 도적

귀로 듣고 눈으로 보는 견문은 바깥 도적이고, 정욕과 사욕은 안 도적이다.

다만 주인이라는 마음이 깨어 있어 어둡지 않고 홀로 안방에 자리잡고 있으면, 도적들은 감화되어 하인이 될 것이다.

耳目見聞爲外賊, 情欲意識爲內賊. 只是主人翁, 惺惺不昧, 獨坐中堂, 賊便化爲家人矣.

【해설】

귀나 눈으로 듣고 보는 것은 마음을 간사하게 만든다. 이것이야말로 바깥이 안으로 침입해서 마음을 해치는 도적이나 다름없다. 여색과 물욕도 마찬가지이니, 마음을 어지럽히는 근원인 셈이다.

80. 현명한 처세법

아직 이루지 못한 공적을 도모하는 것은 이미 이룩한 일을 지키는 것만 못하다.

이미 지나간 실수를 부질없이 후회하는 것[101]은 앞날의 잘못을 예방하는 것만 못하다.

圖未就之功, 不如保已成之業. 悔已往之失, 不如防將來之非.

101) 《논어》〈위정爲政〉 편에서 자장이 녹봉 구하는 법을 물었을 때 공자는 "말에 허물이 적고 행동에 후회가 적으면 녹봉은 그 안에 들어 있다.(言寡尤, 行寡悔, 祿在其中矣)"고 했다. 공자가 말하는 이상적인 정치는 군자다운 마음과 선비의 자세로 원칙을 견지하며 '위정이덕爲政以德', 즉 도덕과 예교로 국가를 다스리는 것이다. 이런 자세가 정녕 백성을 위하는 길인 것이다.
예를 하나 더 들어보자. '서제막급噬臍莫及'이라는 말이 있다. 배꼽을 물려고 해도 미치지 못한다는 말로, 일을 그르치고 나서 후회해도 소용없다는 뜻이다. '후회막급後悔莫及'과 비슷한 말로, 《춘추좌씨전》〈장공莊公〉 6년 조에 나온다. 초나라 문왕은 세력을 확장하기 위해 신申나라를 치기로 했다. 초나라에서 신나라까지 가려면 반드시 신나라와 이웃한 등鄧나라를 지나야만 했다. 당시 등나라 임금은 기후祁侯였는데, 문왕은 그의 조카였다. 문왕이 병사들을 이끌고 오자 기후는 매우 반갑게 맞이했다. 그때 추생騅甥, 담생聃甥, 양생養甥 세 사람이 앞으로 나아와 기후에게 말했다. "문왕은 머지않아 우리 등나라를 멸망시킬 것입니다. 지금 제거하지 않으면 배꼽을 물려고 하나 미치지 못하는 것처럼 후회해도 소용없을 것입니다. 늦기 전에 계획을 세우십시오. 지금이 바로 그때입니다." 그러자 기후가 말했다. "사람들은 내가 먹다 남긴 음식을 먹으려 들지 않을 것이다." 기후가 한 이 말은 조카를 죽이면 사람들이 자신을 미워하고 천하게 여겨 죽은 뒤에 제사를 지내주지 않을 거라는 뜻이다. 이에 세 사람은 이렇게 말했다. "저희 세 사람의 말도 따르지 않으면서 제사를 받지 못할까 두려워한다면 임금께서 먹다 남길 음식이 있겠습니까?" 그러나 기후는 끝내 그들의 권유를 듣지 않았다. 그로부터 10년 뒤 문왕은 등나라를 쳐서 멸망시켰다.

【해설】

헛된 망상으로 새로운 계획을 세우느니, 이미 이루어놓은 일을 더욱 잘하도록 노력하는 것이 낫다. 지난 실수를 거울삼아 나쁜 전철을 밟지 않는 것이 중요한 처세법이다.

81. 절제의 도

기상은 높고도 넓게 트여야 하지만 [세상일에] 성글거나 멋대로 굴어서는 안 된다.

마음가짐은 면밀하고 꼼꼼해야 하지만 좀스럽게 굴어서는 안 된다.

삶의 정취는 맑고 깨끗해야 하나 유독 무미건조해서는 안 된다.

지조를 지킴은 엄격하고 분명해야 하나 과격해서는 안 된다.

氣象要高曠, 而不可疎狂. 心思要縝密, 而不可瑣屑. 趣味要縝淡, 而不可偏枯. 操守要嚴明, 而不可激烈.

【해설】

높고 넓은 기상은 필요하지만, 세상일에 지나치게 어두우면 문제가 된다. 면밀한 마음가짐도 필요하지만, 자질구레한 일에 정신을 빼앗겨서는 곤란하다. 과격은 화를 부른다.

82. 여운 남기기

바람이 성긴 대나무 숲에 불어와도, 바람이 지나가고 나면 대나무는 소리를 남겨두지 않는다.

기러기가 차가운 연못 위로 날아가도, 기러기가 지나가면 연못은 그림자를 남겨두지 않는다.

그러므로 군자는 일이 생기면 비로소 마음이 드러나고, 일이 지나가면 마음도 비우게 된다.

風來疎竹, 風過而竹不留聲. 雁度寒潭[102], 雁去而潭不留影. 故君子, 事來而心始現, 事去而心隨空.

【해설】

대나무 숲에 바람이 불면 그 소리가 요란하다. 그러나 바람이 지나가고 나면 언제 그랬냐는 듯이 그 소리가 남지 않는다. 맑은 연못도 마찬가지이다. 기러기나 흰 구름의 그림자가 져도, 지나가고 나면 연못에 어떤 흔적도 남지 않는다. 사람도 마찬가지이다. 부귀와 공명을 얻으려고 애쓰지만, 지나가버리면 흔적도 남지 않기 때문이다. '사거이심수공事去而心隨空'이라는 말처럼, 도에 통달한 사람은

---

102) 당唐나라 왕발王勃의 〈추일등홍부등왕각전별서秋日登洪府滕王閣餞別序〉라는 시의 "빗물이 다하니 차가운 연못이 맑고, 안개 빛이 엉키니 저물녘 산이 자색이구나〔潦水盡而寒潭清, 烟光凝而暮山紫〕"라는 구절에 나온다.

사물이 오는 대로 응하므로 사물 때문에 상심하거나 상처를 받지 않는다.

83. 아름다운 덕

[심성이] 맑으면 포용할 수 있고, 인仁하면 잘 결단할 수 있으며, 총명하면 지나치게 살피지 않고, 곧으면 지나치게 따지지 않는다.

꿀처럼 단 잔치이지만 달지 않고, 바다내음이지만 짜지 않으니, 이것이야말로 곧 훌륭한 덕이다.

淸能有容, 仁能善斷, 明不傷察, 直不過矯, 是謂蜜餞不甛, 海味不醎, 纔是懿德.

【해설】

청렴한 사람은 남을 너그럽게 대하지 못하고, 인정받는 사람은 우유부단하기 쉽다. 총명한 사람은 들추어내기를 좋아하고, 강직한 사람은 시비를 따진다. 그러므로 어느 한편에 치우치지 않는 중용의 묘를 터득한 사람이 바로 세상의 이치를 따져 처세하는 사람이다.

84. 곤궁과 실의에 빠질지라도

가난한 집도 마당을 깨끗이 쓸고 가난한 여자도 머리를 깨끗이 빗으면, 모습이 비록 아름답고 곱지 않을지라도 그 기품에는 풍류와 단아함이 있다.

사군자가 한때 곤궁과 실의에 빠져 슬퍼한다 할지라도 어찌 문득 스스로 포기하고 느슨해질 수 있겠는가?[103)]

貧家淨拂地, 貧女淨梳頭, 景色雖不艷麗, 氣度自是風雅. 士君子一當窮愁寥落, 奈何輒自廢弛哉?

【해설】

시골 처녀도 단장하면 특유의 아름다움이 살아날 수 있다. 인격이 있는 사군자는 가난과 불운에 초연하다.

---

103) 공자의 다짐을 되새겨볼 만하다. "군자가 인을 버리고 어디서 명성을 얻겠는가? 군자는 한 끼 밥을 먹는 동안에도 인을 어기지 않고, 황망하고 다급할 때도 반드시 여기(인)에 근거하고, 넘어질 때[곤궁과 좌절에 빠져 있을 때]도 반드시 여기에 근거한다.〔君子去仁, 惡乎成名. 君子無終食之間違仁, 造次必於是, 顚沛必於是〕"(《논어》〈이인〉 편)

85. 평소에 대비해라

한가한 가운데서도 헛되이 보내지 않으면 바쁜 때 쓸 데가 있다.

고요한 가운데서도 멍하니 있지 않으면 행동하는 때 쓸 데가 있다.

어두운 가운데서도 속이거나 숨기지 않으면 밝은 곳에서 쓸 데가 있다.

閑中不放過, 忙處有受用. 靜中不落空, 動處有受用. 暗中不欺隱, 明處有受用.

【해설】

삶이란 꾸준히 준비해야 하는 과정이다. 평소에 아무런 준비도 하지 않다가 갑자기 일을 추진하면 곤란하다. 한가할 때 미리 준비해두면 일을 당해도 당황하지 않게 된다. 늘 능력을 몰래 길러두면 언제든 침착하게 능력을 발휘할 수 있다.

86. 사욕 다스리기

생각이 일어나는 곳에서 조금이라도 사욕의 길을 향해 나아감을 깨닫게 되면, 곧 돌이켜 이성의 길을 따르도록 해라.

일단 일어나면 깨닫게 되고, 일단 깨달으면 되돌려야 한다.

이것이 곧 재앙을 돌려 복으로 삼고 죽은 사람을 일으켜 삶으로 돌아오게 하는 관건이니, 절대로 가볍게 지나쳐버리지 마라.

念頭起處, 纔覺向欲路上去, 便挽從理路上來. 一起便覺, 一覺便轉. 此是轉禍爲福, 起死回生[104)]的關頭, 切莫輕易放過.

【해설】

사욕보다 무서운 것은 없는 듯하다. 이성의 길로 돌아갈 수 있어야 하는데, 사람의 마음이 늘 그러기가 어렵다. 전화위복, 기사회생의 관건이 바로 깨달음이다.

---

104) 죽은 사람이 일어나 다시 살아 돌아온다는 말로, 죽은 목숨을 다시 살려낸다는 뜻이다. 노魯나라 좌구명左丘明의 《국어國語》 〈오어吳語〉 편에 나온다. 춘추시대 오왕 부차夫差는 3년 전 아버지 합려의 원수를 갚다가 다리에 중상을 입었지만 월왕 구천勾踐과 싸워 이겼다. 월나라 대부 종種이 구천에게 오나라에 화해를 청하라고 하자, 구천은 이를 받아들여 제계영諸稽郢에게 오나라로 가서 화해를 청하게 했다. 그런데 부차가 이보다 앞서 월나라에 은혜를 베풀어 용서하면서 이렇게 말했다. "군왕의 월나라는 죽은 사람을 다시 일으켜 백골에 살을 붙인 것과 같다.〔起死人而肉白骨也〕 내 어찌 하늘의 재앙을 잊지 못하고, 감히 군왕의 은혜를 잊겠는가?" 《여씨춘추》 〈별류別類〉 편에서 노나라 사람 공손작公孫綽도 다른 사람에게 이런 말을 했다. "나는 죽은 사람을 일으킬 수 있다.〔我能起死人〕"

87. 마음을 살피고 도를 깨닫게 하는 세 가지

고요한 가운데 생각이 맑아 훤히 보이면 마음의 참모습을 볼 수 있고,

한가로운 가운데 기상이 차분하면 마음의 참된 기미를 알게 된다.

담박한 가운데 마음 가는 곳이 평온하고 조용하면 마음의 참맛을 터득하게 될 것이다.

마음을 살피고 도를 깨닫는 데 있어 이 세 가지만 한 것은 없다.

靜中念慮澄徹, 見心之眞體. 閑中氣象從容, 識心之眞機. 淡中意趣冲夷, 得心之眞味. 觀心證道, 無如此三者.

【해설】

진실한 마음을 알고 도를 터득하는 세 가지 요건을 말하고 있다. '정靜', '한閑', '담淡' 이 세 가지를 마음에 새겨두어야 하지 않을까?

88. 참된 고요함과 참된 즐거움의 의미

고요함 속에서의 고요함은 참된 고요함이 아니다. 움직이는 곳에서의 고요함을 터득하면 비로소 마음의 참된 경지에 이른 것이다.

즐거운 곳에서의 즐거움은 진정한 즐거움이 아니다. 괴로움 속에서의 즐거움을 터득해야만 비로소 마음의 본체의 참된 기미를 볼 수 있다.

靜中靜非眞靜. 動處靜得來, 纔是性天之眞境. 樂處樂非眞樂. 苦中樂得來, 纔見以體之眞機.

【해설】

진정한 고요함과 진정한 즐거움은 마음의 동요가 없어야 얻을 수 있다. 즐거움은 괴로움과 역경 속에서 나오지 즐거움을 주는 일 자체에서 나오지 않는다는 것을 알아야 한다.

89. 보답을 바라지 마라

자기를 버렸으면 의혹을 품지 마라. 의혹을 품으면 자기를 버린 뜻에 부끄러움이 많아질 것이다.

남에게 베풀었으면 보답을 재촉하지 마라. 보답을 재촉하면 베풀었던 마음까지도 모두 위선이 될 것이다.

舍己, 毋處其疑.處其疑, 卽所舍之志多愧矣. 施人, 毋責其報.責其報, 倂所施之心俱非矣.

【해설】

자신을 버리고 남에게 희생하기로 마음먹었으면 소신대로 의혹 없이 해야만 한다. 또한 남에게 은혜를 베풀었으면 보답을 바라지 말아야 한다. 이미 베푼 은혜마저 사라지기 때문이다.

90. 운명을 극복하는 법

하늘이 나에게 복을 야박하게 주면 나는 나의 덕을 두텁게 하여 그것을 마중할 것이고,

하늘이 내 몸을 수고롭게 하면 나는 나의 마음을 편안하게 하여 그것을 보충할 것이다.

하늘이 나에게 액을 마주하게 하면 나는 나의 도를 형통하게 하여 그에 통하게 할 것이니,

하늘이 장차 나를 어찌하겠는가?

天薄我以福, 吾厚吾德, 以迓[105]之. 天勞我以形, 吾逸吾心, 以補之. 天阨[106]我以遇, 吾亨吾道, 以通之. 天且我奈何哉.

【해설】

하늘이 나에게 복을 박하게 주고 액을 내리더라도 원망하지 말고 운명으로 받아들여야 한다.[107] 역경을 극복하는 길은 결국 마음

105) '아迓'는 '마중한다'는 뜻이다.

106) '애阨'는 '좁다'는 뜻이다.

107) 이 문장과 관련된 백이와 숙제의 노래를 되새겨보자. "저 서산에 올라, 고사리를 뜯네. 폭력으로 폭력을 바꾸었건만, 그 잘못을 모르는구나. 신농·우·하나라 때는 홀연히 지나갔으니, 우리는 어디로 돌아가야 하나? 아아! 이제는 죽음뿐, 우리 운명도 다했구나! 〔登彼西山兮, 采其薇矣. 以暴易暴兮, 不知其非矣. 神農·虞·夏忽焉沒兮, 我安適歸矣? 于嗟徂兮, 命之衰矣!〕" 보충하면, 백이와 숙제는 고죽국 군주의 아들인데, 그들의 아버지는 셋째인 숙제에게 뒤를 잇게 할 작정이었다. 그러나 아버지가 죽자 숙제는 형 백이에

에 있지 세상의 뜻을 거스르는 데 있지 않다.

게 왕위를 양보하려고 했다. 백이는 '아버지의 명령'이라면서 나라 밖으로 달아나버렸고, 숙제도 왕위에 오르지 않고 떠나버렸다. 고죽국 사람들은 할 수 없이 둘째 아들을 왕으로 세웠다. 이때 백이와 숙제는 서백 창이 늙은이를 잘 모신다는 소문을 듣고 그를 찾아가 몸을 맡기려고 하였다. 하지만 그들이 주나라에 이르렀을 때 서백 창은 이미 죽고 없었다. 그의 아들 무왕武王은 선왕의 시호를 문왕으로 하며 나무로 만든 아버지의 위패를 수레에 싣고 동쪽으로 [향하여] 은나라 주왕을 치려 했다. 백이와 숙제는 무왕의 말고삐를 붙잡고 간언했다. "아버지가 돌아가셨는데 장례도 치르지 않고 바로 전쟁을 일으키는 것을 효라고 할 수 있습니까? 신하가 군주를 죽이는 것을 인仁이라고 할 수 있습니까?" 그러자 무왕 곁에 있던 신하들이 무기를 들어 그들의 목을 베려고 했다. 이때 태공이 그들을 두둔하여 말했다. "이들은 의로운 사람들이다." 이에 그들을 보호하여 돌려보냈다. 그 뒤 무왕이 은나라의 어지러움을 평정하자, 천하 제후들은 주나라를 종주로 삼았다. 그러나 백이와 숙제만은 주나라의 백성이 되는 것을 부끄럽게 여겨 수양산으로 들어가 고사리를 뜯어먹으며 배를 채웠다. 그들이 굶어죽을 지경에 이르러 지은 것이 바로 이 노래이다. 사마천은 이들의 시 속에 원망하는 마음이 나타나 있다고 했고, 공자는 그들이 원망하는 마음을 품지 않았다고 했다.

91. 하늘은 스스로 돕는 자를 돕는다

곧은 선비는 복을 부르려는 마음이 없기에 하늘이 사심 없는 곳으로 찾아가 그의 참마음을 뚫어준다.

우악스러운 사람은 재앙을 피하는 데 마음을 두고 있으므로 하늘이 그 애쓰는 속으로 들어가 그 혼을 빼앗는다.

하늘의 권능이 가장 신묘하다는 사실을 알 수 있으니! 사람의 지혜와 기교가 무슨 보탬이 있겠는가!

貞士無心徼福, 天卽就無心處, 牖其衷. 憸[108]人著意避禍, 天卽就著意中奪其魄. 可見天之機權最神. 人之智巧何益.

【해설】

인간의 이기적인 마음에는 행복이 자리잡지 않는다. 마음이 음험한 사람이 재앙을 피하려고 버둥거려도 재앙은 반드시 닥치고 만다. 인간의 어설픈 지혜와 기교가 아무런 보탬이 되지 않는다.

108) '험憸'은 음험하고 우악스럽다는 뜻이다.

92. 인생 후반부가 중요하다

노래 부르는 기생도 만년에 남편을 따르면 한때의 찬란했던 나날도 거리낌이 없게 된다.

정숙한 부인도 머리가 희어진 뒤 정절을 잃으면 반평생 애써 지켜온 절개가 모두 물거품이 된다.

옛말에 이르기를 '사람을 보려면 후반부를 보라'고 했으니 진정 명언이구나.

聲妓, 晩景從良, 一世之胭花無碍. 貞婦, 白頭失守, 半生之情苦俱非. 語云, 看人只看後半截, 眞名言也.

【해설】

기생도 나이가 들어 남편을 따르면 젊었을 때의 방탕했던 생활이 지워지지만, 정숙한 부인도 머리가 희어진 뒤 정조를 잃으면 모든 것이 수포로 돌아간다. 사람의 가치는 늘그막의 행실에 달려 있다.

93. 거지 같은 사대부

평범한 백성이라도 기꺼이 덕을 심고 은혜를 베풀면 벼슬 없는 삼공과 재상이요,

사대부라 할지라도 권세만 탐내고 총애를 팔면 결국엔 벼슬만 있는 거지가 된다.

平民肯種德施惠, 便是無位[109]的公相. 士夫徒貪權市寵, 竟成有爵的乞人.

【해설】

사람은 자리가 아니라 마음속의 인품과 지향하는 바에 위상이 달려 있다는 말이다. 세속의 욕망을 추구하기보다는 진정으로 힘쓸 것이 무엇인지 찾는 보통 사람이 삼공이나 재상보다 더 돋보인다.

109) 원문의 '무위無位'는 부정적인 의미로 쓰이지 않았다. 지위나 자리가 없어도 은인자중하면서 권위를 지키는 자세와 마음가짐이 중요하다는 뜻이다.

94. 조상의 덕과 은택, 자손의 복

조상의 덕과 은택을 묻는다면, 내 몸이 누리고 있는 것이 바로 그것이니 마땅히 은덕을 쌓아올리기가 어려움을 생각해라.

자손의 행복한 삶을 묻는다면, 나 자신이 남겨주는 것이 바로 그것이니 마땅히 기울어지고 엎어지기 쉬움을 생각해라.

問祖宗之德澤, 吾身所享者是, 當念其積累之難. 問子孫之福祉, 吾身所貽者是, 要思其傾覆之易.

【해설】

잘되면 내 탓, 못되면 조상 탓이라는 말이 있다. 조상이 있기에 지금의 내가 있듯, 선조들에게 감사하는 마음이 필요하다.

95. 소인만도 못한 군자

군자이면서도 선을 꾸민다면 소인이 멋대로 악하게 하는 것과 다름이 없고,

군자이면서도 지조를 바꾸면 소인이 스스로 새로워지는 것에 미치지 못한다.

君子而詐善, 無異小人之肆惡. 君子而改節, 不及小人之自新.[110)]

【해설】

위선을 일삼는 군자는 아무것도 모르고 악을 행하는 소인보다 나을 바 없다. 특히 사욕에 치우쳐 지조를 잃게 되면 소인만도 못하다.

---

110) 원문의 '신新'과 관련된 말로 탕임금의 대야[반盤]에 새겨진 한 구절을 떠올려봄직하다. "진실로 날로 새로워지려거든, 날마다 새롭고, 또 날마다 새로워야 한다.〔苟日新, 日日新, 又日新〕"(《대학大學》 전傳2장) 이 구절에 대한 주희의 해설은 이렇다. "사람이 마음을 씻고 씻음으로써 악을 제거하는 것은 그 몸을 씻는 것처럼 함으로써 때를 제거하는 것이다. 그러므로 그 그릇에(대야에) 새긴다는 것은 진실로 옛날에 물들인 더러움(오염)을 씻음으로써 스스로 새로워진다면 마땅히 그 자신이 새로워짐으로 인하여 나날이 새로워지고, 또 날로 새로워짐에 조금도 틈이나 끊어짐이 있어서는 안 됨을 말한 것이다.〔湯以人之洗濯其心以去惡, 如沐浴其身以去垢. 故銘其盤, 言誠能一日有以滌其舊染之汙而自新, 則當因其已新者, 而日日新之, 又日新之, 不可略有間斷也〕"

96. 집안사람 다스리는 법

집안사람에게 허물이 있을 때는 드러내놓고 노여워해서는 안 되고 가볍게 포기해서도 안 된다.

그 [잘못한] 일에 대해 말하기 어렵거든 다른 일을 빌려 그 일을 남몰래 넌지시 알려주고,

오늘 깨닫지 못하면 내일을 기다려 다시 그것을 일깨워주어라.

마치 봄바람이 언 땅을 녹이듯 하고 마치 온화한 기운이 얼음을 녹이듯 하면, 이것이 바로 가정의 전형적인 규범이다.

家人有過, 不宜暴怒[111), 不宜輕棄. 此事難言[112), 借他事隱諷之. 今日不悟, 俟來日再警之. 如春風解凍, 如和氣消氷, 纔是家庭的型範.

---

111) '노怒'와 관련해 노여움을 옮기지 않기로 유명한 사람이 공자의 제자 안회다. 애공이 공자에게 "제자들 가운데 누가 배우기를 좋아합니까?"라고 묻자, 공자는 "안회라는 자가 있어 배우기를 좋아하고, 노여움을 [남에게] 옮기지 않고, 같은 잘못을 되풀이하지 않았습니다.(有顔回者好學, 不遷怒, 不貳過)"(《논어》 〈옹야雍也〉)라고 대답했다. 공자가 노여움을 남에게 함부로 옮기지 않는 것을 얼마나 높이 평가했는지 알려주는 대목이다.

112) 본문의 '난언難言'의 의미에 대해 자유子游가 한 말을 되새겨볼 만하다. "군주를 섬기는 데 [간언을] 일삼으면 곧 모욕을 당하게 되고, 친구에게 [간언을] 일삼으면 곧 소원해질 것이다.(事君數, 斯辱矣. 朋友數, 斯疏矣)" '삭數'은 '자주 삭'으로 읽어야 한다. 주희의 풀이처럼, 임금을 섬길 때 너무 간언하다 보면 본의 아니게 역린을 건드리게 되어 자칫 벼슬을 빼앗기는 모욕을 당할 수 있으며, 벗과 사귈 때도 너무 자주 간언하다 보면 벗과 소원해질 수 있다는 의미이니, 적당한 거리를 두고 할 말과 하지 말아야 할 말을 잘 가려서 현명하게 처신하라는 메시지이다.

【해설】

사람을 다스릴 때 자신의 감정에 치우쳐 화를 내거나 잘못을 그냥 내버려둬서는 안 된다. 때로는 비유로써 깨우쳐주고, 기회를 보아 스스로 잘못을 깨닫고 고칠 수 있는 기틀을 마련해주어야 한다. 감정으로 순화하는 과정이 필요하기 때문이다.

97. 원만하고 너그럽게

자기 마음을 항상 원만하게 살필 수 있다면, 온 천하가 저절로 흠결 없는 세계가 될 것이다.

자기 마음을 항상 관대하고 평온하게 할 수 있다면, 온 천하에 사람의 정이 사납고 가파르게 되는 일은 없을 것이다.

此心常看得圓滿, 天下自無缺陷之世界. 此心常放得寬平, 天下自無險側之人情.

【해설】

자신의 마음을 늘 원만하고 흠결 없게 유지해야만 세상이 그렇게 느껴질 것이며, 남에게 관대하고 평온한 마음으로 살아가면 주위 사람들 역시 사납게 대하지 않을 것이다.

98. 날카로운 끝을 드러내지 마라

담담하고 깨끗한 선비는 반드시 호화롭고 사치스러운 자에 의해 의심을 받게 되고[113],

엄격하고 삼가는 사람은 대체로 제멋대로 구는 자에 의해 거리낌을 받게 될 것이다.

군자는 이러한 상황에 처해 있을 때 지조와 행실을 조금이라도 바꾸어서는 안 되며, 자신의 날카로운 끝을 너무 드러내서도 안 된다.

澹泊之士, 必爲濃艶者所疑. 檢飭之人, 多爲放肆者所忌. 君子處此, 固不可少變其操履, 亦不可太露其鋒芒.

【해설】

사람이 지나치게 깨끗해서 사치스러운 자들의 의심을 받게 되는 것은 세상의 이치이다.

청렴함과 엄정함을 소신대로 밀고 나가면서도 자기 생각을 너무 앞세우지 말고 다른 사람과 충돌하지 않는 삶의 자세가 필요하다.

113) 원문의 '爲A所B' 용법으로, 'A에 의하여 B하게 된다'는 수동태 문장이다.

99. 역경 속에 있을 때, 일이 순조로울 때

역경을 맞이하며 살아가는 중에는 주위에 있는 모든 것이 돌침과 약이기에, 절개를 갈고[114] 행실을 닦아도 깨닫지 못한다.[115]

일이 순조로울 때는 앞에 있는 모든 것이 병기와 칼날, 창과 방패이기에 피부를 녹이고 뼈를 갈아도 알지 못한다.

居逆境中, 周身皆鍼砭[116]藥石, 砥節礪行而不覺. 處順境內, 眼前盡兵刃戈矛, 銷膏磨骨而不知.

【해설】

역경에 처했을 때는 자신을 고쳐주는 비싼 약들이 주위에 가득하지만, 순경에 있으면 오히려 자신을 망치는 독약이 즐비하게 된다.

---

114) 절개와 관련된 고사성어로 '기산지절箕山之節'이라는 말이 있다. 기산의 절개라는 말로, 굳은 절개나 자신의 신념에 충실한 자세를 뜻한다. '기산지지箕山之志'라고도 한다. 《한서》〈포선전鮑宣傳〉을 보면 이런 내용이 나온다. 한나라에 설방薛方이라는 이가 있었는데, 하루는 한나라 조정에서 그를 임용하기 위해 사자를 보내왔다. 설방은 정계에 나갈 생각이 전혀 없었으므로 거절하며 이렇게 말했다. "요임금과 순임금 때 그 아래에 허유와 소부가 있었습니다. 지금 위에 계신 임금께서는 요순 시대의 덕을 높이려 하시니, 저는 기산지절을 지키고자 합니다." 여기서 설방이 말한 '기산지절'은 요임금 때 덕망이 높았던 선비 허유가 벼슬길에 나가지 않고 기산에서 은거하며 절조를 지킨 것을 가리킨다. 허유에 대한 이야기는 앞의 각주 5번을 참조할 것.

115) 그래서 공자도 "한 해의 추위가 찾아온 다음에야 소나무와 잣나무가 늦게 시든다는 것을 안다.〔歲寒, 然後知松柏之後彫也〕"(《논어》〈자한〉 편)고 하지 않았던가. 사람의 참모습은 역경을 겪으면서 드러나는 법이다.

116) '침폄鍼砭'이란 쇠로 만든 침과 돌로 만든 침을 말한다.

100. 욕심은 불길과 같다

부귀한 분위기 속에서 나고 자란 사람은 욕심을 좋아하는 것[117]이 사나운 불길 같고 권세가 매서운 불길 같으니,

조금이라도 맑고 냉정한 기운을 지니지 않는다면, 그 불꽃이 사람을 태우는 데까지 이르지는 않을지라도 장차 반드시 스스로를

117) '지강급미舐糠及米'라는 말이 있다. 겨를 핥다가 끝내 쌀까지 먹어치운다는 뜻으로, 외부의 침범이 내부에까지 미치거나 사람의 욕심이 끝이 없음을 의미한다. 《사기》〈오왕비 열전吳王濞列傳〉은 얼굴에 모반의 상이 있던 유비劉濞의 이야기를 다루고 있다. 한나라 조정 신하들이 오나라 땅을 줄이는 문제를 논의하였다. 오왕 비濞는 땅이 줄어드는 데서 그치지 않을까봐 두려워하다가 음모를 꾸며 반란을 일으키려고 했다. 그렇지만 생각해보니 제후들 가운데 자신과 함께 일을 꾀할 만한 사람이 없었다. 그러던 중 교서왕膠西王이 용감하고 기개를 소중히 여기며 용병을 좋아하여 제나라 지역의 모든 나라가 두려워하고 꺼린다는 말을 들었다. 그래서 중대부 응고應高를 보내 교서왕을 설득하도록 했다. 응고는 편지 대신 구두로 오왕의 뜻을 전하며 이렇게 말했다. "오왕은 어리석어 머지않아 닥칠 우환을 염려하면서 감히 다른 사람에게 말하지 않고 저를 보내 터놓고 마음을 전하게 했습니다." 교서왕이 말했다. "내게 무엇을 가르쳐주려 하십니까?" 응고가 말했다. "지금 황상께서는 간신들에게 현혹당하고 간악한 신하들에게 조종되어 작은 장점을 좋아하시며, 중상모략하는 적신賊臣의 말을 듣고 있습니다. 이러한 신하들은 법령을 자기들 마음대로 고쳐 제후들의 땅을 침략하여 빼앗고, 요구하여 거두어들이는 것이 점점 늘어만 가고, 선량한 사람들에 대한 주벌이 날이 갈수록 더욱 심해지고 있습니다. 민간에 유행하는 말 가운데 '쌀겨를 핥다 보면 쌀까지 먹게 된다'는 말이 있습니다. 오나라와 교서는 모두 이름 있는 제후국입니다. 그러나 한 번이라도 가혹한 감사를 받으면 안녕과 자유를 누릴 수 없을 것입니다. 오왕은 몸에 속병이 있어 천자를 알현하지 못한 지 20여 년이 되었습니다. 오왕은 언제나 의심을 받고 있으면서도 자신이 직접 분명하게 변명조차 하지 못하는 것을 걱정하고 있습니다. 지금도 움츠리고 발을 모으고 있으면서도 용서받지 못할까봐 두려워하고 있습니다. 가만히 들으니 왕께서 작위와 관련된 일로 문책을 받아 제후의 봉지가 줄어들 거라는 말이 있습니다. 그것은 땅까지 축소당할 죄는 아닙니다. 그러나 이다음 일은 봉지가 줄어드는 데서 그치지 않을 것입니다." 교서왕은 응고의 정연한 논리에 설득되어 오왕의 제의를 마침내 받아들였다.

태우고 말 것이다.

生長富貴叢中的, 嗜欲如猛火, 權勢似烈焰. 若不帶些淸冷氣味, 其火焰不至焚人, 必將自爍[118]矣.

【해설】

부귀한 분위기에서 성장한 사람은 도모하는 모든 일에 권세와 욕망이 가득해서, 그런 것에 초연할 수 있는 강건한 마음을 품지 않으면 결국 스스로를 망치게 된다. 그러므로 끊임없이 절제하고 가다듬어야 한다.

118) '삭爍'은 '불태운다'는 뜻이다.

101. 일념만 있으면

사람의 마음이 진심에서 나온 일념이면 [여름에도] 서리를 휘날리게 할 수 있고, 성을 무너뜨릴 수 있으며, 쇠나 돌도 꿰뚫을 수 있다.
거짓되고 망령된 사람은 형체만 갖추었을 뿐 참된 주재자는 이미 없어져버려서,
사람을 대하고 있으면 얼굴이 가증스럽고, 홀로 있으면 몸과 그림자가 저절로 부끄러워진다.

人心一眞, 便霜可飛, 城可隕, 金石可貫. 若僞妄之人, 形骸徒具, 眞宰已亡, 對人則面目可憎, 獨居則形影自媿[119].

【해설】

사람의 마음이 진심으로 가득 차면 천지신명도 감동하지만, 그러한 마음이 없으면 가증스러워지고 자기의 모습이나 그림자조차도 부끄러워진다.

119) '괴媿'는 부끄러워한다는 말로 '괴愧' 자와 같다.

102. 평범한 가운데의 지극함

문장이 지극한 곳에 도달하면 달리 기발함이 있는 것이 아니라 그저 꼭 들어맞을 뿐이고,

인품이 지극한 곳에 다다르면 다른 기이함이 있는 것이 아니라 그저 본래 모습이 그러할 뿐이다.

文章做到極處, 無有他奇, 只是恰好. 人品做到極處, 無有他異, 只是本然.

【해설】

문장에 기교만을 내세우는 사람은 평범한 문장 가운데 묘미가 있다는 사실을 알지 못한다. 사람도 마찬가지이다. 남에게 드러내 보이기를 좋아하는 사람은 평이한 가운데 원숙한 경지에 이른 사람보다 훨씬 못한 법이다.

103. 허상과 진경의 세계

환상으로 말하면 공명과 부귀를 막론하고 몸뚱이도 위탁 받은 형체에 속할 뿐이다.

참된 경지로서 말하면 부모형제를 막론하고 만물은 모두 나와 한 몸이니,

사람이 능히 이러한 이치를 간파할 수 있다면 참된 경지를 인지하여 비로소 천하의 큰 짐을 짊어질 수 있고, 세간에서의 고삐와 쇠사슬에서 벗어날 수 있다.

以幻迹言, 無論功名富貴, 卽肢體亦屬委形. 以眞境言, 無論父母兄弟, 卽萬物皆吾一體. 人能看得破, 認得眞, 纔可任天下之負擔, 亦可脫世間之韁鎖[120].

【해설】

사람이 추구하는 부귀공명은 허황된 환상에 불과하다. 자연의 입장에서 보면 모든 것이 한 몸이다. 현상과 참된 경지를 모두 볼 수 있어야만 세속의 굴레에서 벗어나 유유자적할 수 있다.

120) '강쇄韁鎖'는 고삐와 쇠사슬을 의미하는데, 얽매인다는 의미이다.

104. 절제

입맛을 돋우는 음식은 모두 장을 문드러지게 하고 뼈를 썩게 하는 독약이니, 절반쯤 먹어야 재앙이 없다.

마음을 유쾌하게 하는 일은 모두 몸을 망치고 덕을 잃게 하는 매개이니, 절반쯤에서 그만두어야 후회가 없다.

爽口之味, 皆爛腸腐骨之藥. 五分便無殃. 快心之事, 悉敗身喪德之媒. 五分便無悔.

【해설】

지나친 것이 문제다. 맛있는 음식이든 기쁜 일이든 적당함이 중요하고, 한쪽으로 치우치면 결국 몸과 마음을 망치게 된다.

105. 덕을 기르고 해를 멀리하게 하는 세 가지

남의 사소한 허물을 꾸짖지 말고, 남의 은밀한 사생활을 들춰내지 말며, 남의 옛 잘못을 마음에 두지 말아야 한다.

[이] 세 가지로 덕을 기를 수 있으며, 또한 해害를 멀리할 수 있다.

不責人小過. 不發人陰私. 不念人舊惡. 三者可以養德, 亦可以遠害.

【해설】

남의 허물, 사생활, 옛 잘못을 들춰내어 꾸짖거나 폭로하거나 마음에 두지 않고 스스로에게 그런 것들이 있는지 살펴보면, 이 자체가 인격수양에 큰 도움이 된다.

106. 몸가짐

선비와 군자는 몸가짐을 가볍게 해서는 안 되니,[121] 가볍게 하면 사물이 나를 구부러지게 하고, 느긋하고 한가롭고 안정된 정취를 빼앗아간다.

마음 씀씀이를 무겁게 해서는 안 되니, 내가 사물에 빠져들게 되어, 맑고 깨끗하고 활발한 기색이 없어지게 된다.

士君子持身不可輕. 輕則物能撓我, 而無悠閑鎭定之趣. 用意不可重. 重則我爲物泥, 而無蕭灑活潑之機.

【해설】

자중하지 않고 경거망동을 일삼으면 외부의 사소한 부추김에도 흔들리고 사물에 얽매여 자신의 활발한 기운마저 상실하게 될 것이다.

---

121) 그래서 대부분의 선비는 유가 경전의 지침에 따른 구용(九容, 아홉 가지 용모)과 구사(九思, 아홉 가지 생각), 사물(四勿, 네 가지 하지 말아야 할 것) 등을 지킨다. 특히 진중함은 군자의 미덕이다. 《논어》 〈학이〉 편에 나오는 말이다. "공자께서 말씀하셨다. '군자가 신중하지 않으면 위엄이 없고, 배워도 견고하지 못하다. 충심과 신의를 주로 하고, 자기보다 못한 자를 벗하지 말며, 잘못이 있으면 고치기를 꺼리지 말아야 한다.'〔子曰: '君子不重則不威. 學則不固. 主忠信. 無友不如己者. 過則勿憚改'〕"

107. 삶의 귀중함

하늘과 땅은 아주 옛날부터 있었으나, 이 몸은 두 번 다시 얻을 수 없다.

인생은 겨우 백 년이지만 그런 날들도 너무나 쉽게 지나간다.

다행히 그사이에 태어난 사람으로서 삶의 즐거움을 알지 못해서는 안 되며, 또한 헛된 삶을 보낼까 하는 근심을 품지 않아서도 안 된다.

天地有萬古, 此身不再得. 人生只百年, 此日最易過. 幸生其間者, 不可不知有生之樂, 亦不可不懷虛生之憂.

【해설】

하늘과 땅, 자연은 영원하지만 우리의 인생은 겨우 백 년이라 너무 빨리 지나가버린다. 삶의 귀중함을 알지 못하고 헛되이 버린다면, 그 얼마나 부질없는 삶인가.

108. 공평하게 베풀어라

원망은 은덕으로 말미암아 드러나므로 다른 사람으로 하여금 나를 덕스럽게 생각하게 하기보다는 덕과 원망을 모두 있게 하는 것이 더 낫다.

원수는 은혜로 말미암아 성립되므로 다른 사람으로 하여금 은혜를 알게 하기보다는 은혜와 원수를 모두 없애는 것이 더 낫다.

怨因德彰. 故使人德我, 不若德怨之兩忘. 仇因恩立. 故使人知恩, 不若恩仇之俱泯.

【해설】

남에게 덕이나 은혜를 베풀 때는 조심해야 한다. 그 속에 늘 원망과 원한이 서려 있기 때문이다. 덕과 은혜를 베풀 때는 무엇보다도 사사롭지 않고 냉정한 자세를 견지해야 할 것이다. 《경행록景行錄》[122]에서도 말한다. "은혜와 의리를 널리 베풀어라. 인생의 어느 곳에서든 서로 만나지 않으랴? 원수와 원한을 맺지 마라. 길이 좁은 곳에서 마주치면 회피하기 어려우니라.〔恩義廣施. 人生何處不相逢, 讐怨莫結, 路逢狹處, 難回避〕" 이런 것이 세상의 이치이다. 열 명의 친구를 두기보다는 한 사람의 원수를 경계하라고 하지 않는가.

---

122) 송나라 때 만들어진 책이라고 하나, 지금은 전하지 않는다.

109. 잘나갈 때 조심해라

늙어서[123] 찾아오는 질병은 모두 혈기 왕성할 때 불러들인 것이며, 쇠락한 이후에 받는 재앙은 모두 번성했을 때 저질러진 것들이다.

그러므로 가득 참이 지켜지고 충만함이 유지될 때, 군자는 더욱 두려워하고 조심해야 한다.

老來疾病, 都是壯[124]時招的. 衰[125]後罪孽[126], 都是盛時作的. 故持盈履滿, 君子尤兢兢焉.

【해설】

혈기가 왕성한 시절에 몸을 혹사하면 반드시 질병으로 나타난다. 마찬가지로 번영할 때나 높은 지위에 있을 때 다른 사람에게 지탄의 대상이 되지 않도록 자기관리를 철저히 해야 한다.

123) 50세 이상을 뜻한다. 노년은 구체적으로 규정하기 어렵고, 혹자는 70세까지 확장하기도 하는데, 여기서는 혈기의 문제를 논하고 있으므로 무리한 해석이다. 청년은 20세 이상, 장년은 30세 이상이라는 것이 유가에서 말하는 일반론이다.

124) 원문의 '장壯'은 "장년이 되어서는 혈기가 왕성해지므로 싸움에 휘말리는 것을 경계해야 한다.〔及其壯也, 血氣方剛,戒之在鬪〕"(《논어》〈계씨季氏〉)는 공자의 말을 염두에 두고 읽을 필요가 있다.

125) 원문의 '쇠衰' 역시 "늙어서는 혈기가 이미 사그라졌으므로 탐욕에 빠지는것을 경계해야 한다.〔及其老也, 血氣既衰, 戒之在得〕"(《논어》〈계씨〉)는 공자의 말을 염두에 두고 읽을 필요가 있다.

126) '얼孽'은 '재앙'을 뜻한다.

110. 구관이 명관

사사로운 은혜를 파는 것은 뭇 사람들의 논의를 붙잡는 것만 같지 못하고,

새로운 친구를 사귀는 것은 오래된 친구와 돈독히 지내는 것만 같지 못하고,

영예로운 명성을 쌓는 것은 눈에 띄지 않는 덕을 심는 것만 같지 못하고,

기발한 절개를 숭상하는 것은 평상시에 행동을 삼가는 것만 같지 못하다.

市私恩, 不如扶公議. 結新知, 不如敦舊好. 立榮名, 不如種隱德. 尙奇節, 不如謹庸行.

【해설】

세상에 보이는 것보다 보이지 않는 것을 챙기는 편이 좋고, 무조건 새것을 추구하기보다 오래되고 익숙한 것을 챙기는 것이 더 좋다. 화려한 명성보다 음덕이 더 소중하다는 것을 사람들은 알지 못한다.

111. 쉽지 않은 선택

공평하고 올바른 논의에는 손대지 말아야 한다. 한번 손대면 부끄러움을 만대에 남기게 된다.

권세 있는 집안과 사리사욕을 추구하는 자들에게 발자국을 남겨서는 안 된다. 한번 남기면 더러움이 죽을 때까지 묻는다.

公平正論, 不可犯手. 一犯則貽羞萬世. 權門私竇, 不可著脚. 一著則點汚終身.

【해설】

권세 있는 집안에 드나들지 않고 평생 이권에 개입하지 않으면 부끄러운 이름을 세상에 남길 일이 없을 것이다. 물론 쉽지 않은 선택이지만 말이다.

112. 줏대 있게 행동하기

뜻을 굽혀 남들을 기쁘게 하는 것은 몸가짐을 바르게 하여[127] 남들을 시기하게 하는 것만 못하다.

선을 행하지도 않고 남의 칭찬을 받는 것은 악을 행하지도 않고 남의 비방을 받는 것만 못하다.

曲意而使人喜, 不若直躬而使人忌. 無善而致人譽, 不若無惡而致人毁.

127) 원문의 '직궁直躬'을 번역한 것이다. 섭공과 공자의 대화에도 이 단어가 나온다. "섭공이 공자에게 말했다. '우리 마을에 몸가짐이 바른 자가 있습니다. 그 아버지가 양을 훔치자 아들이 그것을 고발했습니다.' 공자께서 말씀하셨다. '우리 마을의 정직한 사람은 그와 다릅니다. 아버지는 아들을 위해 숨기고 아들은 아버지를 위해 숨겨주지만, 정직은 그 가운데에 있습니다.'〔葉公語孔子曰: '吾黨有直躬者, 其父攘羊, 而子證之.' 孔子曰: '吾黨之直者異於是. 父爲子隱, 子爲父隱.直在其中矣.'〕"《논어》〈자로子路〉) 이 문장은 주희가 "아버지와 아들이 서로 숨겨주는 것은 천리와 인정의 지극함이다. 따라서 정직을 구하지 않아도 정직이 그 안에 있는 것이다"라고 풀이한 이래 상당한 오해를 불러일으켰다. 공사를 구분하지 못하고 인정주의에 함몰되었다는 비판을 받은 것이다. 한편 이 '직궁'이라는 단어는《여씨춘추呂氏春秋》〈당무當務〉 편에도 나오는데, 거기서는 '직궁'을 사람 이름으로 보고 이렇게 풀이하고 있다. "초나라에 직궁이라는 사람이 있었는데, 그의 아비가 양을 훔치자 이를 임금에게 일러바쳤더니, 임금이 그 아비를 잡아다 바야흐로 처형하고자 했다. 직궁이 그의 아비 대신 처형되기를 청했으므로, 그를 바야흐로 처형하려 했더니 그가 옥리에게 말하기를 '아비가 양을 훔쳤는데 이를 일러바친 것은 또한 미쁜 일이 아닙니까? 아비가 처형되려 하는데 이를 대신한 것은 또한 효성스러운 일이 아닙니까? 미쁘고 또한 효성스러운데도 이를 처형한다면 이 나라에 앞으로 처형당하지 않을 자가 있겠습니까?'라고 했다. 초나라 임금이 이 말을 듣고는 처형하지 않았다. 공자가 이 일을 듣고 '이상하도다, 직궁이 미쁜 일을 행한 것은. 아비는 하나로 하면서 그로부터 이름은 두 번 취하였구나'라고 했다. 그러므로 직궁의 미쁨은 차라리 미쁨이 없는 것만 못하다."(김근 옮김)

【해설】

자신의 의견을 굽혀 남의 환심을 사고 아첨하면서 소신을 굽히는 것은 결국 비난만 초래하고 어떤 칭찬도 받지 못한다. 사람들은 타인에 대해 대단히 엄격하고 심지어 감정적이기 때문이다.

113. 처세의 원칙

부모형제와 골육지간이 변고를 당하면 조용히 처리해야지 격해서는 안 된다.

친구와 교유할 때 실수를 보게 되면 적절히 충고해야지 너무 순조롭게 해서는 안 된다.

處父兄骨肉之變, 宜從容, 不宜激烈. 遇朋友交遊之失, 宜凱切, 不宜優游.

【해설】

자신과 가장 가까운 부모와 형제 및 골육이 변을 당하면 감정이 격해져 침착함을 잃게 될 소지가 많다. 또한 벗이 잘못을 하면 우유부단하게 넘어가기 쉽지만, 간곡하게 충고하는 것이 벗 된 자의 도리이다.

114. 진정한 영웅

사소한 일도 허투루 하지 않고, 어두운 곳에서도 속이거나 숨기지 않으며,

궁지에 처해서도 게으르거나 허둥지둥하지 않아야 비로소 진정한 영웅이다.

小處不滲漏, 暗中不欺隱. 末路不怠荒, 纔是個眞正英雄.

【해설】

사소한 일은 결코 사소하지 않고, 소홀히 다룬 일도 결코 소홀히 다룰 일이 아니다. 남들이 보든 보지 않든 스스로를 속이지 말아야 하고, 어떤 일에도 쉽게 포기하지 않는 대장부다운 기상이 필요하다.

115. 과하지 마라

천금으로도 [상대방에게서] 한때의 기쁨을 얻기 어렵고, 한 끼 식사 대접만으로 죽을 때까지 감동[128)]에 이르게 할 수 있다.

애정이 지나쳐 도리어 원수가 되기도 하고, 각박함이 지극한 것이 도리어 기쁨이 되기도 한다.

千金難結一時之歡, 一飯竟致終身感. 蓋愛重反爲仇, 薄極翻成喜也.

【해설】

세상에는 돈으로 살 수 없는 것이 있고, 밥 한 끼가 큰돈만 한 값어치가 있는 경우도 있다. 은혜를 베풀 때 상대가 고마움을 느끼지 못하면 나중에 독이 되어 돌아온다. 상대의 처지와 베푸는 시기를 잘 따져야 한다.

128) 이와 관련된 이야기가《사기》〈회음후열전〉에 있다. 한신韓信이 성 아래에서 낚시를 하고 있었다. 무명 빨래를 하던 아낙네들 가운데 하나가 한신이 굶주린 것을 보고 밥을 주었는데, 빨래를 다 할 때까지 수십 일 동안을 그렇게 했다. 한신이 기뻐하며 아낙에게 말했다. "내 반드시 은혜에 크게 보답하겠소." 아낙이 화를 내면서 말했다. "사내대장부가 스스로 먹고살 능력도 없기에 내가 왕손(王孫, 혼란기였던 당시에 모르는 남자를 일상적으로 높여 부르던 말)을 가엾게 여겨 밥을 드렸을 뿐인데 어찌 보답을 바라겠습니까?" 나중에 한신이 대장군이 되고 초나라 왕이 되자, 이 아낙을 불러 천금을 내렸다고 사마천은 기록하고 있다.

116. 재주와 지혜를 숨겨라

교묘한 재주는 서툰 데 감춰두고[129], 지혜를 감추고도 명찰하며,
청렴을 더러운 데 맡기고, 굽힘으로써 펼침을 삼아라.

정녕 [이것이] 세상을 살아가는 표주박이며, 자신을 감추는 세 곳의 굴[130]이다.

藏巧於拙. 用晦而明. 寓濟于濁. 以屈爲伸. 眞涉世之一壺[131], 藏身之三窟也.

【해설】

자신의 뛰어난 재주를 남에게 드러내는 것은 결코 좋은 처세가 아니다. 남들이 알아줄 때까지 기다리든지, 세상 사람들과 더불어 살고 늘 어리석은 자세를 견지해 세상에서 몸을 보전하면서 때를 기다려야 한다. "매는 서 있을 때 조는 것 같고, 범은 다닐 때 병든 것 같다.〔鷹立如睡, 虎行似病〕"는 《육도삼략六韜三略》의 구절처럼 깊이

129) 노자가 말했듯이 "크게 뛰어난 기교는 서툰 듯하〔大巧若拙〕"(《노자》 45장)기 때문이다.

130) '교토삼굴狡兎三窟'이라는 고사성어가 있다. '교활한 토끼의 굴 세 곳'이라는 뜻으로, 토끼에게 굴이 세 곳이나 있었으므로 죽음을 면할 수 있었다는 뜻이다. 《사기》 〈맹상군열전〉을 보면, 전국시대 맹상군의 식객 가운데 풍환馮驩이라는 사람이 나온다. 그는 맹상군을 위험에서 보호하기 위해 굴 세 곳을 파놓았다고 한다. 교묘한 지혜로 위기를 피하거나 어떤 일이 생기기 전에 미리 방비하는 것을 뜻한다. "교활한 토끼는 굴이 세 곳 있어서 겨우 그 죽음을 피할 수 있었다.〔狡兎有三窟, 僅得免其死耳〕"(《전국책戰國策》 〈제책사齊策四〉)도 마찬가지이다.

131) 원문의 '일호一壺'는 표주박으로, 강을 건너다가 배를 잃게 되었을 때 표주박 하나라도 갖고 있으면 천금의 가치가 있다는 뜻이다.

감추고 있으면서 쉽게 드러내지 않는 사람이 무서운 사람이다.

117. 참고 견뎌라

번성하고 충만한 가운데 쇠락하여 쓸쓸한 풍경이 있고,

시들어버린 쇠락함에 피어나 생장할 움직임이 있다.

그러므로 군자는 편안하게 살 때는 마음을 일관되게 지키면서 근심을 염려하고,

힘든 처지에 놓여 있을 때는 백 번 참기를 견지함으로써 성공을 도모해야 한다.

衰颯的景象, 就在盛滿中. 發生的機緘, 卽在零落內. 故君子居安[132), 宜操一心以慮憂, 處變當堅百忍以圖成.

【해설】

풍성함 속에 쇠락의 기운이 싹터 있고, 부귀영화 속에 슬픔의 비애가 뿌려져 있다. 역경 속에서도 성공의 씨앗은 움트고 있다. 그러니 잘나간다고 해서 느슨하거나 방종해서도 안 되고, 못나간다고 해서 실망하거나 굴복해서도 안 된다. 자신을 믿고 견디면서 훗날에 대비하는 안목이 소중하다.

---

132) 원문의 '군자거안君子居安'에는 다음과 같은 공자의 말씀이 담겨 있다고 보아야 한다. "군자는 먹음에 배부름을 추구하지 않고, 거처함에 편안함을 추구하지 않으며, 일을 처리하는 데 신속하고 말하는 데는 신중하며, 도가 있는 곳에 나아가 스스로를 바로잡는다. [그렇다면] 배우기를 좋아한다고 말할 수 있다.〔子曰: '君子食無求飽, 居無求安, 敏於事而愼於言, 就有道而正焉, 可謂好學也已'〕"(《논어》〈학이〉 편)

118. 평범함 속에 진리가 있다

신기한 것에 놀라고 기이한 것을 좋아하는 자는 원대한 식견이 없는 것이며,

지나치게 절의를 내세우고 홀로 가는 사람은 영원하고 오래된 지조가 없는 것이다.

驚奇喜異者, 無遠大之識. 苦節獨行[133]者, 非恒久之操.

【해설】

세상의 평범함을 벗어난 진리는 없다. 기이함을 좋아하면 천박함이나 경박함으로 치달아 식견이 없게 된다. 세상 사람들을 멀리하고 오로지 홀로 외롭게 걸어가는 사람은 결국 화를 당하게 된다. 장삼이사張三李四같이 평범한 사람들의 말이나 행동도 거울로 삼으면 자신을 바로잡는 데 도움이 될 수 있다.

133) 《시경詩經》 당풍唐風의 〈체두杕杜〉 편에 나온다 "고독하게 가는 것이 쓸쓸한데, 어찌 남이 없을까마는, 나와 같은 아버지에게서 난 형제만 못하다.〔獨行踽踽, 豈無他人, 不如我同父〕"

119. 분노의 불길과 욕망의 물결

분노의 불길과 욕망의 물결이 때마침 끓어오르면, 명명백백히 알고 있으면서도 범하게 된다.

아는 것은 누구이고 범하는 것은 또 누구인가?

이때를 당하여 맹렬히 생각을 돌리면 사악한 악마가 진정한 주군(양심)이 될 것이다.

當怒火慾水正騰沸處, 明明知得, 又明明犯著. 知的是誰. 犯的又是誰. 此處能猛然轉念, 邪魔便爲眞君矣.

【해설】

차오르는 분노와 치솟는 욕망이 엄습하면 이를 제어하기 위해 무엇인가를 작동해야만 한다. 진군眞君, 즉 진정한 양심이 분노와 욕망 따위를 벗어던질 수 있는 유일한 희망이다.

120. 문제는 자신이다

한쪽만을 믿어 간사한 사람에게 속지 말고,
오직 자기만을 믿어 객기에 조종받지 마라.
자신의 장점으로써 남의 단점을 드러내려 하지 말고
자신의 졸렬함으로 인해 남의 능력을 꺼리지 마라.

毋偏信而爲奸所欺. 毋自任而爲氣所使. 毋以己之長而形人之短. 毋因己之拙而忌人之能.

【해설】

사태의 참모습을 알기 위해서는 한편의 말만 믿어서는 안 된다. 자신의 장점을 인정받으려면 남의 단점을 들추어내거나 재능을 시기해서는 안 된다. 처세에 있어서 경계해야 할 이 네 가지 덕목은 지금도 유용하다.

121. 불편하거나 결점이 있는 상대를 대하는 법

다른 사람의 단점은 완곡하게 기워주고 덮어야 한다. 만일 드러내놓고 들추어내면 그것은 [자신의] 단점으로 [상대방의] 단점을 공격하는 것이다.

다른 사람에게 완고한 면이 있으면, 선하게 교화시켜 일깨워주어야 한다. 만일 분에 겨워 그를 미워한다면 그것은 [자신의] 완고함으로 [상대방의] 완고함을 구제해주는 것이다.

人之短處, 要曲爲彌縫[134). 如暴而揚之, 是以短攻短. 人有頑的, 要善爲化誨. 如忿而疾之, 是以頑濟頑.

134) 본래 '미봉彌縫'은 터진 데를 꿰맨다는 의미로 땜질식 처방이라는 뜻이다. 여기에 의미가 더해져 꿰매어 깁는 계책, 잘못된 것을 임시변통으로 꾸며댐을 뜻하게 되었다. '임시방편臨時方便', '고식책姑息策'과 같다. 《춘추좌씨전》〈환공桓公〉 5년 조에 나오는 말이다. 춘추시대에 주나라는 명분상 천자의 나라였지만 실제로는 제후국이었다. 환왕桓王은 기울어가는 주 왕실의 세력을 일으킬 방도를 모색하다가 평소 오만방자하던 정나라를 치기로 했다. 당시 정나라는 한창 세력을 확장해 강성해졌으므로 천자를 노골적으로 무시하는 경향이 짙었다. 정나라를 다스리는 이는 장공莊公이었는데, 환왕은 공격에 앞서 장공의 왕실 경사卿士 자격을 박탈했다. 장공은 이에 분개하며 신하가 임금을 찾아뵙는 조견朝見을 그만두었다. 환왕은 장공의 이런 태도를 빌미로 징벌군을 일으키고 괵虢, 채蔡, 위衛, 진陳의 군사를 규합해 자신이 총사령관이 되었다. 왕군王軍은 정나라에 이르러 환왕이 중군을 맡고, 우군에는 괵나라와 채나라와 위나라의 군사를 포진시키고, 좌군에는 진나라 군사를 포진시켰다. 장공은 환왕의 공격에 강경하게 대처하기로 했다. 장공의 신하 중 원元이라는 자가 왕군의 군사 배치를 보고 이렇게 말했다. "좌군을 맡은 진나라 군사는 국내 정세가 혼란스럽기 때문에 사기가 떨어져 있습니다. 먼저 좌군을 치면 진나라 군사는 패하여 달아날 것입니다. 그렇게 되면 환왕이 이끄는 중군도 혼란에 빠질 테고 괵, 채, 위나라로 이루어진 우군도 달아날 것입니다. 이때 중군을 치면 이길 것입니다." 장공은 원의 의견을 받아들여 직접 병사들을 이끌고

【해설】

누구에게나 단점이 있으므로, 단점을 보더라도 덮어주려는 마음이 필요하다. 굳이 들추어 공격하는 것은 좋지 않은 일이다. 상대방이 완고하면 그를 일깨워주어야 한다.

출전하여 승리하였다. 이때 장공은 원형으로 진陣을 쳤는데, 장공이 친 진은 '선편후오, 오승미봉先偏後伍, 伍承彌縫'이었다. 이것은 곧 '전차를 앞에 세우고 보병을 뒤따르게 하였는데, 전차와 전차 사이의 간격을 보병으로 미봉했다'는 뜻이다. 여기서 미봉은 군대를 재배열해 보충하여 메운다는 뜻이다. 이렇게 보면 미봉은 군대와 관련이 있는 말이었다. 원뜻은 이렇지만, 흔히 일을 근본적으로 해결하지 않고 땜질식으로 처방할 때 미봉책이라는 말을 쓴다.

122. 만남의 원칙

음침하고 말이 없는 사람에게는 흉금을 털어놓아서는 안 된다. 성질을 잘 부리고 잘난 척하는 사람 앞에서는 마땅히 입을 막아야 한다.

遇沈沈不語之士, 且莫輸心. 見悻悻[135]自好之人, 應須防口.

【해설】

속이 검은 사람을 늘 경계해야 한다는 말이다. 화를 잘 내거나 잘난 체하는 사람에게는 아예 말을 하지 않는 것이 낫다. 방구防口가 방천防川보다 힘들다는 말이 있다. 입을 막는 것이 하천을 막는 것보다 힘들다는 말이다. 여론의 중요성을 말한 것이지만, 방구도 그 대상에 따라 달라져야 하지 않겠는가.

135) '행행悻悻'은 불끈 화를 내는 모양으로, 성격이 괴팍한 것을 뜻한다.

123. 마음이 혼란스럽고 긴장될 때

생각이 혼란스럽고 흐트러질 때 [스스로를] 일깨울 줄 알아야 하고,

생각이 긴장되고 꽉 막힐 때는 내려놓을 줄 알아야 한다.

그러지 않으면 흐릿하고 가물가물한 병폐는 사라질지 모르나 또 다시 뒤숭숭한 어수선함이 찾아들게 된다.

念頭昏散處, 要知提醒. 念頭喫緊時, 要知放下. 不然, 恐去昏昏之病, 又來憧憧[136)]之擾矣.

【해설】

마음을 적절하게 거두어들이고 풀어주는 것이 중요하다. 마음을 다룰 줄 모르면 혼미함과 초조감 때문에 늘 흔들리게 된다.

---

136) '동동憧憧'은 마음이 안정되지 못한 상태로, 《주역》 택산함괘澤山咸卦 구사九四의 "뒤숭숭하고 어수선한 것이 오고 가면 친구가 네 생각을 따른다.〔憧憧往來 朋從爾思〕"는 문장에 보인다.

124. 사람 마음도 늘 변하기 마련

맑게 갠 푸른 하늘도 갑자기 변하여 천둥번개가 치고,

세찬 비바람이 몰아치다가도 갑자기 변하여 맑은 날 달 밝은 하늘이 된다.

천지기운이 어찌 한결같은가. 터럭 하나만큼의 엉키고 막힘이 있기 때문이다.

하늘의 운행이 어찌 한결같은가. 터럭 하나만큼의 장애와 막힘이 있기 때문이다.

사람 마음의 바탕도 마땅히 이와 같아야 하는 것이다.

霽日青天[137], 倏[138]變爲迅雷震電. 疾風怒雨, 倏變爲朗月晴空. 氣機何常, 一毫凝滯.

---

137) '청천백일青天白日'과 유사한 말이다. 푸른 하늘의 밝은 태양이라는 말로, 부끄러움이나 죄가 없이 결백함을 뜻한다. '견청천도백일見青天睹白日'이라고도 한다. 중당中唐의 대문호 한유는 친구 최군崔群과 친하게 지냈는데, 그가 다른 임지로 부임하여 떠나게 되자 자신이 있는 곳으로 빨리 돌아와달라며 〈여최군서與崔群書〉라는 편지를 보냈다. "그대는 빼어난 인품을 지녀 어떤 경우든 즐거워하고 어떤 일이든 근심하지 않소. 그렇지만 강남이라는 곳과 지금 그대가 맡고 있는 관직은 그대에게 어울리지 않소. 그대는 수많은 내 친구 가운데 가장 마음이 순수하고 맑아 빛나는 해와 같소. 그대와 내 우정은 말할 수 없을 만큼 깊소. 그런데 그대를 의심하는 자들은 이렇게 말하오. '훌륭한 사람이라고 생각들은 하지만 의심스럽다. 군자라도 좋은 감정과 나쁜 감정이 있는 법인데 모든 사람이 마음으로 복종한다고 하니, 그렇게 훌륭한 사람이 있을 수 있는가?' 그래서 나는 사람들에게 이렇게 말했소. '봉황과 지초는 현명함과 어리석음을 아름답고 상스럽다고 한다. 푸른 하늘의 밝은 태양은 노비조차도 그 맑음과 밝음을 안다.〔青天白日, 奴隸亦知其清明〕 이것을 음식에 비유하여 말하면 먼 곳의 진미는 즐기는 이도 있고 즐기지 않는 이도 있지만 쌀, 수수, 회膾, 적炙을 싫어하는 사람이 어디 있겠는가?'" 이 편지에서 '푸른 하늘의 밝은 태양'은 세상에서 아무런 부끄러움도 없는 최군의 인품을 가리킨다.

太虛何常, 一毫障塞. 人心之體, 亦當如是.

【해설】

청천벽력青天霹靂이란 푸른 하늘에 갑자기 천둥이 치는 것을 말한다. 살다 보면 생각지 못한 돌발사고 또는 급박한 상황이 벌어지게 마련이다. 모든 자연현상은 털끝만 한 막힘이나 엉킴에서 시작된다는 말로, 우리 인간의 본모습 역시 털끝만 한 장애가 있는 경우 약간의 감정기복에도 흐트러질 수 있다. 그러므로 동요가 있더라도 맑게 갠 푸른 하늘과 같은 마음으로 돌아와야 한다.

138) '숙倏'은 '잠깐 숙'으로, '갑자기'라는 의미이다.

125. 앎이란

사사로운 욕심을 이겨내고 제어하는 일에 대해, 어떤 사람은 "아는 것이 빠르지 않으면 억제하기가 쉽지 않다"고 하고, 어떤 사람은 "아는 것을 깨달았다 해도 참아낼 수 없다"고 하기도 한다.

대체로 앎이란 악마의 실체를 밝힐 수 있는 한 개의 밝은 구슬이며, 억제력은 악마를 벨 수 있는 한 자루의 지혜로운 칼이니, 이 두 가지는 없어서는 안 될 것이다.

勝私制欲之功, 有曰識不早力不易者. 有曰識得破忍不過者. 蓋識是一顆照魔的明珠, 力是一把斬魔的慧劍. 兩不可少也.

【해설】

사욕이 일기 시작하면, 단숨에 자제력과 분별력을 잃게 된다. 지혜롭고 인품이 훌륭한 사람만이 그런 것을 정확히 분별해내어 유혹에서 벗어날 수 있다.

126. 속거나 모욕당해도 드러내지 마라

남이 [나를] 속이는 것을 깨달아도 말로 드러내지 말고,

남에게 모욕을 당하더라도 안색으로 드러내지 마라.

이러한 태도 속에 다할 수 없는 의미가 있고 다할 수 없는 쓰임새가 있다.

覺人之詐, 不形於言. 受人之侮, 不動於色. 此中有無窮意味, 亦有無窮受用.

【해설】

남이 나에게 하는 행동에 일일이 반응하지 말아야 한다. 설령 나를 속이고 모욕한다 하더라도 너그러운 태도와 진심으로 대하면 상대도 나를 존중하게 될 것이다.

127. 견뎌내어 얻어지는 것

역경과 곤궁은 호걸을 단련시키는 하나의 쇠망치이니,
그 단련을 견뎌낸다면 몸과 마음에 번갈아 이로울 것이나,
그 단련을 견뎌내지 못한다면 몸과 마음에 번갈아 해로울 것이다.

橫逆困窮, 是煆煉豪傑的一副鑪錘[139]. 能受其煆煉, 則心身交益. 不受其煆煉, 則心身交損.

【해설】

사람은 역경과 곤궁을 통해 성장한다. "추울 때는 옷의 가볍고 따뜻함을 기다리지 못하고, 배고플 때는 음식의 달고 맛있는 것을 기다리지 못한다.(夫寒之於衣, 不待輕暖; 饑之於食, 不待甘旨)"(조조晁錯: 〈논귀속소論貴粟疏〉). 훌륭한 인물은 이러한 어려움을 잘 극복한 사람들이며, 순탄한 삶은 사람의 인격수양에 결코 보탬이 되지 않는다.

139) '노추鑪錘'는 쇠를 녹이는 도가니와 쇠를 두들겨 단련하는 쇠망치를 뜻한다. '지려능리砥厲能利'라는 말이 있다. 고운 숫돌에 갈아야 날카롭게 할 수 있다는 의미로 명품은 끊임없는 단련의 과정을 거쳐 탄생한다는 의미를 담고 있는데, '려厲'는 '려礪'와 의미가 같다.《순자》〈성악性惡〉 편에서 순자는 제나라 환공의 총蔥, 강태공姜太公의 궐闕, 주나라 문왕의 녹錄, 초나라 장왕莊王의 홀曶, 오왕 합려의 간장과 막야, 거궐鉅闕과 벽려辟閭, 이것들이 모두 고대의 훌륭한 검이라고 말하고는 이렇게 덧붙였다. "[고운] 숫돌에 갈지 않으면 날카로워질 수 없고 사람의 힘을 들이지 않고는 자를 수 없다.(不可砥厲, 則不能利, 不得人力, 則不能斷)" 간장과 막야를 비롯한 천하의 명검들은 끊임없는 시행착오와 단련의 과정을 거쳐서 탄생한 것이지 좋은 재료에서 저절로 만들어진 것이 아니라는 논지이다.《오월춘추》의 〈합려내전〉에 나오는 간장과 막야 이야기처럼 말이다.

128. 몸과 천지를 다스리는 법

내 몸은 하나의 작은 천지이니,

기쁨과 노여움으로 하여금 서로 어긋남이 없게 하고 좋아함과 싫어함에 원칙이 있게 하면, 이것이 바로 이치에 순응하는 공부이다.

천지는 하나의 거룩한 부모이니,

백성으로 하여금 원망과 허물이 없게 하고 만물에 나쁜 병이 없게 하면 이 또한 화목을 이루는 기운과 형상이다.

吾身一小天地也. 使喜怒不愆, 好惡有則, 便是燮理的功夫. 天地一大父母也. 使民無怨咨, 物無氛疹, 亦是敦睦的氣象.

【해설】

자연은 봄, 여름, 가을, 겨울이 일정한 법칙에 따라 어긋남이 없이 펼쳐진다. 사람도 희로애락과 호오의 감정법칙을 거스르지 않으면서 조화롭게 다스려야 한다. 우리 마음이 자연의 이치를 본받으면 그것이 곧 화목을 이루는 방편인 것이다.

129. 명심해야 할 두 마디

'남을 해치려는 마음을 가져서는 안 되지만, 남이 [나를 해치려는] 것에 대비하는 마음이 없어서도 안 된다. 이 말은 생각에 소홀한 것을 경계하라는 것이다.'

'차라리 남에게 속임을 당할지언정 남이 나를 속일 거라고 넘겨짚지 마라. 이 말은 지나치게 살피는 것을 경계하라는 것이다.'

이 두 가지 말을 아울러 지니면, [생각이] 정밀해지고 밝아지며 [인정이] 조화롭고 두터워질 것이다.

'害人之心, 不可有. 防人之心, 不可無. 此戒疎於慮也.' '寧受人之詐, 毋逆人之詐. 此警傷於察也.' 二語竝存, 精明而渾厚矣.

【해설】

남을 해치려는 마음을 가져서는 안 되지만, 남이 나를 해치려는 태도는 경계해야 한다. 남이 나를 속이려는 기미도 늘 세심하게 살펴야 한다. 세상 물정에 어느 정도 밝아야 삶을 지혜롭게 살 수 있다.

130. 해서는 안 되는 네 가지

군중이 의심한다고 해서 독자적인 생각을 막지 말고,
자기 의견에 치우쳐 다른 사람의 말을 버리지도 마라.
자그마한 은혜를 사사로이 여겨 큰 원칙을 손상시키지 말고,
공공의 논의를 빌려 사사로운 감정을 만족시키지 마라.

毋因群疑而阻獨見. 毋任己意而廢人言. 毋私小惠而傷大體. 毋借公論而快私情.

【해설】

부화뇌동도 좋지 않지만, 자신만 옳다고 고집하는 것도 좋지 않다. 유가의 비조 공자의 말을 함께 읽어보면 이 문장의 의미가 더 잘 이해된다. "공자께서는 네 가지를 절대 하지 않으셨다. [근거 없는] 억측을 하지 않으셨고, 반드시 하겠다는 것이 없으셨으며, 고집을 부리지 않으셨고, 나만 옳다고 하지도 않으셨다.〔子絶四. 毋意, 毋必, 毋固, 毋我〕."(《논어》〈자한子罕〉) 자신의 주관을 확고하게 지키면서 다른 사람의 의견을 듣는 아량이 있어야 한다.

131. 선인과 악인

선한 사람이라도 빨리 친해질 수 없다면 [그 사람을 미리] 칭찬하거나 기려서는 안 되니, 헐뜯음이라는 간사함이 찾아올까 두렵기 때문이다.

악한 사람이라도 쉽게 물리칠 수 없다면 [먼저 그의 악함을] 발설해서는 안 되니, 죄를 [무르익게] 숙성시킬[140] 화근을 조장하는 화를 만날까 두렵기 때문이다.

善人未能急親, 不宜預揚, 恐來讒譖之奸. 惡人未能輕去, 不宜先發, 恐招媒蘖之禍.

【해설】

선한 사람이라고 해서 너무 가까이 하지 않고 악한 사람이라고 해서 물리치지 않으며 중용의 처세를 해야 하는 이유는 사람을 너무 가까이 하거나 멀리하면 늘 화를 초래할 위험이 있기 때문이다.

---

140) '매얼媒蘖'을 번역한 말이다. 매얼이란 효모와 누룩으로 술을 빚는 것인데, 여기서는 죄를 뒤집어씌울 목적으로 마치 술을 빚듯이 숙성시킨다는 의미이다.

132. 속이지 않는 것과 조신함

맑은 하늘의 밝은 해와 같은 절개와 의리도 어두운 방 모퉁이[141]에서 자신을 속이지 않는 마음에서 길러져 나오고

하늘을 돌리고 땅을 굴리는 경륜도 깊은 연못에 다다라 살얼음을 밟는 듯한 조신함에서 나온다.

青天白日的節義, 自暗室屋漏中培來. 旋乾轉坤的經綸, 自臨深履薄處操出.

【해설】

모든 것은 하루아침에 이루어지지 않는다. 사람들이 보건 보지 않건 스스로 삼가고 노력할 때 비로소 이루어진다. 우리는 늘 결과만 보고 재단하지만, 모든 결과물은 숙성의 과정을 배태하고 있는 것이다.

141) 원문의 '옥루屋漏'를 번역한 것이다. 방의 서북쪽 모퉁이로 집 안에서 가장 어둡고 깊숙한 곳을 말한다. 《시경》 대아 〈억抑〉 편에 "그대가 집 안에 있음에 어두운 방 모퉁이에서도 전혀 부끄럽지 않네.(相在爾室, 尙不愧于屋漏)"라고 한 데서 유래한다.

133. 생색내거나 갚지 말아야 할 것

어버이는 자애롭고 자식은 효도하며 형은 우애롭고 아우가 공손한 것은 극진한 경지까지 해냈다고 해도 마땅히 그렇게 해야 하는 것이므로 털끝만큼도 감격스럽게 생각할 것이 못 된다.

또한 베푼 자가 덕을 베풀었다고 생각하고, 받은 자가 갚아야 한다는 생각을 지닌다면, 길 가는 사람의 일, 곧 장사꾼의 도[142)]가 되는 것이다.

父慈子孝, 兄友弟恭, 縱做到極處, 俱是合當如此. 著不得一毫感激的念頭. 如施者任德, 受者懷思, 便是路人, 便成市道.

【해설】

효도와 우애의 중요성[143)]은 유가의 핵심 개념이었다. 부모 자식 간에 인륜이 존재하고 천륜이 존재하므로, 지극함을 다한다 하더

---

142) 원문의 '시도市道'를 번역한 것으로, 저잣거리에서 상인들이 이해관계에 따라 행동하는 것을 의미한다. 《사기》〈염파인상여열전〉에 나오는 "천하는 장사꾼의 도로써 사귀니 당신에게 권세가 있으면 당신을 따르고, 당신에게 권세가 없으면 떠나갑니다.〔天下以市道交, 君有勢我則從君, 君無勢則去〕"라는 말에서 나왔다.

143) "유자가 말했다. '사람됨이 효성스럽고 우애가 있으면서 윗사람을 범하는 자는 드물다. 윗사람 범하기를 좋아하지 않으면서 난을 일으키는 자는 드물다. 군자는 근본에 힘쓰며, 근본이 서면 도가 생겨난다. 효도와 우애란 아마도 인仁을 행하는 근본일 것이로다!'〔有子曰: '其爲人也孝弟, 而好犯上者, 鮮矣. 不好犯上, 而好作亂者, 未之有也. 君子務本, 本立而道生. 孝弟也者, 其爲仁之本與'〕"(《논어》〈학이〉)

라도 당연한 일로 받아들여야 한다. 만일 이해관계에 따라 그런 행동을 한다면 그것은 저잣거리에서 물건을 사고파는 장사꾼의 도와 다를 바 없다는 의미이다.

134. 자랑하지 말 것과 좋아하지 말 것

아름다움이 있으면 반드시 추함이 있어 그것과 상대를 이루니,[144)]
내가 아름다움을 자랑하지 않는데, 누가 나를 추하게 할 수 있겠는가?
깨끗함이 있으면 반드시 더러움이 있어 그것과 상대[145)]를 이루니,
내가 깨끗함을 좋아하지 않는데, 누가 나를 더럽힐 수 있겠는가?

有姸必有醜爲之對. 我不誇姸, 誰能醜我. 有潔必有汚爲之仇. 我不好潔, 誰能汚我.

【해설】

세상 모든 것은 상대적으로 존재한다. 아름다움과 추함, 깨끗함과 더러움, 참과 거짓, 선함과 악함은 모두 상대가 존재하기에 존재하는 개념인 것이다. 내가 상대의 추함을 들추어내지 않고 깨끗함을 내세우지 않는데, 굳이 상대가 나에게 반응할 리는 없지 않은가.

144) 이 문장은 "세상 사람들이 모두 아름다운 것이 아름다운 줄만 알면 그것은 추악한 것이다. [세상 사람들이] 모두 선한 것이 선한 줄만 알면 그것은 선한 것이 아니다.(天下皆知美之爲美, 斯惡矣, 皆知善之爲善, 斯不善已.)"(《노자》 2장)라는 노자의 문장을 염두에 두고 읽어야 한다. 노자는 대립쌍으로 존재하는 자연의 법칙에 큰 의미를 부여한다. 그것들이 서로 유기적으로 조화·상생·생멸하면서 '도道'를 이룬다.

145) 원문의 '구仇'를 번역한 것으로, 원수라는 의미가 아니라 '상대할 대(對)'와 같은 의미이다.

135. 차가운 평정의 기운으로

뜨거웠다가 차가워지는 것은 잘살고 귀한 사람이 가난하고 천한 사람보다 더하고,

질투하고 시기하는 마음은 가족[146]이 남보다 더하다.

이러한 상황을 냉정한 마음으로 감당하고 평정의 기운으로 제어하지 않으면,

번뇌라는 장애에서 하루도 벗어나기가 힘들 것이다.

炎凉之態, 富貴更甚於貧賤. 妬忌之心, 骨肉尤很於外人. 此處若不當以冷腸, 御以平氣, 鮮不日坐煩惱障中矣.

【해설】

사람의 마음은 변덕이 심하고 시기와 질투도 심하다. 물질적으로 풍요로운 사람들이 더 심하고, 가장 가까운 가족이 더 심하게 질투와 시기를 한다. 따라서 많이 가질수록, 가까울수록 좀 더 냉정한 마음으로 바라보는 평정심이 필요하다.

146) 원문의 '골육骨肉'을 번역한 것으로 육친, 즉 가족을 말한다.

136. 혼동하지 말아야 할 것과 드러내지 말아야 할 것

공로와 과실은 조금이라도 혼동해서는 안 되니, 혼동하면 사람들이 나태한 마음을 품게 된다.

은혜와 원수는 너무 지나치게 밝히지 말아야 하니, 밝히면 사람들이 배반하고 의심하게 된다.

功過不容少混. 混則人懷惰墮之心. 恩仇不可大明. 明則人起携貳之志.

【해설】

신상필벌의 원칙은 대단히 중요하다. 또 은혜와 원한 관계도 지나치게 따져 묻지 않는 것이 때로는 중요하다. 특히 원한 품은 사람이 등을 돌리면 언젠가는 재앙으로 다가올 것이다.

137. 최고의 자리에 오르지 마라

작위와 지위는 너무 융성해서는 안 되니, 너무 융성하면 위태롭다.

능한 일은 다 쓰지 말아야 하니, 다 쓰면 쇠락하게 된다.

품행은 지나치게 고상해서는 안 되니, 지나치게 고상하면 비방이 일어나고 헐뜯음이 찾아온다.

爵位不宜太盛. 太盛則危. 能事不宜盡畢. 盡畢則衰. 行誼不宜過高. 過高則謗興而毁來.

【해설】

지나친 지위와 명예는 해가 된다. 무슨 일이든 조금의 여지를 남겨두는 것이 삶의 중요한 처세 방법이다. 너무 고상한 체하면 그에 걸맞게 비방과 시샘도 난무하게 된다.

138. 선과 악의 지향점

악은 어두운 곳을 꺼리고 선은 밝은 곳을 꺼린다.

따라서 악이 드러나면 재앙이 낮아지고, 악이 숨어 있으면 재앙이 깊어지며,

선이 드러나면 [오히려] 공적이 작고, [선이] 숨어 있으면 [오히려] 공적이 크다.

惡忌陰. 善忌陽. 故惡之顯者禍淺, 而隱者禍深. 善之顯者功小, 而隱者功大.

【해설】

악을 저지르면 언제든 드러나기 마련이다. 사람들은 자신의 선한 점을 드러내려 하지만, 선 자체는 숨어 있는 것을 좋아한다. 그러므로 선을 드러내면 드러낼수록 공이 [오히려] 작아지고 숨기면 숨길수록 공이 커진다.

139. 덕과 재능, 재능과 덕

덕은 재능의 주인이요, 재능은 덕의 노복이다.

재능만 있고 덕이 없는 것은 집에 주인은 없고 [함부로] 노복이 일을 처리하는 것과 같으니,

어찌 도깨비[147]처럼 멋대로 날뛰지 않겠는가?

德者才之主. 才者德之奴. 有才無德,如家無主而奴用事矣, 幾何不魍魎而猖狂.

【해설】

훌륭한 인품을 갖추지 못한 사람을 재능이 뛰어나다고 무턱대고 칭찬할 수 없는 이유가 있다. 바로 덕이 재능보다 우선하기 때문이다. 재승박덕이라는 말처럼, 재주가 있는 사람은 덕이 부족하기 마련이다. 차라리 덕이 있고 재능이 없는 것이 낫다.

147) '망량魍魎'을 번역한 것으로, '도깨비', '요괴'라는 뜻이다.

140. 도망갈 길을 터주어라

간사한 무리를 제거하고 아첨하는 무리를 막으려면 그들에게 도망갈 길을 터주어야 한다.

그들이 달아날 곳이 한 군데도 없게 하는 것은 비유하면 쥐구멍을 막는 것과 같아, 달아날 길이 모두 막혀버리면 좋은 물건들이 모두 물어뜯기고 깨질 것이다.

鋤奸杜倖, 要放他一條去路. 若使之一無所容, 譬如塞鼠穴者, 一切去路, 都塞盡, 則一切好物, 俱咬破矣.

【해설】

간악한 자들을 제거하더라도, 달아날 길은 내주어야 한다. 달아날 길을 완전히 차단해버리면 오히려 역습을 감행할 것이기 때문이다.

141. 함께할 것과 함께하지 말 것

마땅히 다른 사람과 허물을 함께해야 하지만, 공로는 함께하지 마라.

공로를 함께하면 서로 꺼리게 된다.

다른 사람과 걱정과 어려움을 함께하더라도, 안락함은 함께하지 마라.

안락해지면 서로 원수가 된다.

當與人同過, 不當與人同功. 同功則相忌. 可與人共患難, 不可與人共安樂. 安樂則相仇.

【해설】

세상 사람들과 교류할 때 허물은 자신에게 돌리고 공은 다른 사람이 갖도록 해야 한다. 거꾸로 하면 시기와 질투가 생겨날 것이다. 사람은 환란보다는 안락을 탐내므로 안락을 탐하면 다른 사람과 원수가 되는 것은 시간문제이다.

142. 사군자의 자세

사군자[148]는 가난하여 재물로 다른 사람을 구제할 수 없더라도,

어리석고 방황하는 사람을 만나면 한마디 말을 끄집어내어 그들을 깨우쳐 구제할 수 있고,

위급하고 곤란한 상황에 처한 사람을 만나서는 한마디 지혜로운 말로 곤경에서 구해낼 수 있으니, 이 또한 헤아릴 수 없는 공적이고 덕행이다.

士君子, 貧不能濟物者, 遇人痴迷處, 出一言提醒之, 遇人急難處, 出一言解救之, 亦是無量功德.

【해설】

물질로 남을 구제해주는 것보다 정신을 일깨워주는 것이 중요하다. 위급한 처지에 놓인 사람에게 건네는 말 한마디가 때로는 물질적 도움보다 훨씬 더 긴요한 공덕인 것이다.

148) 교양과 인격이 높고, 지위와 덕행이 높고, 학문에 정통하여 사회적으로 위상이 높은 사람을 가리킨다.

143. 인지상정의 세태

배고프면 아부하고, 배부르면 떠나버리고, 따뜻하면 달려오고, 추워지면 가버리는 것이 인간 정서의 공통된 근심거리이다.

饑則附, 飽則颺, 燠則趨, 寒則棄, 人情通患也.

【해설】

세상 사람들의 정서는 염치없는 것이 대부분이다. 배고프면 아부하고, 배부르면 떠나가는 것은 인간 정서의 기본 틀이다. 예나 지금이나 늘 그래왔고, 앞으로도 그러할 것이다.

144. 군자의 자세

군자는 깨끗하게 닦고 냉정한 안목을 가져야 한다.
삼가 가볍게 행동하거나 강직한 기질[149]을 갖지 마라.

君子宜淨拭冷眼, 愼勿輕動剛腸.

【해설】

감정적인 안목으로 세상을 바라보지 말고, 냉철하고 논리적인 눈으로 보아야 한다. 자신의 신념을 함부로 드러내려 하지 말고, 신중한 태도로 여유로운 마음을 지녀야 한다.

149) '우사생풍遇事生風'이라는 말이 있다. 일을 만나고 바람을 만난다는 뜻으로, 본래는 젊은이들의 날카로운 예기銳氣를 가리켰으나, 시간이 흐르면서 시비 일으키기 좋아하는 사람을 빗대는 말이 되었다. 이 성어는《한서》〈조광한전趙廣漢傳〉에 나온다. 탁군涿郡에 사는 조광한이라는 사람이 말단 관직을 맡고 있다가 성실하고 청렴한 것을 윗사람에게 인정받아 마침내 도읍을 다스리는 최고 관리인 경조윤京兆尹이 되었다. 경성 근교 풍현豊縣의 두건杜建이라는 사람이 소제昭帝의 능원陵園을 관리했는데, 직위를 남용하고 비행을 저질러 백성의 원성을 사고 있었다. 조광한은 두건에게 그 짓을 그만두라고 했으나 두건이 들은 척도 하지 않자 그를 감옥에 가두었다. 세도가들이 두건을 풀어주라고 압력을 가했지만 조광한은 오히려 그를 참형시켰다. 그러자 관리들도 조광한을 두려워하게 되었다. 조광한은 추진력이 있었으며, 사리사욕을 채우기 위해 비리를 저지르는 자들을 경멸하고, 정의를 위해 목숨을 아끼지 않는 정열이 있었다. 이 점을《한서》는 이렇게 적고 있다. "보는 일마다 바람이 일고 회피하는 바가 없다.〔見事風生, 無所回避〕" 그러나 조광한은 이러한 강직한 성품 때문에 간신배들의 미움을 샀고, 결국 모함으로 죽었다.

145. 덕을 두텁게 하기 위한 조건

덕은 도량에 따라 나아가고, 도량은 그 사람의 식견으로 말미암아 자란다.

그러므로 덕을 두텁게 하고자 하면 도량을 넓히지 않을 수 없고,

도량을 넓히고자 하면 식견을 크게 하지 않을 수 없다.

德隨量進, 量由識長. 故欲厚其德, 不可不弘其量. 欲弘其量, 不可不大其識.

【해설】

사람은 누구나 덕을 추구하지만, 도량과 그릇이 없으면 안 된다. 식견을 넓혀 도량을 키우고, 도량이 커지면 덕은 저절로 고인다.

146. 마음을 다스려라

외로운 등불이 반딧불처럼 깜박거리고 천지만물의 소리[150]가 들리지 않으니, 이는 우리가 처음 편안하고 적막한 때로 들 때이다.

새벽 꿈에서 막 깨어나 아직 만물의 움직임이 시작되지 않았으니, 이는 우리가 처음 혼돈에서 나올 때이다.

이때를 틈타 온 마음을 돌려 훤히 비추어보면,

비로소 이목구비가 모두 굴레요, 정욕과 기호는 [타락시키는] 기계임을 알 수 있다.

一燈螢然, 萬籟無聲. 此吾人初入宴寂時也. 曉夢初醒, 群動未起. 此吾人初出混沌處也. 乘此而一念廻光, 炯然返照, 始知耳目口鼻皆桎梏, 而情欲嗜好悉機械矣.

【해설】

깊은 밤, 만물이 활동을 시작하기 전인 혼돈의 세계에서 자기 마음의 본체로 들어가 살펴보아야 한다. 이목구비와 감정의 욕구를 제어해야 하는 까닭은 그것들이 모두 다 스스로를 타락하게 하는 장애물이기 때문이다.

---

150) 원문의 '만뢰萬籟'를 번역한 것으로 《장자》 〈제물론〉에 나온다. 좀 더 부연하면 나무에서 나는 바람 소리를 지뢰地籟, 피리에서 나는 소리를 인뢰人籟라 하고, 이런 소리를 나게 하는 하늘의 소리를 천뢰天籟라 한다. 그리고 이 지뢰, 인뢰, 천뢰를 만뢰라고 하는 것이다.

147. 남을 탓하는 자, 자신을 반성하는 자

자신을 반성하는 사람은 일에 부딪힐 때마다 모든 일을 약으로 만들지만, 남을 탓하는 사람은 생각을 움직일 때마다 모두 창槍이 된다.

하나는 모든 선으로 향하는 길을 열고, 다른 하나는 모든 악의 근원을 파내니, 둘 사이의 거리는 하늘과 땅만큼이다.

反己[151)]者, 觸事皆成藥石. 尤人者, 動念卽是戈矛. 一以闢衆善之路, 一以濬諸惡之源, 相去霄壤矣.

【해설】

자신을 돌이켜보고 스스로 조심하는 사람은 행실이 올바르지만, 남을 탓하기만 하고 스스로를 살피지 않는 사람은 결국 자신마저 해치게 된다. 수양의 기본은 만사가 내 탓이라고 하는 마음자세에서 나온다.

---

151) "행하고도 소득이 없으면 자기를 돌이켜 반성해야 한다.〔行有不得者皆反求諸己〕"(《맹자》〈이루 상〉)는 맹자의 말도 염두에 두자. 공자의 제자인 증자도 "나는 날마다 세 번이나 자신을 반성한다. 다른 사람을 위해 도모하는 데 진심을 다하지 않았는가? 벗들과 사귀면서 믿음이 없었는가? 전수받은 것을 익히지 않았는가?〔吾日三省吾身. 爲人謀而不忠乎. 與朋友交而不信乎. 傳不習乎〕"(《논어》〈학이學而〉)라고 말했다.

148. 바꿀 것과 바꾸지 말아야 할 것

사업과 문장은 몸뚱이를 따라 사라져버리지만, 정신은 오랜 세월 속에서도 항상 새롭다.

공명과 부귀는 세상을 좇아 굴러 옮겨가지만, 기개와 절조는 천 년이 하루와 같다.

군자는 참으로 저것으로써 이것을 바꾸어서는 안 된다.

事業文章, 隨身銷毁, 而精神萬古如新. 功名富貴, 逐世轉移, 而氣節千載一日. 君子信不當以彼易此也.

【해설】

사업과 문장은 일시적이지만, 인간의 정신은 영원불멸하다는 말이다. 공명과 부귀보다 기개와 절조야말로 군자의 정신이다. 일시적인 것에 현혹되지 말고, 무엇이 위대한 정신이고 무엇이 바뀌지 않는 절개인지 돌아보아야 한다.

149. 고수는 많다

고기 잡는 그물을 쳐놓았는데 큰 기러기가 그 속에 걸려들었고, 사마귀가 먹이를 탐낼 때 참새가 그 뒤에서 [사마귀를] 노리고 있다.[152)]

---

152) 이 구절은 '당랑재후螳螂在後'라는 성어와 연관된다. 초나라 장왕이 진晉나라를 치려고 하면서 이렇게 포고했다. "감히 간언하는 자는 죽음이 있을 뿐 사면은 없다." 장왕을 도운 명재상 손숙오孫叔敖가 말했다. "신은 채찍의 엄함을 두려워하여 아버지에게 감히 간언하지 못하는 자는 효자가 아니며, 부월斧鉞의 형벌을 두려워하여 감히 군주에게 간언하지 못하는 자는 충신이 아니라고 들었습니다." 그러고는 마침내 나아가 말했다. "신의 정원에 느티나무가 있는데, 그 위에 매미가 있습니다. 매미는 막 날개를 펴고 슬피 울며 맑은 이슬을 마시려고 하지만 사마귀가 뒤에서 목을 굽혀 먹으려 하는 것을 알지 못합니다. 사마귀는 매미를 먹으려고 하지만 참새가 뒤에서 목을 들고 쪼아먹으려고 하는 것을 모릅니다. 참새는 사마귀를 먹으려고 하지만 어린아이가 아래에서 탄환을 장전해 쏘려고 하는 것을 모릅니다. 어린아이는 참새에게 탄환을 쏘려고 하지만 앞에 깊은 웅덩이가 있고 뒤에는 굴이 있음을 모릅니다. 모두 앞의 이익 때문에 뒤의 해로움을 돌아보지 못하는 것입니다. 곤충의 무리만 이와 같은 것이 아닙니다. 사람도 그러합니다. 지금 왕께서는 저쪽 땅을 탐하는 것이 병사들을 즐겁게 하는 일인 줄 아시지만, 나라가 게으르지 않고 진나라가 안정된 것은 제 힘입니다."
장왕은 이 말을 듣고 느낀 바가 있었다. 그는 결국 춘추오패春秋五霸가 될 수 있었다. 이와 비슷한 말이 '당랑박선螳螂搏蟬'이다. 위의 고사와는 다른 시각의 이야기로, 《장자》〈산목山木〉 편에 나온다. 비교해서 읽어볼 필요가 있어 길지만 소개한다. 장주莊周가 조릉雕陵이라는 밤나무 숲 울타리 안을 거닐다가 남쪽에서 이상하게 생긴 까치 한 마리가 날아오는 것을 보았다. 그 까치는 날개 너비가 일곱 자에 눈의 지름이 한 치나 되었다. 까치는 장주의 이마에 닿았다가 밤나무 숲에 가서 앉았다. 장주는 혼잣말로 이렇게 말했다. '저건 대체 무슨 새일까? 날개는 큰데 높이 날지 못하고, 눈은 크지만 보지 못하니!' 그리고 아랫도리를 걷어올리고 재빨리 다가가 활을 쥐고 그 새를 쏘려 했다. 그러다 문득 보니 매미 한 마리가 시원한 나무 그늘에서 제 몸을 잊은 듯 울고 있고, 바로 곁에는 사마귀 한 마리가 나뭇잎 그늘에 숨어서 그 매미를 잡으려고 정신이 팔려 있었다. 이상하게 생긴 까치는 그 기회에 사마귀를 노리느라 정신이 팔려 제 몸을 잊고 있었다. 장주는 그 꼴을 보고 깜짝 놀라서 이렇게 외쳤다. "아, 모든 사물은 서로 해를 끼치고, 이로움과 해로움은 서로를 불러들이는구나!" 그러고는 활을 버리고 도망치듯 나왔다. 그때

계략 속에 계략을 감추어두고[153], 이변 밖에서 이변이 생기니, [자신의] 지혜와 기교를 어찌 충분히 믿을 수 있겠는가?

魚網之設, 鴻則罹其中. 螳螂之貪, 雀又乘其後. 機裡藏機, 變外生變. 智巧, 何足恃哉.

【해설】

큰 기러기도 어망에 걸려드는 수가 있고, 매미는 뒤에서 사마귀란 놈이 자신을 노리고 있는 것을 알지 못한다. 물론 사마귀 역시 참새가 자신을 잡아먹으려 하는 것을 알지 못한다. 내가 생각하지 못하는 사이에 남들이 틈을 비집고 들어오고 의외의 일들이 종종 일어난다. 자신의 어설픈 지혜와 기교를 믿는 인간은 얼마나 어리석은가. 상대를 덮어놓고 믿지도 말고, 나의 생각을 송두리째 보여줄 필요도 없다.

밤나무 숲을 지키는 사람이 쫓아와 장주가 밤을 훔친 줄 알고 나무랐다. 장주는 집으로 돌아온 뒤 석 달 동안 마음이 편하지 않았다. 제자 인저藺且가 물었다. "선생님, 요즘 언짢으신 까닭이 무엇입니까?" 장주가 대답했다. "나는 외물外物에 사로잡혀 내 몸을 잊고 있었다. 흙탕물을 보느라 맑은 못을 잊듯이, 외물에 사로잡혀 자연의 대도大道를 놓치고 있었다. 나는 또 속세에 들어가면 그 속세를 따르라는 말을 선생님으로부터 들었는데도 이번에 조릉을 거닐면서 내 몸을 잊었고, 이상한 까치는 내 이마에 닿았다가 밤나무 숲에서 노닐면서 그 몸을 잊었으며, 나는 밤나무 숲 지키는 사람으로부터 꾸지람을 듣고 모욕을 당했다. 그래서 이렇게 언짢은 것이다."

153) 《한비자》〈난언〉 편에 나오는 이야기를 읽어보자. 정나라 무공武公은 호胡나라를 정벌하려고 할 때 먼저 딸을 호나라 왕에게 출가시켜 그의 마음을 들뜨게 하였다. 그리고 신하들에게 이렇게 물었다. "과인이 출병하고자 하는데 어느 나라가 정벌할 만하오?" 대부 관기사關其思가 대답하였다. "호나라가 칠 만합니다." 그러자 무공이 화를 내며 그를 처벌하면서 말하였다. "호나라는 형제의 나라이다. 그런데 호나라를 정벌하라니, 이 무슨 말인가?" 이 소식을 들은 호나라 왕은 정나라가 자기 나라와 친하다고 생각해 정나라에 대한 방비를 하지 않았다. 그후 정나라는 호나라를 습격해 빼앗았다.

150. 거지와 나무 인형

사람 됨됨이가 조금이라도 참되고 간절한 생각이 없으면 거지로 변할 수 있으니, 하는 일마다 모두 공허하다.

세상을 살아감에 원만하고 활달하고 기지와 흥취가 없으면 곧 나무 인형과 같으니, 곳곳마다 걸림돌이 있게 된다.

作人無點眞懇念頭, 便成個花子, 事事皆虛. 涉世無段圓活機趣, 便是個木人, 處處有碍.

【해설】

진실함과 원만하고 활달한 마음은 임기응변에 능하다는 의미이다. 진실한 마음을 지키면서도 타인과 더불어 살아가는 것이 참된 삶의 자세이다.

151. 평온해지는 법

물은 물결이 일지 않으면 스스로 안정되고, 거울은 먼지가 끼지 않으면 절로 밝다.[154)]

그러므로 마음도 정녕 맑게 할 수 없으나 그 혼돈 속의 번뇌를 없애면 맑음은 저절로 드러나게 되고,

즐거움도 굳이 찾을 필요가 없으니 그 괴로움을 없애면 즐거움이 절로 찾아온다.

水不波則自定, 鑑不翳則自明. 故心無可淸, 去其混之者而淸自現. 樂不必尋, 去其苦之者而樂自存.

154) 이 구절은 '명경지수明鏡止水'라는 고사성어가 등장하는《장자》〈덕충부德充符〉편, 덕이란 참된 도를 체득한 인간의 내면이 밖으로 드러난 것임을 밝히는 문답 네 개 중에 나오는 말이다. 정나라의 현인 신도가申徒嘉는 형벌로 발 하나가 잘렸는데, 자산子産과 함께 백혼무인伯昏無人을 스승으로 섬겨 배우고 있었다. 그런데 자산이 발 하나가 없는 불구자와 함께 다니는 것이 싫어서 신도가에게 이렇게 말했다. "내가 먼저 나가면 자네가 남고, 자네가 먼저 나가면 내가 있기로 하세." 그러자 신도가는 이렇게 대답했다. "선생님 문하에 대신의 구별 따위가 있었는가? 자네는 대신이라는 작위를 좋아해서 남을 깔보는 모양이군. '거울이 밝음(鑑明)은 먼지가 앉지 않아서이고, 먼지가 앉으면 흐려진다. 이와 마찬가지로 오랫동안 현인과 함께 있으면 잘못이 없어진다'는 말이 있네. 지금 자네는 선생님의 도를 소중히 여겨야 하는데, 아직도 그런 소리를 하다니 큰 잘못이 아닌가?." 신도가가 한 말에서 '감명鑑銘'은 현자의 맑고 깨끗한 마음을 비유하며, '감鑑'은 '경鏡'과 같은 뜻이다. 그러나 송나라의 유가나 선학禪學에서도 이 말을 즐겨 사용하면서부터 장자 특유의 허무주의적 색채가 사라지고 고요하고 깨끗한 마음을 비유하게 되었다. '명경불피明鏡不疲', 심성이 맑은 이는 피로를 모른다는 말도 있다.

【해설】

훼방하는 것이 없어야 안정된다. 사람의 마음도 마찬가지이다. 잡념을 버리면 저절로 맑아지고, 괴로움을 버리면 즐거움이 찾아오는 것은 시간문제이다. 그러니 마음을 다해 하나의 일에 정진한다면 모든 일이 정돈될 것이다.

152. 삼가라

한 가지 생각이 있으면 귀신[155]이 금하는 것을 범하고,

한마디 말이 천지의 조화를 해치며,

한 가지 일이 자손에게 화를 미치니 가장 간절하게 삼가야 마땅하다.

有一念而犯鬼神之禁, 一言而傷天地之和[156], 一事而釀子孫之禍, 最宜切戒.

【해설】

단 한 번의 그릇된 생각으로 귀신의 뜻을 거스르는 경우가 있고, 한마디의 말실수로 자연의 조화를 깨뜨리기도 한다. 또 한 가지 일로 자손에게 재앙을 일으킬 수도 있으니 모든 일에 신중해야 한다.

155) 당시에는 죽은 사람을 모두 '귀鬼'라고 했다. 일반적으로 돌아가신 조상을 포괄적으로 가리킨다.

156) 원문의 '화和'는 "드러났으나 모두 절도에 맞는 것을 화라고 한다.〔發而皆中節謂之和〕"(《예기禮記》〈중용〉)는 의미를 담고 있으며, 《설문해자說文解字》에서 풀이한 대로 "화龢란 조화로운 것이다.〔調也〕"라는 의미를 응축하고 있다.

153. 일을 푸는 법

일을 성급하게 하여 분명하지 않은 것도 너그럽게 하면 간혹 저절로 밝혀지니, 조급함과 성급함으로 노여움을 재촉하지 마라.

사람 중에 시켜서 말을 잘 듣지 않는 사람이 있어도 내버려두면 간혹 저절로 교화되니, 너무 닦달해서 완고함을 더하지 마라.

事有急之不白者, 寬之或自明, 躁急以速其忿. 人有操之不從者, 縱之或自化, 操切以益其頑[157].

【해설】

일을 서둘러야 할 경우도 있지만, 그러지 말아야 할 경우도 있다. 때로 그냥 내버려두면 명백하게 가려질 일을 서둘러 처리하려다 더욱더 엉키게 하는 경우도 있다. 지나친 간섭보다는 스스로 하게 내버려두는 관대함이 요구된다.

157) 원문의 '완頑'은 자신의 주장을 굽히지 않는 완고함 혹은 아집을 의미한다.

154. 덕성으로 도야하라

높은 지위나 벼슬에도 절개와 의리가 당당하고 문장은 흰 구름보다 고고할지라도,

덕성으로 그것을 도야하지 않았다면, 결국 사사로운 혈기일 뿐이고, 기술과 예능의 말단일 뿐이다.

節義傲青雲, 文章高白雲, 若不以德性陶鎔之, 終爲血氣之私技能之末.

【해설】

군자는 굳은 지조와 도덕적인 문장을 세상에 전하는 사람이다. 글을 쓰는 사람은 늘 겸손하게 임해야 문장이 좋아지고, 거기에 도량을 갖추어야 문장도 고상해지는 법이다.

155. 정상에서 물러나라

일에서 물러나려면 [공훈과 업적이] 가장 왕성할 때 물러나야 하고, 자신의 자리를 정하려면 마땅히 뒷자리로 가야 한다.

謝事當謝於正盛之時. 居身宜居於獨後之也.

【해설】

늘 높은 자리에 있고 싶지만, 세상 사람들은 높은 자리에 있는 사람을 시기하기 마련이다. 따라서 전성기에 이르러 즉시 물러나고, 일을 이루었을 때 바로 떠나갈 채비를 하는 것도 남들의 입길에 오르내리지 않는 처세법이다.

156. 삼감과 베풂

덕행을 삼감에 있어서 모름지기 아주 미세한 일에서 삼가야 하고, 은덕을 베풂에 있어서는 보답할 처지가 못 되는 사람에게 베푸는 데 힘써야 한다.

謹德須謹於至微之事. 施恩務施於不報之人.

【해설】

지극히 미세한 일에 신중을 기하고 작은 것도 돌볼 수 있어야 덕행이 있는 사람이다. 작은 것을 본다 함은 자신의 시각에 갇혀 좁게 보는 것이 아니라, 사물을 세심하게 감지함으로써 오히려 크게 보는 것을 뜻한다. 특히 보답을 바라지 않는 베풂은 선비에게 요구되는 자세이다.

157. 세속적인 삶 벗어나기

저잣거리의 사람과 사귀는 것은 산속의 노인을 벗하는 것만 같지 못하고,

부귀 권세가 있는 집안에 배알하는 것은 오막살이에 사는 사람과 친하게 지내는 것만 같지 못하며,

길거리와 골목길에 떠도는 말을 듣는 것은 나무꾼과 목동의 노랫소리에 귀 기울임만 같지 못하고,

지금 사람의 부도덕과 그릇된 행실을 이야기하는 것은 옛사람의 아름다운 말과 아름다운 행동을 서술하는 것만 같지 못하다.

交市[158]人, 不如友山翁. 謁朱門, 不如親白屋. 聽街談巷語, 不如聞樵歌牧詠. 談今人失德過擧, 不如述古人嘉言懿行.

---

158) 원문의 '교시交市'는 이해관계에 따라 친구를 해치는 것을 의미하는 말로, 당송팔대가 한유의 글과 비교해서 읽어볼 만하다. 한유는 〈유자후묘지명柳子厚墓誌銘〉이라는 글에 유종원의 가세家世와 생애, 교우관계, 문장의 풍모와 정치적 재능 등을 소상히 적었는데 거기에 이런 구절이 나온다. "아아! 선비는 곤궁할 때 비로소 절개와 의리를 보여준다. 아무 일이 없을 때는 서로 그리워하고 즐거워하며 연회석상에 놀러 다니고, 서로 사양하고, 손을 잡고 폐와 간을 꺼내 서로 보여주고 하늘의 해를 가리켜 눈물 흘리며 생사를 걸고 서로 배반하지 않는다고 맹세하니〔握手出肺肝相示, 指天日涕泣, 誓生死不相背負〕 정녕 믿을 만하다. 그러나 머리카락 한 가닥만큼 작은 이해관계라도 생기면 거들떠보지 않고 알지도 못하는 척한다. 함정에 빠져도 손을 뻗어 구해주기는커녕 돌을 던지는 것이 대부분이다."

【해설】

이해관계에 얽혀 사람을 사귀는 것은 좋지 못하고, 이권을 챙기면서 권세 있는 명문가와 교류하는 것 역시 좋지 않다. 세상 사람들의 부도덕한 일과 행실을 입에 올리는 것보다 옛 성현들의 언행을 가지고 담론을 하는 것이 대단히 유익하다.

158. 덕이 기초다

덕은 사업의 기초이니,[159] 기초가 굳건하지 않으면서 집이 견고하거나 오래 버티는 경우는 없다.

德者事業之基. 未有基不固, 而棟宇堅久者.

【해설】

덕이라는 기초를 튼튼히 해야만 오래갈 수 있다. 큰 건물을 세우려면 주춧돌을 튼튼하게 세워야 하는 것처럼 말이다. 하나의 예를

159) 도가 역시 덕의 중요성을 강조했다. 취지는 다소 다르지만, 《노자》 38장 〈덕경德經〉의 첫머리에 이런 말이 나온다. "최상의 덕은 덕이라고 하지 않으니 이 때문에 덕이 있고, 하급의 덕은 덕을 잃으려 하지 않으니 이 때문에 덕이 없다. 최상의 덕은 [아무것도] 하지 않으며, [무엇을] 위해 하는 것도 없다. (……) 그리하여 대장부는 그 중후함(상덕)에 처신하며 경박함(하덕)에 머물지 않는다. 그 열매에 처신하며 꾸밈에 머물지 않는다. 그러므로 저것(뒤의 것)을 버리고 이것(앞의 것)을 취하는 것이다.〔上德不德, 是以有德, 下德不失德, 是以無德. 上德無爲而無以爲. (……) 是以大丈夫處其厚, 不居其薄, 處其實, 不居其華, 故去彼取此〕" 이 문장에서 '대장부'는 지혜가 많고 총명한 사람을 가리킨다. 마지막 구절 '거피취자去彼取此'는 한비자의 주석처럼 "외형상의 예절과 섣부른 판단을 버리고 도리에 따르고 진실한 감정을 실행하는 것"(《한비자》 〈해로解老〉)이다. 노자가 말하는 '상덕上德'은 가장 훌륭한 덕이면서 도가의 구체적인 모습이다. 즉 '상덕'이란 도의 모습을 체화한 것으로, '하덕下德', 즉 '인仁', '의義', '예禮'와 대비되는 덕이다. 최상의 덕은 무위의 차원으로, 도에 근거를 두고 있으며 자연에 들어맞고 강제성이 없다. 그러므로 '상덕'은 '무위無爲'하게 된다. 노자는 아무리 '최상의 인'을 말해도 여전히 '하덕'의 차원에 머물 뿐이라고 강조하면서 성인과 상덕의 공통점은 바로 '무이위無以爲'로, 서로 관여하지 않는 것이라고 말한다. '인'은 공자가 가장 중시하는 도덕 개념으로, 노자가 말하는 도덕은 자연에 합치되는 것이지 인위적인 도덕이 아니다. 인성을 억압하고 본능을 억압하는 것은 도덕이 아니며, 그런 의미에서 상덕이란 인성에 합치되는 도덕으로서 사람에게 감동을 줄 수 있는 것이다.

들어보자. 《맹자》〈양혜왕梁惠王 상上〉 편에서 "노인장께서 천리를 멀다 하지 않고 오셨는데 어떻게 우리나라를 이롭게 하시겠습니까?"라고 묻자 맹자는 이렇게 대답했다. "왕께서는 어째서 이익을 말하십니까? 인과 의가 있을 뿐입니다.(王何必曰利, 亦有仁義而已矣)" 전국시대 중기에 접어들자 제후들이 오직 정벌전쟁으로 천하를 경영하겠다는 목적의식을 가지고 명리名利만 추구하고 '이익(利)'만을 도모하는 풍조가 만연했다. 형제간에도 반목과 질시가 판을 치고, 아들이 아버지를 버리고, 신하 역시 군주를 돌아보지 않았으며, 약육강식과 혼란이 동탕動蕩할 뿐이었다. 이런 사회현실을 바꾸고자 한 일성이 바로 인의仁義였던 것이다. 천박한 배금주의를 배격하고 왕도王道정치가 시대적 과제임을 설파한 맹자의 안목은 국가를 경영하는 자가 갖추어야 하는 기본적인 마음자세가 덕정德政임을 보여준다. 이야말로 국가사업의 기초가 아닌가.

159. 뿌리

마음은 후손의 뿌리이다.

뿌리가 심어져 있지 않은데, 가지와 잎이 무성한 경우는 없다.[160)]

心者後裔之根. 未有根不植, 而枝葉榮茂者.

【해설】

용비어천가에 나오는 유명한 말이 있다. "뿌리 깊은 나무는 바람에 아니 움직일세, 꽃 좋고 열매 많나니." 후손이 번영하기를 바란다면 덕을 쌓고 선한 마음을 지녀야 할 것이다. 그러나 결코 쉽지 않은 일이 마음 다스리기이다. 공자도 "일흔이 되어서는 마음이 하고자 하는 대로 따라도 법도를 넘지 않았다.〔七十而從心所欲, 不踰矩〕"(《논어》〈위정爲政〉)고 말할 정도였으니 말이다.

160) 이 구절은 다음의 공자의 말과 비교해서 읽을 만하다. "뿌리를 상하게 하면 가지도 따라서 없어진다.〔傷其本, 枝從而亡〕"(《소학小學》〈경신敬身〉)

160. 부귀를 자랑하지 마라

옛사람이 말하였다. "자신의 집에 [담이 없는] 보물을 감추어둔 채 밥그릇을 가지고 남의 집 대문을 기웃거리며 거지처럼 구하고 있구나."

또 말하기를 "벼락부자여, 꿈같은 부귀를 자랑하지 마라. 어느 집인들 아궁이에 불 때면 연기가 없겠는가?"라고 하였다.

앞의 것은 자신이 갖고 있는 것을 알지 못하는 것이고, 뒤의 것은 자신이 가지고 있는 것을 자랑함을 경계한 것이니, [이 두 가지를] 학문의 간절한 경계로 삼을 만하다.

前人云, 抛却自家無盡藏, 沿門持鉢效貧兒. 又云, 暴富貧兒休說夢, 誰家竈裡火無烟. 一箴自昧所有. 一箴自誇所有. 可爲學問切戒.

【해설】

사람의 욕망은 끝이 없다. 채우려고 하면 탐욕은 계속 불어나기 마련이다. 특히 가난했던 사람은 부자가 되면 더 행세를 하려고 한다. 누구를 만나든 부유함을 자랑한다. 적선이 더 중요한 이유는 이처럼 자랑을 하면 할수록 내면이 공허해지기 때문이다.

161. 도道와 학學

도덕은 두루두루 쓰는 하나의 물건과 같은 것이니, 사람에 따라 이끌어 도덕을 닦고 행하게 해야 한다.

학문은 늘 찾는 집밥이니, 일에 따라 경계하고 삼가야 한다[161].

道是一種公衆物事, 當隨人而接引. 學是一個尋常家飯, 當隨事而警惕.

【해설】

도덕과 학문은 함께 가야 한다. 도덕이 군자의 전유물이 아니고 학문이 학교에서만 쌓는 것이 아니듯, 이 두 가지는 일상생활에서 꼭 필요한 밥과 같은 것이다.

161) 원문의 '경척警惕'을 번역한 것으로, '경계하여 삼간다'는 뜻이다.

162. 문제는 자신이다

남을 믿는 것은 그 사람이 반드시 성심을 다해서가 아니라, 자기 자신이 홀로 성실하기 때문이다.

다른 사람을 의심하는 것[162]은 그 사람이 반드시 모든 것을 속여서가 아니라, 자신이 먼저 속이기 때문이다.

信人者, 人未必盡誠. 己則獨誠矣. 疑人者, 人未必皆詐. 己則先詐矣.

【해설】

불신하는 풍조가 만연한 이유는 세상이 혼탁하기 때문이다. 하지만 이 역시 핑계로 삼을 일이 아니다. 자신이 성심으로 대하면 다른 사람에게 별다른 의심을 하지 않는다. 신실함은 인간이 지녀야 할 커다란 보배이다. 잘못된 선입견으로 판단을 그르치지 말라는 경고의 메시지이다.

162) 《열자》〈설부〉 편에 이런 이야기가 나온다. "어떤 사람이 도끼를 잃어버리고는 이웃집 아들을 의심했다. 걸음걸이를 보아도 도끼를 훔친 것 같고, 낯빛도 도끼를 훔친 사람 같고, 말씨도 도끼를 훔친 사람 같았다. 동작과 태도가 도끼를 훔친 사람 같았다. 얼마 지나서 골짜기를 파다가 그 도끼를 찾았다. 다음날 다시 그 이웃집 아들을 보니 동작과 태도가 도끼를 훔친 사람 같지 않았다.〔人有亡鈇者, 意其鄰之子. 視其行步, 竊鈇也; 顏色, 竊鈇也; 言語, 竊鈇也; 動作態度, 無爲而不竊鈇也. 俄而抇其谷而得其鈇, 他日復見其鄰人之子, 動作態度, 無似竊鈇者〕" 어떤 일에 집착하면 편견을 가지고 일이나 사람을 대하게 된다. 이런 편견은 항상 생길 수 있고, 피하기 힘든 것이기도 하다. 같은 행동을 보고도 평가가 이처럼 다르다는 것은 선입견이 얼마나 무서운지를 알려준다.

163. 봄바람이냐 겨울의 눈이냐

생각이 너그럽고 두터우면 봄바람이 만물을 기르는 것과 같아서, 만물이 봄바람을 만나 생기를 띤다.

시샘이 많고 각박한 사람은 겨울에 눈이 만물을 얼어붙게 하는 것과 같아서, 만물이 그를 만나 죽어버린다.

念頭寬厚的, 如春風煦育, 萬物遭之而生. 念頭忌刻的, 如朔雪陰凝, 萬物遭之而死.

【해설】

너그러운 생각과 각박한 생각은 다르다. 너그러운 사람이 봄바람과 같다면 각박한 사람은 북풍한설과 같다. 생명력도 없다.

164. 선과 악의 결과물

착한 일을 했을 때는 그 이로움이 보이지 않더라도, 풀 속의 동과[163] 처럼 자연스럽게 호응하여 아무도 모르게 성장한다.

나쁜 일을 저질렀을 때는 그 해로움이 보이지 않더라도, 뜰 앞의 봄눈처럼 반드시 물에 잠기듯 사라진다.

爲善不見其益, 如草裡東瓜, 自應暗長. 爲惡不見其損, 如庭前春雪, 當必潛消.

【해설】

인과응보라는 말이 있다. 착한 일은 쉽게 드러나지 않지만 보이지 않는 데서 자라나고, 악한 일의 경우 손실이 잘 보이지 않으나 어느 순간 남은 것이 모두 사라져버린다. 마치 칼로 숫돌을 가는 것처럼, 시간이 지나면 숫돌이 닳아 없어지듯이, 악행도 같은 이치를 따른다. "착한 일을 하는 사람에게는 하늘이 복으로 갚아주고, 착하지 않은 일을 하는 사람에게는 하늘이 재앙으로 갚는다.〔爲善者, 天報之以福, 爲不善者, 天報之以禍〕"[164]는 말도 있지 않은가?

163) '동과東瓜'는 박과에 속하는 넝쿨식물로, 수박과 비슷한 맛을 내는 열매를 맺는다. 동아라고 한다.

164) 《공자가어》 권5 〈재위在危〉 편에 나온다.

165. 처세하는 세 가지 자세

오래된 벗과 사귈 때는 소홀히 대하기 쉬우니 마음가짐을 더욱 새롭게 해야 한다.[165)]

은밀하고 미묘한 일에 처해서는 마음의 자리를 더욱 분명하게 해야 한다.

기력이 쇠락한 사람을 대할 때는 은혜와 예우로써 더욱 융숭하게 해야 한다.

遇故舊之交, 意氣要愈新. 處隱微之事, 心迹宜愈顯. 待衰朽之人, 恩禮當愈隆.

【해설】

오래된 친구도 소홀히 대하지 말고, 은밀하고 미묘한 일에서 자신의 태도를 확실하게 하는 것이 중요하다. 불우한 사람도 정중히

---

165) 이 구절과 관련해 '막역지우莫逆之友'라는 성어를 살펴보자. 《장자》〈대종사大宗師〉편을 보면 이런 이야기가 나온다. "자사子祀, 자여子輿, 자려子犁, 자래子來, 네 사람이 서로 이야기를 나누었다. '과연 누가 무無를 머리로 삼고, 삶을 등골로 알며, 죽음을 꽁무니로 여길 수 있을까? 또한 과연 누가 죽음과 삶, 있음과 없음이 하나임을 알 수 있을까? 그런 이와 벗 삼고 싶구나.' 이렇게 말하고 나서 네 사람은 서로 쳐다보며 싱긋 웃고 뜻이 맞아 이윽고 벗이 되었다.〔莫逆於心, 遂相與爲友〕" "자상호子桑戶, 맹자반孟子反, 자금장子琴張, 세 사람이 서로 이야기를 나누었다. '과연 누가 새삼 서로 사귀는 게 아니면서도 사귀고, 서로 돕는 게 아니면서도 도울 수 있을까? 과연 어느 누가 하늘에 올라 안개 속에 노닐며 끝이 없는 곳을 자유로이 돌아다니고, 서로 삶도 잊은 채 다함이 없을 수 있을까?' 세 사람은 서로 쳐다보며 싱긋 웃고 뜻이 맞아 이윽고 벗이 되었다.〔莫逆於心, 遂相與爲友〕" '뜻이 맞아 이윽고 벗이 되었다.〔莫逆於心, 遂相與爲友〕'에서 '막역지우'라는 말이 나와 절친한 친구 사이를 가리키게 되었다.

예우하는 것이 나 자신의 덕망을 쌓아가는 길이다.

166. 부지런함과 검소함

부지런함은 도덕과 의리에 민첩하며, 세상 사람들은 부지런함을 빌려 가난을 구제하려 한다.

검소함은 재물과 이익에 담담하며, 세상 사람들은 검소함을 빌려 인색함을 꾸민다.

군자가 몸을 지키는 부적이 소인에게는 도리어 사사로움을 추구하는 도구가 되니, 애석하구나.

勤者敏於德義, 而世人借勤而濟其貧. 儉者淡於貨[166)]利, 而世人假儉以飾其吝. 君子持身之符, 反爲小人營私之具矣, 惜哉.

【해설】

부지런함과 검소함은 도덕과 의리, 재물과 이해관계 속에서 반드시 고려해야 할 두 가지 사안이다. 물론 세상 사람들은 이 두 가지 사안을 두고 그리 도덕적으로 처신하지 않는다.

---

166) 원문의 '화貨'는 물품 생산을 이용한 재산 취득이라는 의미가 있어 강한 배금주의 때문에 비판적 맥락으로 읽힌다. '이利' 역시 인간의 욕망과 연관이 있어 비판적으로 읽히기에 충분하다.

167. 감정대로 하지 마라

생각에 기대어 즉흥적으로 일하는 자는 시작하자마자 곧 그만두게 되니, 어찌 물러서지 않는 수레바퀴이겠는가?

감정에 따라 지식을 좇는 자는 깨닫자마자 바로 미혹되니, 영원히 밝은 등불은 아니다.

憑意興作爲者, 隨作則隨止, 豈是不退之輪. 從情識解悟者, 有悟則有迷, 終非常明之燈.

【해설】

주도면밀한 생각으로 일을 추진해야 끊임없이 굴러가는 수레바퀴와 같을 수 있다. 일시적인 감정과 생각으로 벌이는 일에 참된 지혜가 임할 수 없고 결과는 곧 혼미해지기 마련이다.

168. 자신에게 엄격하라

다른 사람의 잘못은 마땅히 용서해야 하나, 자신에게 잘못이 있으면 용서해서는 안 된다.

내가 겪고 있는 곤궁함과 치욕은 마땅히 참아야 하나,[167] 그것이 다른 사람에게 있으면 가히 참을 수 없어야 한다.

人之過誤宜恕, 而在己則不可恕. 己之困辱當忍, 而在人則不可忍.

167) '회계지치會稽之恥'라는 말이 있다. 가슴에 치욕을 품고 살아간 월왕 구천勾踐이 스스로에게 다짐한 말로 원전은 "너는 회계산에서의 치욕을 잊었는가.(女忘會稽之恥邪)"(《사기》〈월왕구천세가〉)이다. 월나라를 공격한 자는 오왕 합려闔閭였다. 그는 구천의 아버지 윤상允常이 세상을 떠나자 상사를 이용해 공격했으나 구천의 용병에 의해 오히려 전투에서 상처를 입고 죽는다. 오왕 합려는 "월나라를 절대 잊지 마라"는 말을 남기고 아들 부차夫差에게 자리를 물려준다. 부차는 아버지의 유언을 받들어 오자서伍子胥와 백비를 임용하고, 섶 위에서 잠을 자는 '와신臥薪' 끝에 회계산 싸움에서 월나라를 쳐부수고 구천을 사로잡는다. 오자서가 "지금 그를 제거하지 않고 그냥 놓아둔다면 나중에는 더욱 처리하기 어렵지 않겠습니까? 더욱이 구천은 사람됨이 곤란을 능히 잘 견뎌내니 지금 그를 제거하지 않으면 후에 반드시 후회할 것입니다"라고 간언했지만, 부차는 듣지 않고 구천을 사면했다. 가까스로 목숨을 건지고 조국 월나라로 돌아간 구천은 상담嘗膽, 즉 쓴 쓸개를 매달아놓고 핥아가면서 칼을 갈았다. 스스로 밭을 갈고, 부인은 길쌈을 했으며, 고기를 먹지 않고, 홑옷만 입었다. 자세를 낮추어 어진 이를 공경하고, 가난한 사람을 돕고 죽은 자를 애도하며, 백성과 함께 수고하면서 민심을 얻었다. 이렇게 처절한 복수가 준비되고 있다는 것을 오자서는 알았지만 부차는 몰랐다. 치욕을 겪은 지 22년 만에 구천은 부차를 이기고 오나라를 평정하고는 제나라와 회맹하고 초나라·송나라·노나라와도 우호관계를 구축하면서 패왕霸王의 자리를 굳히게 된다. '상담嘗膽'이 '와신臥薪'을 이긴 것이다. '도광양회韜光養晦', 빛을 감추고 그믐 속에서 자신을 기른다는 말이 있다. 늘 목표를 마음에 새기고 때를 기다리며 연마하다 보면 뜻을 이루는 날이 온다. 마지막에 웃는 자가 승리자 아니겠는가.

【해설】

남에게는 너그럽고 자신에게는 엄정해야 한다. 범충선공范忠宣公[168]이 자제들을 훈계하며 한 말을 읽어보자. "사람이 지극히 어리석어도 다른 사람을 꾸짖는 데는 밝고, 총명하더라도 자신을 용서하는 데는 어둡다. 너희는 마땅히 다른 사람을 꾸짖는 마음으로 자신을 꾸짖고, 자신을 용서하는 마음으로 다른 사람을 용서하거라. 그러면 성현의 경지에 이르지 못할까 근심하지 않아도 된다.〔人雖至愚, 責人則明, 雖有聰明, 恕己則昏, 爾曹但當以責人之心, 責己恕己之心. 恕人則不患不到聖賢地位也〕"[169]

168) 범충선공의 이름은 순인純仁이고 자는 요부堯夫다. 인종仁宗 때의 유명한 시인이요 재상인 범중엄范仲淹의 둘째 아들이다. 충선은 그의 시호이다. 그는 북송 철종 때의 이름난 재상이었다. 왕안석王安石의 신법新法을 공격하는 소를 올려 그의 미움을 사기도 했다.《송사宋史》에 그의 전기가 있다.

169)《명심보감》〈존심存心〉편에 나온다.

169. 세속을 벗어나고 더러움을 묻히지 않기

세속을 벗어날 수 있으면 곧 기인이니, 일부러 기이한 일을 숭상하는 자는 기인이 아니라 이상한 사람이 된다.

더러움에 부합하지 않아야 청렴한 사람이니, 세속을 끊고 청렴을 구하는 자는 청렴한 사람이 아니라 과격한 사람이 된다.

能脫俗便是奇. 作意尙奇者, 不爲奇而爲異. 不合汚便是淸. 絶俗求淸者, 不爲淸而爲激.

【해설】

명성과 이익을 추구하는 속세의 경계를 탈피할 수 있다면 기인이다. 그러나 기이한 행동만 일삼는 사람은 이상한 사람에 불과하다. 속세와 인연을 끊고 고고한 척하는 사람은 청렴과는 거리가 먼 과격한 행동을 하는 것이다.

170. 은혜와 위엄

은덕은 마땅히 엷음으로부터 짙어져야 한다. 짙어짐을 먼저 하고 엷음을 나중에 하면 사람들이 그 은혜를 잊게[170] 된다.

위엄은 마땅히 엄격함으로부터 관대해져야 한다. 관대함을 먼저 하고 엄격함을 나중에 하면 사람들이 그 가혹함을 원망하게 된다.

恩宜自淡而濃. 先濃後淡者, 人忘其惠. 威宜自嚴而寬. 先寬後嚴者, 人怨其酷.

【해설】

은혜는 조금씩 베풀다가 점차 많이 베풀어야 하고, 위엄은 처음에 높이 세우다가 나중에 관대해야 한다. 이 두 가지 원칙을 거꾸로

170) 원문의 '망혜忘惠'를 번역한 말이다. 반대되는 말은 결초보은結草報恩이다. 풀을 묶어 은혜를 갚는다는 말로, 죽어서라도 은혜를 저버리지 않고 보답함을 뜻한다. 《춘추좌씨전》〈선공〉 15년 조에 나온다. 춘추시대 진晉나라에 위무자魏武子라는 이가 살았는데, 그에게 애첩이 하나 있었다. 병이 나자 위무자는 아들 과顆에게 이렇게 말했다. "내가 죽거든 내가 아끼는 첩을 개가시키도록 하거라." 그러나 병이 위독해지자, 다시 과를 불러 말을 바꾸었다. "내 첩을 반드시 순장시켜라." 그러고 나서 며칠 뒤 세상을 떠났다. 과는 아버지의 마지막 유언대로 자기 서모를 순장시키지 않고, 처음 한 말에 따라 개가시켰다. 서모는 과가 아버지 유언대로 하지 않은 것이 의아해 순장시키지 않은 까닭을 물었다. "질병이 있으면 정신이 혼미하므로 아버님의 정신이 맑을 때 하신 말씀을 따랐을 뿐입니다." 얼마 뒤에 진秦나라 환공이 두회杜回를 앞세워 진晉나라로 쳐들어왔다. 이 싸움에서 과는 참패했고, 목숨마저 위태로운 지경에 이르렀다. 과가 두회를 피해 있는 힘껏 도망치는데, 한 노인이 풀을 엮어 두회에게 대항하자〔顆見老人結草以亢杜回〕 두회가 넘어져 과에게 사로잡혔다. 그날 밤 과의 꿈속에 한 노인이 나타나 이런 말을 했다. "나는 그대가 개가시켜준 여자의 아비요. 그대가 선친의 바른 유언을 따른 덕분에 죽을 뻔한 내 딸이 살았소. 나는 그대의 은혜에 보답하고자 그렇게 한 것이오."

하면 전자는 배은망덕으로, 후자는 원망으로 바뀌는 것이다.

171. 마음 비우기, 뜻 깨끗이 하기

마음이 비어야 본성이 드러나니, 마음을 가라앉히지 않고 본성을 보려 하는 것은 물살을 헤쳐서 달을 찾으려는 것과 같다.

뜻이 깨끗하면 마음이 맑아지니, 명확한 뜻을 알지 못하고 밝은 마음을 구하는 것은 거울을 찾으면서 먼지를 덧씌우려는 것과 같다.

心虛則性現. 不息心而求見性, 如撥波覓月. 意淨則心淸. 不了意而求明心, 如索鏡增塵.

【해설】

사람은 자연의 본성을 따라야 한다. 세속의 명리를 추구하다 보면 마음의 본체를 볼 수 없다. 마음이 깨끗하기를 바란다면 생각을 깨끗이 해야 하는데, 부귀를 추구하다 보면 그것은 영원히 불가능하다.

172. 남들의 시선이 아니라 내가 문제다

내가 귀하여 사람들이 나를 받드는 것은 높은 갓과 큰 띠를 떠받드는 것이며, 내가 비천하여 사람들이 나를 업신여기는 것은 베옷과 짚신을 업신여기는 것이다.

그렇다면 원래부터 나를 받든 것도 아닌데 내가 어찌 기뻐하겠으며, 원래부터 나를 업신여긴 것도 아닌데 내가 어찌 노여워하겠는가?

我貴而人奉之, 奉此峨冠大帶也. 我賤而人侮之, 侮此布衣草履也. 然則原非奉我, 我胡爲喜, 原非侮我, 我胡爲怒.

【해설】

세상 사람들은 겉으로 드러난 것에 열광하고 내면에 있는 것은 보지 못한다. 그러므로 나에 대한 타인의 시선에 일희일비하지 말아야 한다. 《논어》〈학이〉 편 첫머리에 나오는 "남이 알아주지 않는다고 성내지 않는다면 또한 군자가 아니겠는가.〔人不知而不慍, 不亦君子乎〕"[171)]

171) 이 말과 달리 "선비는 자기를 알아주는 사람을 위해 죽고, 여자는 자기를 사랑하는 사람을 위해 얼굴을 단장한다.〔士爲知己者死, 女爲說己者容〕"(사기 〈자객열전〉)는 말도 염두에 두어야 한다. 예양豫讓이라는 사람이 한 말인데, 그는 진나라 사람으로 범씨范氏와 중항씨中行氏를 모신 일이 있었고 나중에는 지백智伯을 섬겼다. 지백은 그를 매우 존경하고 남다르게 아꼈다. 나중에 지백이 조양자趙襄子를 치자, 조양자는 한나라·위나라와 함께 일을 도모해 지백을 멸망시키고, 지백의 후손까지 죽여 땅을 셋으로 나누었다. 게다가 조양자는 지백에 대한 원망이 너무 큰 나머지 지백의 두개골에 옻칠을

라는 말이 이러한 정서를 대변하고 있다.

해서 큰 술잔으로 썼다. 예양은 산 속으로 달아나 탄식하며 지백을 대신해 조양자에게 복수할 것을 맹세했다. 그때 예양이 칼을 갈며 내뱉은 말이 이 말이다.

173. 미물에게도 연민을 가져라

'쥐를 위해 늘 밥을 남겨놓으며, 나방을 가엾게 여겨 등불을 켜지 않는다.'

옛사람[172]의 이러한 생각은 우리가 조금이나마 만물을 낳아 자라게 하는 기틀이다.

이러한 것이 없다면 이른바 흙이나 나무로 만든 형체일 뿐이다.

爲鼠常留飯, 憐蛾不點燈. 古人此等念頭, 是吾人一點生生之機. 無此便所謂土木形骸而已.

【해설】

쥐나 나방과 같은 미물에게도 마땅히 연민을 품어야 한다. 이런 따스한 마음이 없다면 인간은 무감각한 흙이나 나무 인형에 불과할 것이다.

---

172) 소동파蘇東坡를 말한다. 인용된 구절은 오언율시인 〈차운정혜흠장로견기팔수次韻定慧欽長老見寄八首〉 중 첫 번째 시에 나온다.

174. 마음의 본체가 하늘의 본체다

마음의 본체가 곧 하늘의 본체이다.

한순간의 기쁨은 아름다운 별과 상서로운 구름이고, 한순간의 성난 마음은 사나운 우레와 갑작스러운 비이며,

한순간의 자비로움은 온화한 바람과 단 이슬이고, 한순간의 엄격한 마음은 뜨거운 태양과 가을 서리이다.

어느 것을 적게 할 수 있는가? 다만 [상황에 따라] 일어났다가 사라져버리고, 광활하고 막힘이 없어야 태허와 하나의 몸이 되는 것이다.

心體便是天體. 一念之喜, 景星慶雲. 一念之怒, 震雷暴雨. 一念之慈, 和風甘露. 一念之嚴, 烈日秋霜. 何者少得, 只要隨起隨滅, 廓然無碍, 便與太虛[173]同體.

【해설】

사람의 마음은 하늘의 본체와 같아 기쁨과 노여움, 자비와 엄격함이 천체의 현상과 같다. 이런 생각들을 없애 마음을 텅 비워 걸리는 것이 없도록 해야만 우주자연과 한 몸이 될 수 있다.

173) '태허太虛'는 한없이 넓은 하늘이라는 의미로, 우주자연을 뜻한다. 물론 여기서는 노자와 장자가 말하는 도가의 '도道'의 의미를 담고 있다.

175. 일이 있을 때, 일이 없을 때

일이 없을 때는 마음이 쉽게 어리석고 어두워지니, 고요하면서 깨어 있는 마음으로 비춰야 마땅하다.

일이 있을 때는 마음이 쉽게 분주하고 편안해지니, 깨어 있으면서 고요함을 주로 해야 마땅하다.

無事時心易昏冥, 宜寂寂而照以惺惺. 有事時心易奔逸, 宜惺惺而主以寂寂.

【해설】

일이 없으면 긴장이 풀리게 되고, 일이 많으면 분주해서 마음이 흩어지게 된다. 밝은 지혜로 조용히 생각하면서 중심을 잡아가야 한다.

176. 일을 논의하는 자, 일을 맡은 자

일을 논의하는 자는 자신을 일 밖에 두어 이롭거나 해가 되는 사정을 살펴야만 하고,

일을 맡은 자는 자신을 일 가운데에 두어 이롭거나 해가 되는 생각을 잊어야만 할 것이다.

議事者身在事外, 宜悉利害之情. 任事者身居事中, 當忘利害之慮.

【해설】

일을 할 때는 객관적인 시각에서 냉정한 태도로 살피는 것이 중요하다. 이해득실을 정확히 따지려면 자신을 일 밖에 두는 것이 무엇보다도 중요하다.

177. 사군자의 자세

사군자는 권세 있는 가문과 중요한 자리에 있어도 몸가짐과 행실이 엄격하고 분명해야 하고 마음과 기질은 온화하고 순조로워야 한다.

조금이라도 기분에 따라 물고기나 짐승 비린내 나는 무리[174]를 가까이하지 말며, 지나치게 격분하여 벌과 전갈처럼 독을 내뿜는 자들[175]을 범해서도 안 된다.

士君子處權門要路, 操履要嚴明, 心氣要和易. 毋少隨而近腥羶之黨, 亦毋過激而犯蜂蠆之毒.

【해설】

사군자는 자신의 뜻에 맞지 않는 자들과 어울리지 말아야 한다. 사리사욕을 채우거나 권세만을 탐하는 무리와 함께하면 결국 자신의 몸도 보존하지 못한다.

---

174) 원문의 '성전지당腥羶之黨'을 번역한 것으로, 성腥은 물고기의 비린내, 전羶은 짐승의 비린내이다. 권세를 이용해 사리사욕을 채우는 추악한 무리를 가리킨다.

175) 원문의 '봉채지독蜂蠆之毒'을 번역한 것으로, 봉蜂은 벌을 가리키고, 채蠆는 전갈을 가리킨다. 《춘추좌씨전春秋左氏傳》 희공 22년 "군주께서는 주나라가 작다고 말씀하지 마십시오, 벌이나 전갈과 같은 독을 가지고 있습니다. 하물며 나라임에랴?〔君其無謂邾小, 蜂蠆有毒, 而況國乎〕"에서 왔다.

178. 온화한 기질과 한 몸 되기

절개와 의리를 표방하는 자는 반드시 절개와 의리 때문에 비방을 받게 되고,

도학을 내세우는 사람은 늘 도학으로 인해 원망을 불러온다.

그러므로 군자는 나쁜 일을 가까이하지 말고 아름다운 이름을 세우지도 말아야 한다.

온화한 기질과 한 몸이 되는 것만이 자신을 지키는 보배이다.

標節義者, 必以節義受謗. 榜道學者, 常因道學招尤. 故君子不近惡事, 亦不立善名. 只渾然和氣, 纔是居身之珍.

【해설】

절개와 의리, 도학을 내세운다고 해서 그것을 다 가지고 있는 것은 아니다. 그것을 내세우지 않고 온화한 기질과 혼연일체가 되는 것이 오히려 자신을 보존하는 길이다.

179. 유화 전략

속이기를 잘하는 사람을 만나더라도 성실한 마음으로 그를 감동시키고,

포악하고 악랄한 사람을 만나더라도 온화한 기질로 그를 감화시키며,

사악함에 치우쳐 부정을 일삼는 사람을 만나더라도 명분과 의로운 기질로 그를 격려하고 [마음을] 닦아주어라.

[이렇게 해야] 천하에 나의 도야 속으로 들어오지 않는 자가 없게 된다.

遇欺詐的人, 以誠心感動之, 遇暴戾的人, 以和氣薰蒸之, 遇傾邪私曲的人, 以名義氣節激勵之, 天下無不入我陶冶中矣.

【해설】

사람을 바로잡는 데는 유화 전략이 힘을 발휘할 때가 많다. 그러므로 속임수를 잘 쓰는 사람은 성실하게 대하고 포악한 사람은 온화하게 대하고, 사리사욕에 빠진 사람은 의리로 대하는 것이 좋다.

180. 자비와 결백

한순간의 자비롭고 상서로운 생각이 있어야 [천지] 둘 사이의 온화한 기운을 빚어낼 수 있고,

한 치 마음의 결백함[176]이 있어야 백 세대의 고결함을 밝히고 드리울 수 있다.

一念慈祥, 可以醞釀兩間和氣. 寸心潔白, 可以昭垂百代清芬.

176) 이와 관련된 사례를 하나 들겠다. 동진東晉의 간보干寶가 편찬한 대표적인 설화집《수신기搜神記》〈가문합賈文合〉에 이런 이야기가 있다. 전국시대 제나라 위왕威王에게 우희虞姬라는 후궁이 있었다. 우희는 위왕을 성심성의껏 모실 뿐 아니라 나라의 앞날을 늘 걱정하는 여인이었다. 그런데 주파호周破湖라는 간신이 국정을 마음대로 휘둘러 나라가 제대로 다스려지지 않고 민심도 안정되지 않았다. 이를 보다 못한 우희가 위왕에게 말했다. "전하, 주파호는 흑심을 품고 있는 사람입니다. 그의 관직을 박탈하고 북곽北郭 선생 같은 어진 선비를 등용하십시오." 우희가 자신을 내쫓으려 했다는 말을 들은 주파호는 우희와 북곽 선생이 서로 좋아하는 사이라고 모함했다. 이 말을 들은 위왕은 곧장 우희를 감옥에 가두고 관원에게 진실 여부를 조사하게 했다. 그런데 관원들마저 주파호에게 매수되었으므로 우희의 죄를 억지로 꾸미려고 했다. 위왕은 관원들의 보고를 듣고 이상한 점이 있어 직접 우희를 신문했다. 그러자 우희가 말했다. "신첩은 10년 동안 한결같은 마음으로 왕을 모셨습니다. 그런데 불행히도 간신들의 모함을 받게 되었습니다. 신첩의 결백함은 푸른 하늘과 밝은 해 같습니다. 신첩에게 죄가 있다면 '오이밭에 신발을 들이지 말고 오얏나무 아래에서는 갓을 바르게 하지 마라.〔瓜田不納履, 李下不整冠〕'고 했듯이, 남에게 의심받을 일을 피하지 못했다는 점과 감옥에 갇혔는데도 변명해주는 사람이 없다는 부덕함밖에 없습니다. 신첩에게 죽음을 내리신다 해도 변명하지 않을 테니, 주파호 같은 간신은 쫓아내십시오." 위왕은 우희의 충심을 보고 자신의 어리석음을 깨달았다. 그리하여 곧바로 주파호를 삶아 죽이고 우희를 풀어주었다.

【해설】

인자하고 상서로운 마음으로 천지에 화기를 채우고 청렴함을 지키면 후세에도 빛을 발할 수 있다.

181. 재앙의 태아 네 가지

은밀한 계략과 괴이한 습관, 이상한 행동과 기이한 능력은 모두 세상을 살아가는 데 있어서 재앙의 태아이다.

그저 평범한 덕과 평범한 행실 하나가 혼돈을 완성하고 평화로움을 불러들일 수 있다.

陰謀怪習, 異行奇能, 俱是涉世的禍胎. 只一個庸德庸行, 便可以完混沌而召平和.

【해설】

사람들이 처세에서 생각하는 위의 네 가지는 일시적이고 오히려 자신을 망치는 길이 된다. 그러니 평범하고 평이한 덕행으로 자신을 보전하고 세상을 평화롭게 하는 것이 중요하다.

182. '내耐'라는 한 글자

옛말에 '산에 오를 때는 험한 길을 견뎌내야 하고, 눈길을 걸을 때는 위험한 다리를 견뎌내야 한다.'고 하였으니, '내耐'라는 한 글자에는 지극히 의미가 있다.

마치 험준한 산길을 가는 사람의 마음과 위태로운 다리를 걷는 세상의 길과 같다.

그러니 '내'라는 한 글자를 얻어서 간직하거나 의지하지 않고 지나쳐버린다면, 어찌 가시덤불과 구렁텅이에 떨어지지 않을 수 있겠는가!

語云, 登山耐側路, 踏雪耐危橋, 一耐字極有意味. 如傾險之人情, 坎坷之世道, 若不得一耐字撑持過去, 幾何不墮入榛莽坑塹哉.

【해설】

'내耐'라는 한 글자는 우리가 삶을 살아감에 있어 마음에 새겨두어야 할 소중한 글자이다. 견뎌내지 않고는 험한 삶의 길을 갈 수 없으니, 한시라도 이 글자를 잊는다면 가시덤불이나 구렁텅이로 떨어질 수밖에 없는 것이다.

183. 뽐내거나 자랑하지 말 것

공적과 업적을 뽐내고 문장을 자랑함은 모두 바깥 사물에 기대어 사람 노릇을 하는 것이다.

마음의 본체란 밝은 것이기에 본래부터 잃을 수 없다는 것을 알지 못하고, 한 치의 공적이나 한 글자의 지식이 없으면서, 스스로 정정당당하게 남들처럼 처세할 수 있는 것이다.

誇逞功業, 炫耀文章, 皆是靠外物做人. 不知心體瑩然本來不失, 卽無寸功隻字, 亦自有堂堂正正做人處.

【해설】

모두들 자신의 공적을 자랑하고 문장을 뽐내려 하지만, 이런 것들에 함몰되면 본인의 진정한 모습마저 잃을 위험성이 있다. 자신의 내면을 보고 공적과 문장을 도외시해야 진정 스스로를 훌륭하게 여기는 사람이다.

184. 마음의 중심 잡기

바쁜 가운데에도 한가한 틈을 내려면, 모름지기 한가로울 때 먼저 [의지할] 칼자루를 찾아야 하고,

소란스러운 가운데에도 고요함을 취하려면, 모름지기 고요한 곳을 먼저 좇아 주재자를 세워야 한다.

그러지 않으면 경우에 따라 옮겨다니게 되고, 사정에 따라 쓰러지게 되는 것이다.

忙裡要偸閒, 須先向閒時討個杷柄. 鬧中要取靜, 須先從靜處立個主宰. 不然未有不因境而遷,隨事而靡者.

【해설】

시끄러운 상황보다는 한가함을 즐겨야만 마음을 확고히 바로잡을 수 있다. 비록 주변이 소란스러워도 마음의 동요를 방지하기 위해 고요함을 지키는 자세가 중요하다.

185. 세상을 편하게 만드는 세 가지

자신의 마음을 어둡게 하지 않고, 남을 야박하게 대하지 않으며, 재물을 낭비하지 않는 것.

이 세 가지는 천하를 위해 [내] 마음을 세우는 길이고, 살아가는 백성을 위해 목숨을 세워주는 것이며, 자손을 위해 복을 만들어내는 것이다.

不昧己心,不盡人情,不竭物力. 三者可以爲天地立心, 爲生民立命, 爲子孫造福.

【해설】

이 세 가지야말로 모든 사람을 편안하게 만드는 길이다. 자손의 복을 만들어주고, 재력을 다 쓰지 않고, 마음을 어둡지 않게 하는 것은 간단해 보이지만 쉽게 할 수 있는 일도 아니다.

186. 벼슬살이와 가정을 꾸리는 법

벼슬에 있으려면 두 마디를 명심해야 하니, '공평하면 명확한 판단이 생기고[177] 청렴하면 위엄이 생긴다'는 것이다.

가정을 꾸리려면 두 마디를 명심해야 하니, '관대하면 마음이 평온해지고 검소하면 넉넉히 쓰게 된다'는 것이다.

居官, 有二語, 曰惟公則生明, 惟廉則生威. 居家, 有二語, 曰惟恕則情平, 惟儉則用足.

【해설】

관직에 있을 때는 공정함과 청렴함이 필요하고, 집안에서의 권위는 관대함과 검소함에서 나온다. 사람을 대할 때 관대하면 불평이 없고, 검소해야 넉넉해지는 법이다.

177) "지극히 공평하고 사사로움이 없다.〔至公而無私〕"(《관자管子》〈형세해形勢解〉)는 말이 있다. 춘추시대 진晉나라의 평공平公이 기황양祁黃羊에게 물었다. "남양현에 장長 자리가 비어 있는데 누구를 보내면 좋겠소?" 기황양은 주저하는 기색 없이 곧바로 대답했다. "해호解狐를 보내면 훌륭하게 임무를 해낼 것입니다." 평공이 놀라서 물었다. "그대는 해호와 원수지간이 아닌가? 어찌 해호를 추천하는가?" 기황양이 대답했다. "공께서는 임무를 수행할 수 있는 적임자를 물으셨지, 해호가 제 원수인지를 물으신 것이 아닙니다." 결국 해호는 임무를 성실히 수행하였다. 얼마 뒤에 평공이 다시 물었다. "지금 조정에 자리가 하나 비었는데 누가 적임자인가?" 기황양이 대답했다. "기오祁午가 수행할 수 있을 것입니다." 평공이 이상하다는 듯 반문했다. "기오는 그대의 아들이 아니오. 어찌 아들을 추천할 수 있소?" "공께서는 누가 적임자인지를 물으셨지, 기오가 제 아들인지를 물으신 것이 아닙니다." 결국 기오는 모든 일을 공명하게 처리하고 칭송을 받았다.

187. 입장 바꿔 생각하기

부귀한 곳에 있을 때는 가난하고 천한 사람의 고통을 알아야 하고, 젊고 혈기 왕성할 때는 노쇠한 사람의 쓰디쓴 힘겨움을 생각해야 한다.

處富貴之地, 要知貧賤的痛痒. 當少壯之時, 須念衰老的辛酸.

【해설】

개구리가 올챙이 적 생각 못한다는 말이 있다. 모든 존재는 상대적이다. 견해에 따라서는 큰 것을 작게, 작은 것을 크게 생각할 수 있다. "가을 짐승의 털끝보다 큰 것은 없고, 태산은 오히려 작다고 할 수 있다.〔莫大於秋毫之末, 而泰山爲小〕"(《장자》〈제물론齊物論〉)는 말을 되새겨보자. 언제든 상대방의 입장에서 생각해 자중자애하고 늘 남의 입장을 헤아려 생각하는 자세가 필요하다.

188. 포용하기

몸가짐이 너무 깨끗해서는 안 되며, 온갖 더럽고 때 묻은 것들을 솜처럼 빨아들일 수 있어야 한다.

사람들과의 교유도 너무 분명하게 해서는 안 되며, 온갖 착한 사람, 악한 사람, 어진 사람과 어리석은 사람을 두루 포용할 수 있어야 한다.

持身, 不可太皎潔. 一切汚辱垢穢, 要茹納得. 與人, 不可太分明. 一切善惡賢愚, 要包容得.

【해설】

물이 너무 맑으면 고기가 없는 법이다. 사람이 너무 야박하게 굴면 주변에 사람이 없어 더 힘들어진다. 세상은 더불어 살아가야 하지 않는가?

189. 소인과 군자 대하는 법

소인과 원수를 맺지 말지니, 소인은 상대할 사람이 있기 때문이다.

군자에게 아첨하지 말지니, 군자는 원래 사사로운 은혜를 베풀지 않기 때문이다.

休與小人仇讐, 小人自有對頭. 休向君子諂媚, 君子原無私惠.

【해설】

소인과 군자는 대하는 자세부터 달라야 한다. 소인은 덕이 부족하므로, 원한을 맺으면 결국 동급이 되어버린다. 따라서 너그럽게 대할 필요가 있다. 왜냐하면 소인에게는 각자 급에 맞는 소인이 있기 때문이다. 이에 비해 군자는 공평무사하므로 아첨하면 오히려 낭패를 당할 수 있다.

190. 편협이 문제다

욕망을 좇는 병폐는 치료할 수 있으나, [편협된] 이치를 고집하는 병폐는 치료하기 어렵다.[178)]

사물의 장애는 없앨 수 있으나, 내 도리의 장애는 없애기 어렵다.

縱欲之病可醫, 而執理之病難醫. 事物之障可除, 而我理之障難除.

---

178) '망양지탄望洋之歎'이라는 말이 있다. 《장자》 내외편을 통틀어 백미로 손꼽히는 〈추수秋水〉 편에 나오는 말인데, 장자의 만물제동설萬物齊同說이 우화로 구성되어 있는 첫머리부터 인용하겠다. 가을에 홍수가 나서 숱한 강물이 황하로 흘러들었다. 물의 흐름이 멀리까지 퍼져서, 양쪽 강가며 모래톱 주변을 보아도 소와 말을 분별할 수 없을 정도였다. 황하의 신 하백河伯은 기뻐하며 천하의 훌륭함이 모두 자기에게 모여 있다고 생각했다. 흐름을 따라 동쪽으로 가다 보니 북해에 이르게 되었다. 그곳에서 동쪽 바다를 보니 어찌나 넓은지 물의 끝이 보이지 않았다. 그래서 하백은 얼굴을 돌려 북해의 신 약若을 올려다보고 탄식하며 말했다.(望洋向若而歎曰) "속담에 '백쯤 되는 도리를 들으면 저보다 나은 이가 없다고 생각한다'는 말이 있는데, 그건 바로 나를 두고 한 말입니다. 나는 전에 공자의 지식도 작고 백이의 절의도 가볍다는 말을 들은 적이 있지만 믿지 않았습니다. 그런데 지금 당신의 무궁한 모습을 직접 보았습니다. 내가 당신 문전에 오지 않았더라면 곤경에 처할 뻔했습니다. 오랫동안 도를 터득한 사람들로부터 비웃음을 샀을 테니까요." 그러자 약이 말했다. "우물 안에 있는 개구리에게 바다를 말해도 소용없는 것은 그 개구리가 좁은 곳에 갇혀 살고 있기 때문이고, 여름 벌레에게 얼음을 말해도 별수 없는 것은 그 벌레가 자신이 살고 있는 계절에 집착하기 때문이오. 재주가 하나뿐인 사람에게 도를 말해도 통하지 않는 것은 그가 자신이 받은 교육에 얽매여 있기 때문이오. 지금 당신은 좁은 강가에서 빠져나와 대해를 보고야 자신이 얼마나 꼴불견인가를 깨달은 셈이오. 당신은 이제 대도大道의 이치를 말할 수 있다 하겠소. 천하의 물 가운데 바다보다 큰 것은 없소. 수만 개의 강물이 이곳으로 흘러들어 언제 그칠지 모르지만 넘치는 일은 없소. 바닷물이 새어나가는 곳에서 물이 새어나가 언제 멈출지 모르지만 텅 비는 일은 없소. 봄가을로 변하는 일도 없고, 홍수나 가뭄도 알지 못하오. 그러니 양자강이나 황하의 흐름에 비해 잴 수가 없을 정도요. 그렇다고 나는 스스로 그것을 많다고 한 적은 없소. 그것은 스스로 몸을 천지에 의탁하고 음양에서 기氣를 받았기 때문이오. 내가 드넓은 천지 사이에 있는 것은 자갈이나 작은 나무가 큰

【해설】

욕망보다 더 무서운 것이 고집이고, 물질보다 더 무서운 것이 정신적 걸림돌이다.

산에 있는 것과 같소. 이제 스스로를 작다고 생각하는데 어찌 또 스스로를 크다고 하겠소. 사방의 드넓은 바다조차도 천지 사이에 있다는 점을 헤아려보면 마치 커다란 못 속에 작은 구멍이 있는 것과 같지 않겠소? 또 중국도 사해로 빙 둘려 있다는 점을 헤아려보면 돌피 알이 커다란 창고 속에 있는 것과 같지 않겠소? 이 세상의 사물 수는 만물이라고 불릴 정도이고, 사람은 그 속의 하나일 뿐이오. 더구나 사람은 구주九州로 된 이 세계 안에서 곡식이 생기는 곳, 배나 수레가 다니는 곳에 존재하므로 만분의 일에서 다시 그중 하나일 뿐이오. 이렇듯 그를 만물과 비교해보면 가느다란 터럭이 말의 몸에 붙어 있는 것과 같지 않겠소?" 황하의 신 하백과 북해의 신 약의 이 대화는 만물의 크고 작음과 상세하고 소략함에 근본적인 차이가 없음을 설명해준다.

191. 백 번씩 단련해라

갈고 가는 마음의 수양은 쇠를 백 번씩 단련하는 것과 같으니, 급히 나아가는 자는 깊은 수양을 할 수 없다.

[일을] 베풀어 행하는 것은 천 균이나 되는 쇠뇌를 끌어당기듯 해야 하니, 가볍게 쏘는 자는 큰 공적을 이루지 못한다.

磨礪者, 當如百煉之金. 急就者, 非邃養. 施爲者, 宜似千鈞之弩. 輕發者, 無宏功.

【해설】

수양은 하루아침에 이루어지지 않고 수많은 시행착오를 거치게 마련이다. 쇠를 제련할 때 끊임없이 불순물을 제거하는 과정이 필요하듯, 사람도 끊임없는 노력의 과정이 필요하다. 활 쏘는 것도 마찬가지이다. 무겁고 신중하게 쏘아야 한다. 가볍게 마구 쏘아대는 화살은 결코 과녁을 맞힐 수 없기 때문이다.

192. 능동적으로 살아가기

차라리 소인에게 거리낌과 헐뜯음을 당할지언정, 아첨받고 기뻐하는 자가 되지 마라.

차라리 군자에게 꾸짖음과 수양을 받을지언정, 군자에게 감쌈을 받지 마라.

寧爲小人所忌毁, 毋爲小人所媚悅. 寧爲君子所責修, 毋爲君子所包容.

【해설】

소인들은 시기와 헐뜯음을 일삼는다. 그러나 학문이 뛰어난 군자는 그런 것에 일희일비해서는 안 된다. 군자에게 꾸짖음과 수양을 받는 것이 오히려 본인에게 도움이 된다.

193. 이익을 좋아하는 자, 명예를 좋아하는 자

이익을 좋아하는 사람은 도덕과 의리 밖으로 편안히 벗어나니, 그 폐해가 드러나지만 얕다.

명예를 좋아하는 사람은 도덕과 의리 안으로 숨어드니, 그 폐해는 숨어 있으나 깊다.

好利者, 逸出於道義之外, 其害顯而淺. 好名者, 竄入於道義之中, 其害隱而深.

【해설】

이익을 좋아하는 소인은 물질만을 탐내므로 그 해독이 생각보다 크지 않다. 무서운 것은 오히려 명예를 좇는 사이비 군자이다. 그런 사람은 사소한 해독들이 속으로 스며들어 있어서 소인의 폐해보다 훨씬 심각하다.

194. 각박함과 기박함

다른 사람의 은혜를 받으면 깊은 것도 갚지 않으면서, 원망을 받으면 얕은 것도 보복을 한다.

다른 사람의 악행을 들으면 은밀히 의심하지 않으면서, 선행이 드러나면 의심한다.

이런 것이야말로 각박함의 극치이고 기박함이 두드러진 것이니, 마땅히 삼가야 할 것이다.

受人之恩, 雖深不報, 怨則淺亦報之. 聞人之惡, 雖隱不疑, 善則顯亦疑之. 此刻之極, 薄之尤也. 宜切戒之.

【해설】

은혜는 쉽게 잊고, 원한은 잊어버리지 못한다. 세상 인심은 각박하기 쉽고 경박하기도 쉽다. 이런 실수를 저지르지 않으려면 세태에 어느 정도 초연해야 한다.

195. 두 유형

거짓으로 헐뜯어 말하는 사람과 훼방하는 인사는 마치 한 조각 구름이 해를 가린 것과 같으니, 오래지 않아 저절로 밝혀진다.

아첨하는 사람과 아부하는 사람은 마치 틈새로 불어들어온 바람이 살갗에 파고드는 것과 같으니, 그 손실을 깨닫지 못한다.

讒夫毁士, 如寸雲蔽日, 不久自明. 媚子阿人, 似隙風侵肌, 不覺其損.

【해설】

소인이 참언과 훼방을 일삼는다 하더라도 금방 사라지게 마련이다. 오히려 나에게 아부하고 아첨하는 소인을 더 조심해야 한다. 그들이 나를 훨씬 더 심각하게 해하는데도 그것을 알지 못하기 때문이다.

196. 경계하기

산세가 높고 험준한 곳에는 나무가 없으나, 계곡이 굽이굽이 감도는 곳에는 풀과 나무가 무성하게 자라고,

물살이 세차고 급한 곳에는 물고기가 살지 않지만, 깊은 연못이 오랫동안 멈춰 있으면 물고기와 자라들이 모여든다.

이처럼 더없이 뛰어나고 높은 행적과 치우치고 성급한 마음에 대해 군자는 무거운 삼감이 있어야 한다.

山之高峻處無木, 而谿谷廻環, 則草木叢生. 水之湍急處無魚, 而淵潭停蓄, 則魚鼈聚集. 此高絶之行, 褊急之衷, 君子重有戒焉.

【해설】

너무 고고한 척하고 따지면 주변에 사람이 따르지 않는다. 마음이 아무리 고고해도, 스스로 고립되지 않으려면 때로는 다른 사람에게 틈을 보이는 마음의 여유가 있어야 한다.

197. 성품이 먼저다

공로를 쌓고 업적을 세우는 사람은 대부분 겸허하고 원만한 선비요,

일을 그르치고 기회를 잃는 자는 반드시 집착하고 비뚤어진 사람이다.

建功立業者, 多虛圓之士. 僨事失機者, 必執拗之人.

【해설】

인품이 원만하고 타인을 배려하는 사람이 큰일을 이루어낸다. 우리는 인생에 집착하고 사물에 집착하고 세상만사에 집착하며 살아간다. 석가모니는 이런 집착에서 벗어나도록 하기 위해 자신의 임종을 지켜보는 제자들에게 훈계하였다. 그의 마지막 훈계가 《유교경遺敎經》에 담겨 있는데, 여기에 "세상에는 영원한 것이 없으니 만나면 반드시 이별이 있다.(世皆無常, 會必有離)"라는 말이 나온다. 욕심을 좇다 보면 마음이 어두워지고, 지나치게 집착하거나 고집이 너무 세면 기회마저 잃어버린다. '거자필반去者必返'이라고 하지 않았던가? 가버린 자도 다시 돌아오는 것이 우리의 생이다. 그러니 너무 아옹다옹하면서 악다구니하지 말고 좀 더 너그럽고 여유롭게 세상의 이치를 음미하는 것이 중요하다.

198. 중용을 취해라

처세할 때 세속과 함께하면 안 되지만 세속과 달라서도 안 된다. 일을 행할 때 남들이 싫어하게 해서도 안 되지만 기뻐하게 해서도 안 된다.

處世, 不宜與俗同, 亦不宜與俗異. 作事, 不宜令人厭, 亦不宜令人喜.

【해설】

세속을 벗어나 고고하고 초연하게 살다 보면 결국 따돌림을 당하게 된다. 속세에 살면서도 초연함을 잃지 말아야 하고, 사람들이 자신을 너무 좋아하거나 싫어하지 않도록 적절한 중용의 미덕을 발휘해야 한다.

199. 늘그막이 중요하다

날이 저물어가면서 오히려 안개와 노을이 아름답고, 한 해가 저물어가면서 오렌지와 귤이 더욱 향기롭다.

그러므로 끝나가는 길과 늘그막에 군자는 다시 마땅히 정신을 백 배 더 분발해야 한다.

日旣暮而猶烟霞絢爛, 歲將晚而更橙橘芳馨. 故末路晚年, 君子更宜精神百倍.

【해설】

매사에 시작보다는 마무리가 중요하다. 우리 인생도 늘그막이 더욱 소중하므로, 훗날을 위해 젊은 날을 헛되이 보내서는 안 된다. 분발하고 태도를 더욱 바르게 갖추어 정진할 일이다.

200. 드러내지 마라

매는 서 있을 때 마치 잠자는 듯하고, 호랑이는 걸어갈 때 마치 병든 듯하니, 이것이 그들이 사람을 움켜쥐고 무는 수단이다.

그러므로 군자는 총명함을 드러내지 않고 재주를 드러내지 않아야[179] 비로소 큰 임무를 어깨에 짊어질 수 있는 역량을 갖추게 된다.

鷹立如睡, 虎行似病, 正是他攫人噬人手段處. 故君子要聰明不露, 才華不逞, 纔有肩鴻任鉅的力量.

【해설】

잠자는 듯한 매의 모습, 병들어 걸어가는 듯한 호랑이의 모습에서 오묘한 힘을 느낄 수 있다. 매가 먹이를 살피는 능력과 호랑이의 용맹함은 절대 겉으로 드러나는 법이 없다. 사람도 마찬가지이다. 섣부르게 지혜와 재능을 드러내다 보면 결국 펼치지도 못하고 지게 된다.

179) 《노자》 72장의 "성인은 스스로를 알지만 스스로를 드러내지 않고, 스스로를 아끼지만 스스로를 귀하게 여기지 않는다.〔聖人自知不自見, 自愛不自貴〕"라는 구절을 떠올리게 한다.

201. 검소함과 겸양도 지나치면 안 된다

검소함[180]은 미덕이지만, 지나치면 쩨쩨하고 인색하고 비루하고 인색해져 도리어 바른 도를 손상시킨다.

겸양은 아름다운 행동이지만, 지나치면 공손함이 과하고 이치에 맞지 않게 삼가게 되어 대체로 거짓된 마음이 나타난다.

儉美德也. 過則爲慳吝[181], 爲鄙嗇, 反傷雅道. 讓懿行也. 過則爲足恭, 爲曲謹, 多出機心.

【해설】

미덕도 지나치면 화근이 된다. 겸손하고 사양하는 마음을 가지는 것도 좋지만, 지나치면 자신의 본모습을 꾸미는 것처럼 보인다. 검소함과 겸양도 지나치기보다는 중용의 도를 지키는 것이 미덕이다.

---

180) 공자는 검소함의 모범으로 우임금을 자주 거론한다. 그는 이렇게 말했다. "우임금에 대해 나는 트집 잡을 것이 없다. 그는 형편없는 식사를 하면서도 귀신에게 정성을 다했고, 나쁜 옷을 입으면서 예복禮服과 예관禮冠에는 아름다움을 다했으며, 허름한 집에 살면서도 물길을 트는 데는 온 힘을 쏟았다. 우임금에 대해 나는 트집 잡을 것이 없다.〔禹, 吾無間然矣. 菲飮食而致孝乎鬼神, 惡衣服而致美乎黻冕, 卑宮室而盡力乎溝洫. 禹, 吾無間然矣〕"(《논어》〈태백〉) 우임금이 치수할 때 일신의 편안함을 잊어버리고 헌신한 모습을 극찬한 것이다. '즐풍목우(櫛風沐雨)'라는 말처럼 "바람으로 머리를 빗고 빗물로 목욕할" 정도였으니 말이다.

181) 독음은 '간린慳吝'으로 쩨쩨하고 인색하여 하는 짓이 탐욕스러워 보이는 것을 뜻한다.

202. 마음의 평정을 유지해라

뜻대로 안 된다고 근심하지 말고, 생각대로 잘된다고 기뻐하지 마라.

오래도록 편안하리라 믿지 말며, 처음의 어려움을 꺼리지 마라.

毋憂拂意. 毋喜快心. 毋恃久安. 毋憚初難.

【해설】

항상 일이 잘 풀리는 것은 아니다. 잘 풀린다고 해서 너무 기뻐하지 말고, 잘 안 풀린다고 해서 너무 슬퍼하지도 마라. 늘 닥쳐올 불운을 조심하되, 닥쳐올 어려움을 두려워할 필요는 없다. 이 둘은 따로 떨어진 것이 아니며 서로 연관돼 있기 때문이다.

203. 허명을 탐내지 마라

음주와 연회의 즐거움이 많으면 좋은 가정이 아니고,

[세속의] 명성과 화려함에 지나치게 물들면 좋은 선비가 아니며,

명예와 지위에 대한 생각으로 [머리가] 무거우면 훌륭한 신하가 아니다.

飮宴之樂多, 不是個好人家. 聲華之習勝, 不是個好士子. 名位之念重, 不是個好臣士.

【해설】

좋은 가정은 음주와 연회에 파묻혀 있지 않고, 훌륭한 선비는 명성에 집착하지 않으며, 훌륭한 신하는 명예와 지위를 탐내지 않는다. 자신의 본분이 무엇이고 근본이 무엇인지 따져서 충심을 다할 때 모든 일이 자리가 잡힌다. 신하는 겸허한 자세로 군주의 그림자로 살아가는 법을 익혀야 하고, 때로는 적절한 자기절제도 필요하다. 이것이 바로 요임금이 남면南面해서 군주의 명예를 지키고, 순임금이 북면北面하여 신하의 자리에서 공을 세울 수 있었던 비결이다.

204. 달관해야 얻어진다

세상 사람들은 마음에 드는 것으로 즐거움을 삼으므로, 오히려 즐거움을 좇는 마음 때문에 괴로운 곳에 끌려가게 된다.

[도에] 통달한 선비는 마음에 어긋나는 것으로 즐거움을 삼으므로, 마침내 괴로운 마음이 바뀌어 즐거움이 오게 된다.

世人以心肯處爲樂, 却被樂心引在苦處. 達士以心拂處爲樂, 終爲苦心換得樂來.

【해설】

부귀와 공명에 대한 바람은 진정한 즐거움을 망치고 오히려 괴로움을 선사한다. 이와 반대로 삶에 달관한 선비는 욕망을 제어하기 때문에 괴로운 마음이 사라지고, 가난하고 천한 곳에 머물지라도 마음은 즐겁기 마련이다.

205. 최고와 최악을 경계해라

[부귀영화가] 가득 차 있는 사람은 물이 넘치려 하면서도 넘치지 않는 것과 같아서, 한 방울이라도 더하는 것을 몹시 꺼린다.

위험하고 다급한 처지에 있는 사람은 나무가 꺾이려 하면서도 꺾이지 않는 것과 같아서, 조금이라도 손에 쥐는 것을 몹시 꺼린다.

居盈滿者, 如水之將溢未溢, 切忌再加一滴. 處危急者, 如木之將折未折, 切忌再加一搦.

【해설】

부귀영화가 가득 차 있으면 넘치는 것은 시간문제다. 위급한 처지에 있는 사람도 마찬가지이다. 조금만 위기가 닥치면 곧바로 무너진다. 따라서 군자는 최고에 오르는 것을 경계해야만 한다. 여지를 남겨두는 것이 오히려 이롭다.

206. 냉정하라

냉정한 눈으로 사람을 관찰하고, 냉정한 귀로 [상대방의] 말을 들으며
냉정한 감정으로 사물을 대하고, 냉정한 마음으로 이치를 생각해야 한다.

冷眼觀人, 冷耳聽語. 冷情當感, 冷心思理.

【해설】

냉정한 눈으로 세상을 바라보는 시각과 냉정한 귀로 시비와 선악을 가리는 안목, 냉정한 감정으로 매사에 임하고 냉정한 마음으로 세상의 진리를 깨닫는 자세가 필요하다.

207. 인한 사람, 비루한 사람

인仁한 사람은 마음이 너그럽고 평온하여 복이 두텁고 좋은 일이 오래가며 일마다 너그럽고 평온한 기상을 이루게 된다.

비루한 사람은 생각이 좁고 급하여 복이 박하고 은택이 짧아 하는 일마다 좁고 급한 모습으로 귀결된다.

仁人, 心地寬舒. 便福厚而慶長, 事事成個寬舒氣象. 鄙夫, 念頭迫促. 便祿薄而澤短, 事事得個薄促規模.

【해설】

인한 사람과 비루한 사람의 차이는 명백하다. 인한 사람은 늘 너그러우면서도 느긋하여 복을 누리고 자손도 경사를 누린다. 그러나 비루한 사람은 생각이 좁고 마음도 급하여 복도 누릴 수 없고 자손들도 은택을 누리지 못한다.

208. 속단하지 마라

악한 것을 듣더라도 바로 미워해서는 안 되니, 참소하는 자가 분풀이로 지어낸 것일 수도 있기 때문이다.[182)]

선한 것을 듣더라도 급히 친해서는 안 되니, 간사한 사람을 출세하도록 이끌어줄까 두렵기 때문이다.

聞惡, 不可就惡. 恐爲讒夫洩怒. 聞善, 不可急親. 恐引奸人進身.

【해설】

남의 말을 듣고 섣부른 판단으로 그를 미워하거나 남의 말을 듣고 확인하지도 않고 분풀이하는 경우가 적지 않다. 사귐도 마찬가지이다. 다른 사람의 좋은 말을 듣더라도, 자신이 직접 확인하고 챙겨보는 등 빈틈이 없어야 한다.

182) 이와 관련된 공자의 말씀을 되새겨볼 필요가 있다. "모두가 그를 미워하더라도 반드시 살펴보아야 하고, 모두가 그를 좋아하더라도 반드시 살펴보아야 한다.〔衆惡之, 必察焉. 衆好之, 必察焉〕"(《논어》〈위령공〉) 남들의 평판보다 더 중요한 것이 자신의 안목임을 지적한 말이다.

209. 인성이 먼저다

성미가 조급하고 마음이 성긴 사람은 한 가지 일도 이룰 수 없고, 마음이 온화하고 기질이 평온한 사람은 백 가지 복이 절로 모인다.

性燥心粗者, 一事無成. 心和氣平者, 百福自集.

【해설】

성질이 조급하다 보면 침착성을 잃게 된다. 마음이 성글어도 치밀하지 못하여 어떤 일도 해내지 못한다. 마음이 온화하면서도 기질이 평온한 사람이 모든 일을 성공시키고 복도 모이게 만든다.

210. 각박하지도 넘치지도 마라

사람을 쓸 때는 각박하게 대하지 말아야 하니, 각박하면 온 힘을 다하려고 했던 사람이 떠나게 된다.

벗을 사귈 때는 넘칠 정도로 사귀지 말아야 하니, 함부로 사귀면 아첨을 바치는 사람이 오게 된다.

用人不宜刻. 刻則思效者去. 交友不宜濫. 濫則貢諛者來.

【해설】

무엇이든 지나친 것은 화근을 부른다. 사람을 부릴 때 가혹하게 대하면 결국 인심을 잃게 되어 충성스러운 사람마저 떠나보낸다. 사람을 사귈 때는 시비를 가리는 것이 중요하다. 선악을 불문하고 아무나 사귀다 보면 좋은 친구는 떠나가고 주변에 아첨하는 자들만 모여드는 법이다.

211. 경거망동하지 마라

바람이 거세고 비가 급히 내리는 곳에서는 다리를 꿋꿋하게 하고 서 있어야 한다.

꽃이 무르익고 버들이 고운 곳에서는 눈을 들어 높이 보아야 한다.

길이 위태롭고 험한 곳에서는 돌아설 생각을 빨리 해야 한다.

風斜雨急處, 要立得脚定. 花濃柳艷處, 要着得眼高. 路危徑險處, 要回得頭早.

【해설】

어려운 상황에서도 정신을 잃지 말고 침착하게 마음을 다지면서 처신하는 것이 중요하다. 험준한 곳에서는 발길을 돌려야 하고, 천한 잡귀 따위에 빠져들어서는 안 된다. 만사에 지나치면 화근이 되니, 이를 피하는 신중한 자세가 소중하다.

212. 온화한 마음, 겸양의 덕

절개와 의리가 있는 사람이라도 온화한 마음을 길러야만 비로소 성내어 다투는 길을 열지 않는다.

공적과 명예를 지닌 선비는 겸양의 덕을 이어받아야만 비로소 질투의 문을 열지 않는다.

節義之人, 濟以和衷, 纔不啓忿爭之路. 功名之士, 承以謙德, 方不開嫉妬之門.

【해설】

보통 사람들은 낮추는 것을 부끄럽게 여긴다. 그러나 강물과 바다는 그렇지 않다. 모든 시냇물이 강물과 바다로 흘러들어가는 이유는 그것들이 아래를 지향하고 있기 때문이다. 절개와 의리가 있다고 해서 가벼이 남과 충돌해서는 안 된다. 공적이 높고 명예가 있다고 해서 오만한 선비가 되어서도 안 된다. 남들의 질투를 유발할 수 있으므로 늘 자신을 낮추고 다른 사람과 원만하게 지내는 것이 중요하다.

213. 벼슬할 때와 시골에 있을 때의 처세법

사대부가 벼슬을 할 때는 죽간이나 서찰에도 절도가 없어서는 안 되니, 사람들로 하여금 [마음을] 보기 어렵게 하여 요행의 단서를 막아야 하기 때문이다.

시골에 있을 때는 지나친 위엄으로 고고하게 굴지 말아야 하니, 사람들로 하여금 [마음을] 쉽게 볼 수 있도록 하여 옛 정을 돈독하게 해야 하기 때문이다.

士大夫居官, 不可竿牘無節. 要使人難見, 以杜倖端. 居鄕不可崖岸太高. 要使人易見, 以敦舊好.

【해설】

처세할 때는 어떤 경우에도 남들에게 허점을 보이지 않는 것이 중요하다. 일단 허점을 보이면 누군가 틈을 비집고 들어오기 때문이다. 벼슬에서 물러나 고향으로 돌아왔을 때도 옛날을 생각하며 위세를 부리기보다는 옛 정을 두터이 하여 사람들의 경계심을 푸는 것이 더 중요하다.

214. 대인을 경외하고 미천한 사람도 경외할 것

대인[183]은 경외하지 않을 수 없으니, 대인을 경외하면 방종하거나 일탈하는 마음이 없게 될 것이고,

미천한 사람 또한 경외하지 않을 수 없으니, 미천한 사람을 경외하면 거만하거나 횡포스럽다는 악명이 없게 될 것이다.

大人不可不畏. 畏大人則無放逸之心. 小民亦不可不畏. 畏小民則無豪橫之名.

【해설】

대인은 늘 감동을 주어 스스로 돌아보게 하는 사람이므로 그를 경외해야 한다. 그렇다고 해서 미천한 사람을 인격적으로 경멸해서도 안 된다. 오히려 그런 사람들이 악평을 할 개연성이 크기 때문이다.

183) 원문의 '대인大人'을 번역한 것이다. '대덕지인大德之人'의 약자로, 학식이 높고 덕망이 두터운 사람을 가리킨다. 소인小人 혹은 소민小民과 반대되는 개념이다. '소민'은 지위가 낮은 사람을 일컫는다.

215. 나보다 못한 사람, 나보다 나은 사람

일이 조금이라도 어긋나거나 그르치게 되더라도 나보다 못한 사람을 생각하면 원망하고 탓하는 마음이 저절로 사라질 것이다.

마음이 조금이라도 게으르거나 거칠어지더라도 나보다 나은 사람을 생각하면 정신이 분발하게 될 것이다.

事稍拂逆, 便思不如我的人, 則怨尤自消. 心稍怠荒, 便思勝似我的人, 則精神自奮.

【해설】

일이 뜻대로 되지 않는다고 해서 실망에 빠지지 말 것이며, 일이 조금 잘된다고 해서 너무 안일에 빠져서도 안 된다. 역경에 처하면 자신보다 더 힘든 사람의 처지를 생각해라. 그러면 자극이 되고 분발할 수 있는 힘도 생긴다.

216. 이성을 잃지 마라

기쁨에 편승하여 가볍게 승낙하지 말고, 취했다고 해서 성내지 마라.

유쾌함에 편승하여 일을 많이 벌이지 말고, 권태롭다고 하여 끝마무리를 제대로 하지 않으면 안 된다.

不可乘喜而輕諾. 不可因醉而生嗔. 不可乘快而多事. 不可因倦而鮮終.

【해설】

마음이 즐거우면 경거망동하게 되고 술 취하면 화내기 쉽다. "술이 극도에 이르면 어지럽고 즐거움이 극도에 이르면 슬퍼진다.(酒極則亂, 樂極則悲)"[184](《사기》〈골계열전〉)는 말도 있지 않은가. 일이 잘 풀리면 여러 가지 다른 일을 벌이고 싶지만, 감정에 치우치지 말고 이성적으로 대처하는 것이 실패를 줄이는 지름길이다. 모든 일은 지나쳐 극에 이르면 화를 부르게 되어 있다. 그래서 중용의 미덕과 자기

184) 순우곤淳于髡이 사물의 이치를 날카롭게 풍자하며 한 말이다. 상황은 이렇다. 위왕 8년에 초나라가 쳐들어오자, 위왕은 순우곤에게 황금 백 근, 사두마차 열 대를 예물로 가지고 가서 조나라에 구원병을 청하게 했다. 그러자 순우곤은 겨우 이런 정도의 예물로 구원병을 구할 수 있겠느냐며 핀잔을 주었다. 이에 위왕이 다시 황금 천 근, 백벽白璧 열 쌍, 사두마차 백 대로 예물을 늘려 구원병을 청하게 하자 결국 성공하여 조나라가 정예병 10만과 전차 천 대를 내주었다. 위왕이 기뻐하면서 주연을 베풀었다. 하지만 때가 때인지라 순우곤은 위왕이 절제하지 못하고 그런 행태를 부리는 것이 못마땅했고, 위왕이 주량을 묻자 이렇게 대답한 것이다.

관리의 중요성을 강조하는 것이다. 그렇게 행동하면 상대가 편안해 하고 교류가 오래 지속된다. 그렇기에 노자도 "화는 복이 기대어 있는 바이며, 복은 화가 엎드려 있는 바이구나.〔禍兮福之所倚, 福兮禍之所伏〕"(《노자》 58장)라고 하지 않았던가?

217. 미쳐라

독서를 잘하는 사람은 읽는 것이 손이 춤추고 발이 뛰노는 경지에 이르러야만 비로소 통발과 올무라는 문장 형식에 떨어지지 않는다.

사물을 잘 관찰하는 사람은 관찰하는 것이 마음과 정신의 융합에 이르러야만 비로소 겉으로 드러난 형상에 구애되지 않는다.

善讀書者, 要讀到手舞足蹈處, 方不落筌蹄[185]. 善觀物者, 要觀到心融神洽時, 方不泥迹象.

【해설】

독서는 자신도 모르는 사이에 너무나 기뻐서 흥이 저절로 일어나는 경지에 이르러야 하고, 사물을 관찰할 때도 물아일체의 경지에서 대상과 자신이 하나가 되어야 참된 모습을 볼 수 있다.

185) 원문의 '전제筌蹄'는 고기 잡는 통발(대오리로 엮어 만든 고기 잡는 제구)과 토끼 잡는 올무(짐승의 발목을 옭는 그물)라는 의미로, 목적을 이루기 위한 수단이나 방편을 비유한다.

218. 천벌 받을 자

하늘이 한 사람을 현명하게 하여 모든 사람의 어리석음을 깨우치게 했으나, 세상은 도리어 자신의 장점을 들추어내어 남의 단점을 드러낸다.

하늘이 한 사람을 부유하게 하여 모든 사람의 곤궁함을 구제하게 하였으나,[186] 세상은 도리어 [자신이] 가진 것을 뽐내며 다른 사람의 가난을 업신여기니,

186) 이 구절과 관련된 말이 있다. '부행기덕富行其德'으로 도주공陶朱公 범려가 베푼 나눔의 미덕을 찬탄한 말이다. "군자가 부유하면 덕을 실천하기를 즐겨하고, 소인이 부유하면 자신의 능력에 닿는 일을 한다. 못은 깊어야 고기가 살고, 산은 깊어야 짐승이 오가며, 사람은 부유해야 인의가 따른다. 부유한 사람이 세력을 얻으면 세상에 더욱 드러나게 되고, 세력을 잃으면 빈객들이 갈 곳이 없어져 즐겁게 하지 않는다.〔君子富, 好行其德; 小人富, 以適其力. 淵深而魚生之, 山深而獸往之, 人富而仁義附焉. 富者得埶益彰, 失埶則客無所之, 以而不樂〕"(《사기》〈화식열전〉) 범려는 시세의 흐름에 민감하게 반응하여 큰돈을 벌었다. 원래 월왕 구천을 보필했는데 20여 년간 계획을 세워 마침내 오나라를 멸망시키는 일에 기여했고 상장군上將軍 자리에 올랐다. 범려는 자신의 명성이 너무 커져서 유지하기 어렵다고 여겼다. 더구나 구천의 사람됨은 어려울 때는 같이할 수 있어도, 편안할 때는 함께하기 어렵다는 생각에 직책을 사직하고 보물을 간단히 챙겨 집안 식솔들과 함께 배를 타고 제나라로 갔다. 이름을 치이자피鴟夷子皮로 바꾸고 다시 생계를 도모하니, 돈을 벌 수 있는 방법이 의외로 많았다. 그가 택한 방법은 물자를 쌓아두었다가 시세의 흐름을 보아 내다 파는 것이었다. 말하자면 매점매석이었는데, 19년 동안 천 금의 거금을 손에 쥐었다. 그러나 범려는 많은 돈을 갖고 있는 것이 부담스러웠다. 그러자 타국 출신인 그에게 재상 자리가 주어졌다. 당시 제나라는 전통이 굉장히 강한 나라였고 남방의 월나라를 대단히 무시하였는데, 자신은 월나라 출신인데도 그 자리가 주어졌던 것이다. 그러자 범려는 이런 생각을 했다. 자신에게 돈을 많지 않았다면 과연 제나라에서 재상 벼슬을 할 수 있었을까. 이런 생각이 들자, 재상에게 주는 인수를 기꺼이 반환하고 재물도 주변 사람들에게 나눠주고 떠나버린다. 범려가 아니었다면 이렇게 자신의 부를 모두 던져버릴 수 있었을까.

정녕 하늘이 천벌을 내릴 위인이로다!

天賢一人, 以誨衆人之愚, 而世反逞所長, 以形人之短. 天富一人, 以濟衆人之困, 而世反挾所有, 以凌人之貧. 眞天之戮民哉!

【해설】

현명한 것은 어리석은 사람을 잘 깨우쳐주라는 하늘의 명령인데, 그것을 망각하고 다른 사람의 단점만을 찾아내 공격한다. 부유한 자도 마찬가지이다. 부유함으로 다른 사람의 곤궁함을 구제하라는 것이 하늘의 명인데도, 이를 따르기는커녕 다른 사람을 더 가난하게 만든다. 그러니 어떻게 천벌을 내리지 않겠는가.

219. 지극한 사람, 중간치의 재주를 가진 사람

[도의 극치에 다다른] 지인至人[187]이 무엇을 생각하고 무엇을 근심하랴.

어리석은 사람은 지식도 없고 아는 것도 없으니, 더불어 학문을 논할 수 있고 더불어 공도 세울 수 있다.

그러나 중간치의 재주를 갖춘 사람은 한번 생각과 지식이 많아지면 억측과 의심도 많아지니, 일마다 더불어 함께하기가 어렵다.

至人何思何慮. 愚人不識不知, 可與論學. 亦可與建功. 唯中才的人, 多一番思慮知識, 便多一番億度猜疑, 事事難與下手.

【해설】

현명한 자와 어리석은 자는 양극단이지만 이들은 서로 일을 도모할 수 있고 논의할 수도 있다. 이들보다 더 문제가 되는 부류는 중재中才, 곧 중간치의 재능을 가진 사람들이다. 어정쩡하게 대충 알면서 어쭙잖게 나서는 사람과 함께 일을 하면 언제든 문제가 생길 소지가 많기 때문이다.

---

187) '지인至人'은 도의 극치에 이르러 세속을 초월한 사람을 의미하며, 《장자》〈소요유〉 편에 나온다. "지인은 자기를 고집하지 않고, 신통한 사람은 공적을 내세우지 않으며, 성인은 이름도 알리지 않는다.〔至人無己,神人無功, 聖人無名〕" 여기서 지인은 소박하고 원초적인 삶을 영위하는 마음의 자세를 견지하는 사람이다.

220. 입 지키기, 뜻 막기

입은 곧 마음의 문이니, 입을 지킴에 있어 엄밀하지 못하면 마음 속 기밀을 다 새어나가게 할 수 있고,

뜻은 곧 마음의 발이니, 뜻을 막는 것이 엄격하지 않으면 사악한 작은 길로 달리게 될 것이다.

口乃心之門. 守口不密, 洩盡眞機. 意乃心之足. 防意不嚴, 走盡邪蹊.

【해설】

입을 굳게 단속해야 기밀을 지키게 되고, 뜻을 엄격하게 단속해야 비뚤어진 길로 내닫지 못하게 된다. "함부로 말하지 마라! 우리 가문을 멸하게 된다.〔勿忘言! 滅吾門也〕"(《삼국지三國志》〈촉서蜀書〉 '선주전先主傳')라는 구절을 떠올려보자. 세상이 넓다고들 하지만 입소문 때문에 생각보다 좁다.

221. 남을 꾸짖거나 자신을 꾸짖을 때의 요령

남을 꾸짖을 때는 허물이 있는 가운데서도 허물 없음을 찾아내어야 감정이 평온해진다.

자신을 꾸짖을 때는 허물이 없는 속에서도 허물 있음을 찾아내어야 덕이 나아가게 된다.

責人者, 原無過於有過之中, 則情平. 責己者, 求有過於無過之內, 則德進.

【해설】

사람은 남은 엄하게 판단하고 자신에게는 관대하다. 그래서 팔은 안으로 굽는다는 말이 나왔다. 그러나 남의 잘못을 캐물을 때 허물 없는 점에 마음을 기울이다 보면 불만이 사라진다. 스스로를 반성할 때도 잘한 일보다 못한 일을 찾아내어 냉철하게 꾸짖는 자세가 필요하다.

222. 떡잎

어린이는 어른의 배아이자 태아요, 수재는 사대부의 배아이자 태아이다.

이때 화력이 충분하지 않아 도야하고 단련하는 것이 완전하지 못하면,

훗날 세상을 견뎌내고 조정에 설 때, 마침내 훌륭한 그릇이 되기 어렵다.

子弟者, 大人之胚胎. 秀才者, 士夫之胚胎. 此時, 若火力不到, 陶鑄不純, 他日, 涉世立朝, 終難成個令器.

【해설】

교육은 어렸을 때 해야 한다. 훌륭한 일을 맡게 될 사람도 어린 시절의 교육이 대단히 중요하다. 훌륭한 인물로 키우려면 어렸을 때 기초를 다져야 한다. 그러지 않으면 모든 계획이 허물어질 소지가 크다.

223. 군자의 인간관계

군자는 어려운 지경에 처해도 근심하지 않으며, 연회에서 노닐 때도 두려워하고 근심한다.

권세 있는 부호를 마주쳐도 두려워하지 않으며, 형제 없고 아들 없는 사람[188]을 대할 때도 놀라워한다.

君子處患難而不憂. 當宴遊而惕慮.. 遇權豪而不懼. 對惸獨而警心.

【해설】

군자는 아무리 어려워도 태연한 모습을 잃지 않고, 즐거운 속에서도 늘 마음을 다잡아야 한다. 상대방이 권세가 좀 있다고 해서 두려워해서도 안 된다. 의지할 데가 전혀 없는 사람을 만나면 그의 처지를 헤아리며 공감하는 어진 마음을 가져야만 한다.

188) 원문의 '경독惸獨'을 번역한 말로, '경惸'은 형제가 없는 사람, '독獨'은 아들이 없는 사람을 가리킨다.

224. 겉모습과 속모습

복사꽃과 오얏꽃이 비록 곱지만 어찌 푸른 소나무와 푸른 잣나무의 굳센 정절과 같으리오?

배와 살구가 비록 달지만 어찌 누런 유자와 푸른 귤의 향기로움과 같으리오?

진실되구나! 곱고 일찍 시드는 것은 담박하지만 오래가는 것에 미치지 못하고, 일찍 빼어남은 더디게 이루어지는 것만 같지 못하다.

桃李雖艶, 何如松蒼栢翠之堅貞? 梨杏雖甘, 何如橙黃橘綠之馨冽? 信乎! 濃夭不及淡久.早秀不如晩成也.

【해설】

겉모습이 빼어나다고 해서 속까지 아름답거나 빼어난 것은 아니다. 너무 고와서 일찍 시들어버리는 것보다는 늘 푸르름을 간직하는 송백과 같은 담박함이 더욱 절실하다. 사람도 마찬가지이다. 너무 빠르게 두각을 나타내면 제대로 피어보지도 못하고 화근으로 돌아온다. "크게 모난 것은 모서리가 없고, 큰 그릇은 늦게 이루어지며, 큰 소리는 들리지 않고, 큰 형상은 형체가 없다.〔大方無隅, 大器晩成, 大音希聲, 大象無形〕"(《노자》 41장)고 노자가 말한 것처럼 말이다. 세속의 시각으로 대립항을 설정하고 거기에 인간의 사유를 가둬놓으려는 유가의 사고에 반대하는 도가의 시각이 여기서도 분명하게 드러나지 않는가?

225. 세속에서 멀어져라

바람이 잠잠하고 풍랑은 고요한 가운데에서
인생의 참된 경지를 볼 수 있고,
맛이 담박하고 소리가 들리지 않는 곳에서
마음의 본체의 근본적인 모습을 알 수 있다.

風恬浪靜中, 見人生之眞境. 味淡聲希[189)]處, 識心體[190)]之本然.

【해설】

인생의 참맛은 평온하고 고요할 때 드러난다. 속세와 단절해 세속의 상황에서 멀어졌을 때 진정한 모습이 나타난다. 내면적이고 근본적인 것을 추구할 때 감각기관 따위는 아무런 소용이 없다.

189) 원문의 '희希'는 "들으려 해도 들리지 않는다.(聽之不聞)"(《노자》 14장)는 말을 염두에 두고 읽어야 한다. 이때 '희希'는 《노자》 41장의 '대음희성大音希聲', 즉 "큰 소리는 들리지 않는다"와 같은 용례로 봐도 무방하다. 청각이라는 일상의 감각을 초월해 그 어디엔가 존재하는 것이 도道라는 말이다.

190) 원문의 '심체心體'는 마음의 본체라는 의미로, 심성心性과 대비해서 사용하는 불교 용어이다. 심체는 광대하고 끝이 없어 무와 유를 두루 섭렵한다는 개념이다.

후집後集

1. 말하는 자는 초연하지 못한 자다

산림의 즐거움을 말하는 사람은 반드시 산림의 맛을 진정으로 터득한 사람이 아니고,[1)]

명성과 이익을 싫어한다고 말하는 사람은 반드시 명성과 이익의 느낌을 다 잊어버린 사람이 아니다.

談山林之樂者, 未必眞得山林之趣. 厭名利之談者, 未必盡忘名利之情.

【해설】

[무엇인가에 대해] 말한다는 것은 그 참맛을 모른다는 뜻이다. 참된 이치를 깨달은 사람은 표현하는 것을 꺼린다. 명예와 이익을 초월한 사람만이 그것을 입 밖으로 꺼내지 않는다.

1) 믿음직한 말과 번지르르한 말의 차이는 분명하다. 그래서 노자도 《노자》 맨 마지막 장인 81장에서 이렇게 말한 것이다. "믿음직스러운 말은 아름답지 않고, 번지르르한 말은 믿음직스럽지 않다. 선한 사람은 말을 잘하지 못하고, 말을 잘하는 사람은 선하지 않다. 지혜로운 사람은 박식하지 않고, 박식한 사람은 지혜롭지 않다.〔信言不美, 美言不信. 善者不辯, 辯者不善. 知者不博, 博者不知〕"

2. 낚시와 바둑, 장기 삼가기

물에 낚시를 드리우는 것은 속세를 벗어난 일이지만, 실상은 살리고 죽이는 칼자루를 쥐고 있는 것이다.

바둑과 장기는 청아한 놀이이지만, 이 또한 싸우고 다투는 마음을 일으킨다.

가히 알 수 있으니, 일을 하며 즐거워하는 것은 더러 한가롭게 지내는 것만 같지 못하고 다양한 재능은 무능해서 참된 마음을 온전하게 하는 것만 같지 못하다.

釣水, 逸事也. 尙持生殺之柄. 奕棋, 淸戱也. 且動戰爭之心. 可見喜事不如省事之爲適, 多能不若無能之全眞.

【해설】

속세를 떠나 낚시질을 한다 해도, 이 행위 자체에 속세에 대한 미련이 남아 있다. 바둑과 장기도 마찬가지이다. 성패를 다투려는 마음이 자리잡고 있다. 그러므로 유유자적하며 한가롭게 자신의 마음을 지키는 것이 중요하다. 능력보다는 무능함이 더 낫다는 이치를 알아야만 한다.

3. 허식을 벗어라

꾀꼬리가 울어대고 꽃이 무성하며 산이 풍성하고 골짜기가 아름다운 것은 모두 하늘과 땅의 거짓 모습이다.

물이 마르고 낙엽이 지고 돌이 앙상하며 메마른 언덕이어야 비로소 천지의 진정한 모습이다.

鶯花茂而山濃谷艶, 總是乾坤之幻境. 水木落而石瘦崖枯, 纔是天地之眞吾.

【해설】

겉으로 드러난 아름다움이 자연의 참모습은 아니다. 오히려 모든 치장이 사라지고 앙상하고 메마른 언덕이 드러난 것이야말로 자연의 진정한 모습이다. 사람도 마찬가지이다.

4. 부질없는 짓

세월은 본래 길건만 바쁜 자만이 스스로 재촉하고,

천지는 본래 넓건만 천한 자만이 스스로 좁다 한다.

바람과 꽃, 눈과 달은 본래 한가하건만 수고롭게 훔치려는 자만이 저절로 분주하다.

歲月本長, 而忙者自促. 天地本寬, 而鄙者自隘. 風花雪月本閒, 而勞攘者自冗.

【해설】

사람은 세월을 탓하고 천지를 탓하지만, 조급한 마음으로 안달복달하는 것일 뿐이다. 자기 혼자 분주하고 바쁘다고 허둥대지만 천지자연은 늘 그대로이다.

5. 어디엔들 없으랴

정취를 얻는 것은 많음에 있지 않으니, 동이만 한 연못이나 주먹만 한 돌 사이에도 안개와 노을이 모두 풍족하다.

경치를 만나는 것은 먼 데 있지 않으니, 쑥이 무성한 창이나 대나무로 엮은 집 아래에도 풍월은 저절로 뛰어나다.

得趣不在多. 盆池拳石間, 烟霞具足. 會景不在遠. 蓬窓竹屋下, 風月自賖.

【해설】

크고 많아야만 온전한 정취를 느낄 수 있는 것이 아니고, 작은 연못이나 주먹만 한 돌에도 참된 모습이 담겨 있다. 자연의 참다운 정취를 느끼는 것은 내 마음에 달려 있다는 뜻이다.

6. 여운과 또 다른 나

고요한 밤에 들리는 종소리가 꿈속에서 꾸는 꿈을 불러 깨우고, 맑은 연못의 달그림자가 내 몸 밖의 몸을 엿보게[2] 하는구나.

聽靜夜之鐘聲, 喚醒夢中之夢. 觀澄潭之月影, 窺見身外之身.

【해설】

꿈을 꾸는 동안에는 그것이 꿈이라는 사실을 알지 못하듯, 사람은 어떤 장소나 사물에 파묻혀 있을 때 오히려 그 참모습을 보지 못한다. 신외지신身外之身의 경지는 나를 벗어나 천지자연과 하나가 되는 것이다.

2) 전집前集 각주 152번의 '당랑재후螳螂在後' 참조.

7. 마음을 깨닫게 하는 법

새 지저귀는 소리와 벌레 소리는 모두 마음을 전하는 비결이고, 꽃송이와 풀빛은 도를 보여주는 글이 아닌 것이 없다.

배우는 자는 천기(본심)를 맑고 깨끗하게 하고 가슴속을 영롱하게 해야 사물에 부딪힐 때마다 마음속에 깨닫는 점이 있게 된다.

鳥語蟲聲, 總是全心之訣. 花英草色, 無非見道之文. 學者要天機清澈, 胸次玲瓏, 觸物皆有會心處.

【해설】

우주자연의 진리는 새소리나 벌레 소리에서도 느껴진다. 이런 우주의 진리를 아는 사람은 보고 듣는 모든 것에서 깨달음을 얻는다.

8. 형체보다 정신이 먼저다

사람들은 글자로 된 책은 이해하지만 글자가 없는 책은 이해하지 못한다.

현 있는 거문고는 탈 줄 알지만 현 없는 거문고는 탈 줄 모른다.

형체를 이용하면서 정신을 쓸 줄 모른다면, 어찌 거문고와 책의 흥취를 터득할 수 있겠는가?

人解讀有字書, 不解讀無字書. 知彈有絃琴, 不知彈無絃琴. 以跡用, 不以神用, 何以得琴書之趣.

【해설】

세상 사람들은 보이지 않는 것의 중요성을 잘 알지 못한다. 문자로 쓰이지 않은 책은 곧 우주를 의미하고, 현이 없는 거문고는 우주 자연의 모든 소리를 가리킨다. 사물의 형체가 없는 곳에 진리와 답이 있는 법이다.

9. 물욕 없애기

마음에 물욕[3]이 없으면 가을 하늘의 갠 바다요,

앉은 자리에 거문고와 책[4]이 있으면 석실과 신선이 사는 곳이 된다.

心無物欲, 卽是秋空霽海. 坐有琴書, 便成石室丹丘.

【해설】

욕심이 번뇌와 망상을 부른다. 구름 한 점 없는 가을 하늘처럼 깨끗한 마음을 지니기는 어렵다. 그러나 거문고와 책을 늘 옆에 두고 있다면 이미 신선으로 변신한 것이다.

---

3) '확금자불견인攫金者不見人'이라는 말이 있다. 《열자》 〈설부〉 편에 나오는 말로, 돈을 움켜쥐려는 사람에게는 돈 말고는 아무것도 보이지 않는다, 물욕에 눈이 멀면 의리나 염치를 모른다는 뜻이다. 전집 각주 23번 후반부 참조.

4) 당나라의 낭만파 시인 이백李白은 〈비가행悲歌行〉이라는 시에서 "그대에겐 술 몇 말이 있고, 내게는 석 자 거문고가 있네.〔君有數斗酒, 我有三尺琴〕"라고 읊었다. 그는 술과 거문고를 늘 가지고 다니면서 풍류를 즐겼다.

10. 적당함

손님과 벗이 구름처럼 모여들어 마음껏 술을 마시며 즐거움에 빠져 있다가,

얼마 후 물시계가 다하고 촛불이 가물거리고 향불이 꺼지고 차도 식고 나면,

깨닫지도 못하는 사이에 흐느낌이 새어나와 사람을 쓸쓸하게 한다.

천하 일이 모두 이와 비슷하거늘 사람들은 어찌하여 머리를 빨리 돌리지 않는가?

賓朋雲集, 劇飮淋漓樂矣, 俄而漏盡燭殘, 香銷茗冷, 不覺反成嘔咽, 令人索然無味. 天下事率類此, 人奈何不早回頭也.

【해설】

놀아도 정도껏 놀아야 한다. 다소 아쉬움을 남기고 여운을 남긴 채 마무리하는 것이 좋다. 모든 것이 지나쳐 이성을 잃어버리면 즐거움은 가시고 처절함만 남게 된다. 마찬가지로 세상을 살면서 부귀가 지나치면 극단에 치우쳐 후회할 거리만 생기는 법이다.

11. 마음이 우선이다

사물 속에서 흥취를 문득 깨달으면 [천하의] 다섯 호수의 아름다운 경치가 모두 내 마음속에 들어올 것이나,

눈앞에서 일어나는 자연의 묘함을 깨뜨리면 아주 오랜 옛날의 영웅들도 다 내 손아귀로 귀결된다.

會得個中趣, 五湖之烟月, 盡入寸裡. 破得眼前機, 千古之英雄, 盡歸掌握.

【해설】

자연의 참맛은 나에게 달려 있기에, 굳이 발품을 팔지 않아도 마음속에 다 들어온다. 나에게 들어오는 천하의 명승들은 내 손 안에 장악할 수 있는 천하의 호걸들과 마찬가지이다. 모든 것은 깨달음에 달려 있는 것이다.

12. 최상의 지혜를 최상으로 여기지 마라

산천과 대지도 작은 티끌에 속하거늘, 하물며 티끌 속의 티끌임에랴.

피와 살과 몸뚱이도 물거품과 그림자로 돌아가거늘, 하물며 그림자 밖의 그림자임에랴.

최상의 지혜를 최상으로 여기지 않으면 환히 깨닫는 마음도 없게 된다.

山河大地, 已屬微塵, 而況塵中之塵. 血肉身軀, 且歸泡影, 而況影外之影. 非上上智, 無了了心.

【해설】

사물은 영원히 존재할 수 없다. 한 줌의 먼지에 불과하기 때문이다. 우리 육신도 마찬가지로 언제든 물거품이 되고 그림자만 남을 것이다. 그러니 모든 집착에서 벗어나 사물의 이치를 깨달을 수 있도록 여유를 지녀야 한다.

13. 아웅다웅하지 마라

부싯돌 불빛과 같은 삶 속에서 길고 짧음을 다투고 경쟁한들, 얼마나 긴 세월이겠는가?

달팽이 뿔과 같은 세상에서 자웅을 겨루고 논한들, 얼마나 큰 세계이겠는가?

石火光中, 爭長競短, 幾何光陰. 蝸牛角上[5], 較雌論雄, 許大世界.

---

5) 원문의 '와우각상蝸牛角上'은 '와각지쟁蝸角之爭'이라는 고사성어와 관련이 있다. 달팽이 뿔 위에서의 싸움이라는 말로, 부질없는 싸움이나 별 성과가 없는 싸움 또는 인간 세상의 보잘것없음이나 작은 세계에서 일어나는 일들을 비유한다. 대도大道의 오묘한 경지는 유무의 관념이나 언어로 이를 수 없음을 밝힌《장자》〈칙양則陽〉 편에 나오는 말이다. 전국 시대에 위魏나라 혜왕은 제나라 위왕과 맹약을 했으나 위왕이 배반하자 노여워 자객을 보내 찔러 죽이려고 했다. 이 말을 들은 공손연公孫衍이 만 승의 군주가 필부를 보내 원수를 갚는 것은 부끄러운 일이니 군사를 일으켜 공격하라고 제의하였다. 계자季子는 전쟁을 일으키는 것은 바람직하지 않다며 공손연의 의견에 반대했고, 화자華子는 공손연과 계자의 의견이 모두 잘못됐다고 반박하고 나섰다. 논쟁만 계속될 뿐 결말이 나지 않자, 혜왕은 어떻게 해야 할지 몰랐다. 이때 혜시惠施가 양나라 현인 대진인戴晉人을 천거하여 혜왕과 만나게 했다. 대진인이 말했다. "임금님께선 달팽이를 아시겠지요?" "그렇소." "달팽이의 왼쪽 뿔에 있는 나라가 촉씨觸氏이고, 오른쪽 뿔에 있는 나라는 만씨蠻氏입니다. 때마침 이들이 영토를 놓고 서로 싸워〔有國於蝸之左角者曰觸氏, 有國於蝸之右角者曰蠻氏, 時相與爭地而戰〕 주검이 몇만이나 되도록 즐비했고 도망가는 군대를 쫓아갔다가 15일이 지난 뒤에야 돌아왔습니다." 혜왕이 말했다. "아, 그건 거짓말이군요." 대진인이 말했다. "그럼 제가 임금님을 위해 실제 사실을 예로 들어 말씀드려보겠습니다. 임금님께선 이 사방 위아래의 공간에 끝이 있다고 생각하십니까?" 혜왕이 대답했다. "끝이 없소." 그러자 대진인이 말했다. "정신을 무한한 공간에서 노닐게 하면서 이 유한한 땅을 돌이켜본다면 이 나라 따위는 있을까 말까 할 만큼 하찮은 것이 아니겠습니까?" "그렇소." "유한한 이 땅에 위나라가 있고 그 위나라 속에 양이라는 고을이 있으며 양 속에 왕이 있습니다. 그렇다면 촉씨와 만씨 사이에 구별이 있겠습니까?" "구별이 없소." 대진인이 물러났을 때 혜왕은 멍하니 얼이 빠진 듯했다. 곧이어 혜시가 들어오자 혜왕은 이렇게 말했다. "저 나그네

【해설】

모든 것이 부질없는데 사람들은 이기고 성공하려 다툰다. '시골 사투리는 변함없으되 머리털만 희었구나.〔鄕音無改鬢毛衰〕'라는 시구가 있다. 세월의 무상함을 뜻하는 것으로, 당나라 시인 하지장賀知章[6]의 작품 〈회향우서回鄕偶書〉(고향에 돌아온 심정을 적다)에 나온다. 하지장이 수십여 년간의 관직 생활에서 물러나 백발이 성성해진 뒤 고향 월주越州로 돌아가 느낀 감회를 적은 시인데, 그 내용은 이러하다.

> 젊어서 고향 떠나 늙어서야 돌아오니
> 시골 사투리는 변함없으되 머리털만 희었구나.
> 아이들은 서로 바라보나 알아보지 못하고
> 웃으면서 어디서 온 나그네냐고 묻네.

少小離鄕老大回, 鄕音無改鬢毛衰. 兒童相見不相識, 笑問客從何處來.

젊은 시절 주인 노릇 하던 고향에 이제는 곧바로 떠나야 하는 객客이 되어 돌아왔으니, 주객전도主客顚倒의 서글픈 감회가 시인의 가

는 뛰어난 인물이오. 성인이라도 그를 당하지 못할 거요." 혜시가 말했다. "피리를 불면 높고 큰 소리가 나지만, 칼자루 끝의 구멍을 불면 훽 하고 작은 소리밖에 안 납니다. 사람들은 요순을 칭찬하지만, 대진인 앞에서 요순을 말한다는 것은 비유컨대 그런 훽 소리에 지나지 않습니다."

6) 자는 계진季眞이며 스스로 '사명광객四明狂客'이라고 불렀다. 당 현종 때 예부시랑禮部侍郎이 되기도 했으나 만년에는 벼슬을 내던지고 고향으로 돌아가 도사道士가 되었다는 인물이다. 시선詩仙 이백을 하늘에서 귀양 온 적선인謫仙人이라고 불렀고 현종에게 추천하기도 했으며, 자신도 글씨에 능수능란했는데 특히 초서와 예서에 능했다.

슴을 파고들 뿐이다. 뭔가 자취를 남겨보려고 뛰어다닌 세월이 아쉽다는 말이다. 송나라 때 소식蘇軾이 아우 소철蘇轍에게 화답한 시구 중에 '설니홍조(雪泥鴻爪)'라는 말이 있다. 기러기가 눈 쌓인 진흙밭에 잠시 발자국을 남기고 사라지는 것과 같다는 뜻이다. 그러니 옥신각신하며 살 필요가 있겠느냐는 의미이다.

14. 살풍경

차가운 등燈에는 불꽃이 없고 털가죽 옷에는 온기가 없으니, 모두 쓸쓸한 풍경만을 조롱할 뿐이다.

몸이 말라 죽은 나무 같고 마음은 꺼져버린 재 같으면 완공頑空에 떨어짐을 면치 못한다.

寒燈無焰, 總是無溫, 總是播弄光景. 身如槁木, 心似死灰, 不免墮在頑空[7].

【해설】

육체는 말라 죽은 나무 같고 마음도 불 꺼진 재와 같다. 세상의 모든 것을 깨닫는 것을 전제로 하고 모든 것을 거기에 집중하면 오히려 더 허무해질 뿐이다.

7) 허무와 적막. 사람의 신체나 정신도 모두 공적空寂하다는 뜻으로, 소승불교에서 사용하는 개념이다.

15. 쉴 때는 쉬어라

사람이 굳이 쉬려고 하면 번뇌도 곧 사라져버리나, 만약 쉴 곳을 찾는다면 장가들고 시집보내는 것이 끝나더라도 일이 적지 않을 것이다.

승려나 도사가 좋다 하지만 마음 또한 깨닫지는 못할 것이다.

옛사람이 이르기를 "지금 쉬면 쉴 수 있으나, 그칠 만한 때를 찾는다면 때가 없으리라"[8)]고 했으니, 견해가 탁월하구나.

人肯當下休, 便當下了. 若要尋個歇處, 則婚嫁雖完, 事亦不少. 僧道雖好, 心亦不了. 前人云, 如今休去, 便休去, 若覓了時無了時, 見之卓矣.

【해설】

세속의 욕심을 끊어야만 진리를 찾을 수 있다. 그렇다고 해서 속세의 일을 다 깨달을 때까지 기다려서 도를 구하려 한다면 결국 끝까지 터득하지 못할 것이다. 속세에 연연하여 오락가락하다 보면 영원한 진리를 깨칠 수 없다.

---

8) 시인 백거이白居易의 시에 "내 나이 불혹을 지났으니 물러나 쉬는 것도 정녕 이른 것이 아니다.〔我年過不惑, 休退誠非早〕"(〈망강루望江楼〉)라고 하였으니, 마흔 살은 삶의 중요한 전환기임이 분명하다. 그러므로 '반생半生' 혹은 '중년中年'에 해당할 것이다.

16. 냉정해야 보인다

냉정한 입장에서 열정을 바라본 다음에야, 열정적일 때 처지의 분주함이 이롭지 않음을 알게 된다.

번거로운 곳에서 한가로운 곳으로 들어선 다음에야, 한가로운 가운데에 스며드는 맛이 가장 길다는 것을 깨닫게 된다.

從冷視熱, 然後知熱處之奔走無益. 從冗入閑, 然後覺閑中之滋味最長.

【해설】

어떤 일에 파묻혀 있을 때는 냉정해지기 어렵다. 일단 열정이 가시고 난 다음에야 비로소 자신이 얼마나 헛되이 분주하게 치달았는지 깨닫게 된다. 한가함 속에서 다가오는 맛은 번거로움 속에서는 결코 얻지 못하는 즐거움이다.

17. 멋진 삶

부유함과 귀함[9]을 뜬구름[10]처럼 여기는 풍조가 있다 하더라도, 꼭 바위나 동굴에 깃들어 살아야 하는 것은 아니다.

샘물이나 돌에 심취하는 기벽이 없다 하더라도, 늘 스스로 술에 취하고[11] 시에 탐닉해야 한다.

有浮雲富貴之風, 而不必巖棲穴處. 無膏肓泉石之癖, 而常自醉酒耽詩.

【해설】

공자도 부귀를 뜬구름처럼 여겼다. 의롭지 않으면서 부하고 귀한 것을 공자는 애써 외면하였다. 속세를 떠나 깊은 산속에서 생활하

9) 부귀에 대한 공자의 시각은 이러하다. "부유함과 귀함은 사람들이 바라는 바이지만 정당하게〔道〕 얻은 것이 아니면 누려서는 안 된다.〔富與貴是人之所欲也, 不以其道得之, 不處也〕"(《논어》 〈이인〉)

10) 공자는 《논어》 〈술이〉 편에서 "의롭지 못한 채 잘살고 귀하게 되는 것은 나에게는 뜬구름과 같은 것이다.〔不義而富且貴, 於我如浮雲〕"라고 말하였다. 공자는 부귀를 본능의 문제로 보면서도 도道에 입각해서 추구해야 한다는 잣대를 들이댔다.

11) 중국 최고의 시인 두보는 〈곡강曲江〉에서 이렇게 노래했다. "조정에서 돌아올 때 봄옷을 저당 잡히고 매일 강어귀에서 만취하여 돌아오네. 술빚은 가는 곳마다 있건만, 인생 칠십은 예로부터 드물구나. 꽃 속으로 날아드는 나비가 그윽하고, 물 위로 꽁지가 닿을 듯 나는 잠자리는 유유하네. 내 전하고픈 말은 풍광과 함께 흐르노니, 잠시나마 서로 즐기고 부디 저버리지 말라는 것이라네.〔朝回日日典春衣, 每日江頭盡醉歸. 酒債尋常行處有, 人生七十古來稀, 穿花蛺蝶深深見 點水蜻蜓款款飛, 傳語風光共流轉 暫時相賞莫相違〕" 이렇듯 풍류와 낭만이 있었던 두보였건만 만년에 이르러 폐결핵과 신경통에 시달리며 유랑을 계속하다가 지병인 고혈압으로 이순도 넘기지 못하고 세상을 떠나고 말았다. 늘 병마와 싸웠기에 생사에 초연할 수 없었고 술로 마음을 달래곤 했다.

고 산수에 빠져드는 것이 오히려 더 큰 행복을 가져다준다.

18. 남에게 맡길 것과 자신에게 맡길 것

[명예와 이익을] 다투는 일은 다른 사람의 말을 듣고 [명예를 다투는 데] 흠뻑 취해 있음을 싫어하지 마라.

고요하고 담박한 마음은 자신에게 맡기고 홀로 깨어 있음을 자랑하지 마라.

이것이야말로 부처가 말하는 바 제법諸法에 얽매이지 말고 공에도 얽매이지 말라는 것이니, 몸과 마음 두 가지가 자유자재인 것이다.

競逐聽人, 而不嫌盡醉. 恬淡適己, 而不誇獨醒. 此釋氏所謂, 不爲法纏, 不爲空纏, 身心兩自在者.

【해설】

명예와 이익을 다투는 것은 남들에게 맡기고 고요하고 담박한 마음을 기르는 데 힘써야 한다. 세상만물에 얽매이지 않는 자유로움이야말로 군자라면 지녀야 할 삶의 자세가 아니겠는가.

19. 생각과 마음에 달려 있다

[세월의] 길고 짧음은 한 가지 생각에서 말미암고 [공간의] 좁고 넓음은 한 치의 마음에 달려 있다.

그러므로 [마음의] 활동이 한가한 사람은 하루가 천년보다 아득하고, 뜻이 넓은 사람은 한 말 크기의 방도 넓기가 하늘과 땅 사이 같다.

延促由於一念, 寬窄係之寸心. 故機閑者, 一日遙於千古, 意廣者, 斗室寬若兩間.

【해설】

모든 것은 생각하기에 달렸다. 마음이 좁은 사람은 그에 걸맞게 하루가 천년처럼 길고, 뜻이 넓은 사람은 아무리 작은 방도 하늘과 너른 땅처럼 드넓은 법이다. 결국 마음가짐이 문제가 아니겠는가.

20. 덜어내고 덜어내라

[욕심을] 덜고 또 덜어내[12] 꽃을 심고 대나무 씨를 뿌리니, 모두 거꾸로 되어 오유선생[13]이 되었구나.

[아무것도] 잊을 수 없을 때까지 잊어 향을 사르고 차를 끓이니, 백의동자에게 전혀 물어볼 필요도 없다.

損之又損, 栽花種竹, 儘交還烏有先生. 忘無可忘, 焚香煮茗, 總不問白衣童子.

【해설】

널리 알려진 사마상여司馬相如와 도연명은 특유의 여유와 전원의 아름다움을 즐긴 문인들이다. 세상의 욕망을 버리고 꽃과 대나무를

---

12) 원문의 '손지우손損之又損'을 번역한 말로, 《노자》 48장에 나온다. 노자는 이렇게 말한다. "학문을 하면 [지식이] 날로 더해지고, 도를 닦으면 [지식이] 날로 덜어진다. 덜어지고 또 덜어져 무위無爲에 이르니, 무위하면 하지 못하는 것이 없다. 천하를 취하려 하면 언제나 일거리를 없애야 한다. 일이 있으면 천하를 취하기에는 부족하다.(爲學日益, 爲道日損. 損之又損, 以至於無爲, 無爲而無不爲. 取天下, 常以無事. 及其有事, 不足以取天下)" 앎을 구하고 도를 깨치려 할수록 더욱더 난감한 상황에 직면한다는 것이다. 노자는 모든 사고와 개념을 텅 비우고 오랫동안 직관하는 태도를 견지하라고 말한다.

13) 사마상여의 〈자허부子虛賦〉에 나오는 인물인 '오유烏有'는 '어찌 있으랴'라는 의미로 없다는 뜻이다. 《사기》 〈사마상여 열전司馬相如列傳〉에 의하면, 사마상여는 촉군 성도 사람으로 자는 장경長卿이다. 어려서부터 책 읽기를 좋아하고 격검擊劍을 배웠으므로 부모는 그를 견자犬子라고 불렀다. 사마상여는 일찍이 탁왕손卓王孫의 집에 머물다가 그의 딸 문군文君을 꾀어 함께 달아나 살 정도로 경박한 인물이다. 그는 인상여의 인물됨을 흠모하여 정치에 깊이 참여하고 싶어했지만, 그의 재능은 정치 무대가 아니라 문학에서 빛을 냈다.

즐기며 풍류를 외쳤던 이들로, 삶 자체가 무無의 세계였고 술을 마시지 않아도 무아無我와 망아忘我의 경지에 들어선 자들이었다.

21. 만족하는 경우와 그러지 못하는 경우

눈앞에 다가오는 모든 일에 만족할 줄 알면[14] 신선의 경지이나, 만족할 줄 모르면 보통 사람의 경지이다.

세상에 나타나는 모든 인연을 잘 사용하는 자는 살리는 계기를 만나지만, 잘 사용하지 못하는 자는 죽이는 계기만 만나게 된다.

都來眼前事, 知足者仙境, 不知足者凡境. 總出世上因, 善用者生機, 不善用者殺機.

【해설】

세상 모든 일에 만족할 줄 알면 신선의 경지로 들어가는 것이지

---

14) 원문의 '지족知足'을 번역한 것이다. "화는 만족할 줄 모르는 것보다 더 큰 것이 없고, 허물은 얻으려고 욕심내는 것보다 더 큰 것이 없다. 그러므로 만족함을 아는 데서 얻는 만족이야말로 늘 만족하게 되는 것이다.〔禍莫大於不知足. 咎莫大於欲得. 故知足之足, 常足矣〕"(《노자》 46장)라는 의미이다. 한비자는 《한비자》 〈유로喩老〉 편에서 이 구절을 인용하며 다음의 예를 들어 설명하고 있다. 지백智伯은 범씨范氏와 중항씨中行氏를 병합하고 조趙나라를 공격하려 했으나, 한韓나라와 위魏나라가 지백에게서 등을 돌려 지백의 군대가 진양晉陽에서 패했다. 결국 지백은 고량高梁 동쪽에서 죽었으며, 영토는 마침내 세 나라로 나뉘었고 그의 머리는 잘려 옻칠이 된 다음 요강으로 만들어졌다. 지백의 무리한 욕심으로 인해 자신도 파멸에 이르고 백성들 역시 갈기갈기 찢기는 운명에 처한 것이다. 한비자는 하나의 사례를 더 든다. 초나라 장왕이 황하와 형옹衡雍 사이에서 승리하고 돌아와 손숙오孫叔敖에게 상을 주려고 하자, 손숙오는 한수漢水 부근의 모래와 자갈이 있는 토지를 청했다. 당시 초나라 법은 신하에게 녹봉을 주고 두 세대가 지난 후에는 회수하도록 돼 있었는데, 오직 손숙오만은 계속 갖고 있었다고 한다. 그의 토지를 회수하지 않은 까닭은 땅이 척박했고 아홉 대까지 제사가 끊이지 않았기 때문이었다. 손숙오의 처신은 무리한 욕심이 덧없다는 것을 잘 보여준다. 욕심이 없으면 화가 절로 피해지고 복이 굴러오기 마련이고, 마음을 비울 때 위기도 차분하게 넘길 수 있는 법이다.

만, 반대의 경우에는 속세에 질질 끌려다니는 꼴이 된다. 욕심을 버리면 자유로워진다. 인간을 죽이고 살리는 기틀은 결국 자신과 이어지는 인연을 선하게 대하는 데 있다.

22. 권세에 빌붙지 말고, 고요하고 편안하라

[권력이라는] 불꽃에 내달리고 권세에 아부하면 재앙이 몹시 비참하고도 빠르게 찾아온다.

고요함에 깃들고 편안함을 지키는 맛은 가장 담담하고 가장 오래간다.

趨炎附勢之禍, 甚慘亦甚速. 棲恬守逸之味, 最淡亦最長.

【해설】

권력과 권세를 향해 나아가는 자는 늘 재앙에서 벗어날 수 없다. 높이 오를수록 더욱 구설수에 시달리게 되고, 이목이 가려지고 협박을 받기도 하며, 심지어 자멸하게 되는 경우마저 생긴다. 욕심을 버리고 마음의 편안함을 추구하는 삶이야말로 긴 인생여정에서 행복의 길이다.

23. 유유자적

소나무 사이의 시냇가에서 지팡이를 끌고 홀로 가다가 서 있을 때, 구름은 해진 누더기 옷에서 피어나고,

대나무 창 아래에 책을 베개 삼아 높이 누워 있다가 깨어날 때, 달빛은 차가운 담요로 파고드네.

松澗邊, 携杖獨行, 立處, 雲生破衲. 竹窓下, 枕書高臥, 覺時, 月侵寒氈.

【해설】

울창한 소나무 사이의 시냇가에서 유유자적한 삶을 얻고, 가난 속에서도 신선의 경지를 얼마든지 누릴 수 있다. 자연 속에서 청빈한 삶을 견지할 때 마음의 평온함과 고아한 흥취를 일깨울 수 있지 않은가.

24. 병들 때와 죽을 때를 생각해라

색욕[15]이 불꽃처럼 타오르더라도 하나의 생각이 병들 때에 미치면 차가운 재처럼 식어버리고

명예와 이익이 엿처럼 달콤할지라도[16] 하나의 생각이 죽음의 입장에 이르면 맛이 밀랍蜜蠟 씹는 것과 같게 된다.

그러므로 늘 죽음을 근심하고 병을 걱정하면, 허황된 일을 없애고 참된 마음을 기를 수 있다.

色慾火熾, 而一念及病時, 便興似寒灰. 名利飴甘, 而一想到死地, 便味如嚼蠟. 故人常憂死慮病, 亦可消幻業而長道心.

15) 공자도 색욕과 여색의 문제를 경계했다. "끝났구나! 나는 덕을 좋아하기를 마치 여색을 좋아하는 것처럼 하는 사람을 보지 못했다.〔已矣乎! 吾未見好德如好色者也〕."(《논어》〈위령공衛靈公〉)

16) 사실 명예는 대단히 중요해 이 말처럼 쉽게 치부할 문제가 아닐 수도 있다. 사마천의 이 푸념처럼 말이다. "사람은 물론 한 번 죽지만 어떤 죽음은 태산보다 무겁고, 어떤 죽음은 기러기 털보다 가볍다.〔人固有一死, 或重於泰山, 或輕於鴻毛〕"(〈보임소경서報任少卿安書〉) 궁형을 당한 사마천은 그때의 심정을 〈친구 임안에게 보낸 편지〔報任安書〕〉에 이렇게 썼다. "내가 죽임을 당하더라도 아홉 마리 소 가운데 터럭 하나 없어진 것과 같으니 땅강아지나 개미와 무엇이 다르겠는가? 세상 사람들은 가장 수치스러운 일을 당하고도 죽지 못한 졸장부라고 비웃을 걸세." 사마천은 땅강아지나 개미와 다를 바 없는 초라한 자기 처지에 가슴 아파했다. 그러면서도 치욕스러운 삶을 이어간 데는 아버지 사마담司馬談의 역사를 기록하라는 유언에 따라《사기》를 집필하여 자신의 이름을 천하에 알리고자 한 까닭도 있었다.

【해설】

불처럼 타오르는 욕망도 금방 식어버리고, 모두들 추구하는 명예욕도 금방 아무 맛도 없어져버린다. 사람이 병들 때와 죽을 때를 생각하면 참된 마음이 우러나는 것도 당연한 이치이다.

25. 한 걸음 물러서라

앞서려고 다투는 지름길은 좁으니 한 걸음 물러나면 한 걸음만큼 저절로 넓고 평평해진다.

짙고 기름진 맛은 짧으니 한 푼만이라도 맑고 담백하면 한 푼만큼 저절로 멀리 오래가리라.

爭先的徑路窄, 退後一步, 自寬平一步. 濃艶的滋味短, 淸淡一分, 自悠長一分.

【해설】

부귀공명으로 향하는 길은 좁고 험한 길이므로 한 걸음 물러나는 것이 편안함의 지름길이다. 입에 맛있는 음식도 싫증나기 마련이므로 인생의 맛도 결국 담담한 것이 오래간다.

26. 허둥댈 때와 죽을 때

허둥댈 때 본성을 어지럽히지 않으려거든 모름지기 한가할 때 마음과 정신이 맑아져야 하고,

죽을 때 마음이 흔들리지 않으려거든 모름지기 살아 있을 때 사물의 이치를 깨달아야 한다.

忙處不亂性, 須閑處心神兩得清. 死時不動心[17], 須生時事物看得破.

17) 원문의 '부동심不動心'이라는 단어는 《맹자》〈공손추상〉 편에 나온다. 맹자가 제자 공손추와 함께 진정한 용기와 부동심에 대해 문답하는 부분인데 호연지기에 대한 논의로 마무리된다. "감히 묻겠는데 선생님께서는 어디에 장점이 있으십니까?" "나는 말을 알며 내 호연지기를 잘 기른다.〔我知言, 我善養吾浩然之氣〕" "감히 묻겠습니다. 무엇을 호연지기라고 합니까?" "말하기가 어렵다. 그 기氣의 양상은 지극히 크고 굳세니, 바르게 하는 것으로써 길러서 해가 없으면 하늘과 땅 사이에 꽉 차게 된다. 그 기의 양상은 의와 도의 짝이 되는 것이니, 이것이 없으면 쭈그러진다. 이는 거듭되는 의가 만들어내는 것이니 하나의 의가 엄습하여 취하는 것이 아니다. 행한 것이 마음에 만족스럽지 않은 점이 있으면 쭈그러진다. 그러므로 나는 '고자告子는 애당초 의를 알지 못한다'고 말했으니, 그 의를 바깥에 있는 것으로 여기기 때문이다. 호연지기를 기르는 것을 일삼으면서 효과를 미리 기대하지 않고, 마음에 잊지도 않으며, 조장하지도 않아서 송나라 사람처럼 하지 말아야 한다. 송나라 사람 가운데 벼의 싹이 자라지 못함을 안타깝게 여겨 뽑아놓은 이가 있었다. 그는 자기 식구들에게 '벼의 싹을 도와 자라게 하느라 피곤하다'고 말했다. 놀란 아들이 논에 달려가보니 벼의 싹은 말라 죽어 있었다. 천하에는 벼의 싹을 도와서 자라게 하는 이가 많다. 유익하지 않다고 생각해서 내버려두는 이는 벼의 싹에 김을 매지 아니하는 자이고, 도와서 자라게 하는 이는 벼의 싹을 뽑는 자이니, 유익하지 않을 뿐만 아니라 또한 해치는 것이다."

부동심과 연계된 호연지기란 인간의 본래 모습을 실현할 수 있는 넓고 큰 기운을 말한다. 호연지기를 잘 기르기 위해서는 인간의 본성이 얼마나 고귀하고 가치 있는가를 인식하는 것이 중요하다. 호연지기를 기르는 방법은 곧은 마음을 보존하고 의를 지속적으로 실천하는 것인데, 이 두 가지를 조금도 게을리하지 말되 성급하면 안 된다.

【해설】

아무리 다급할지라도 늘 본성을 지키기 위해 노력해야 하는데, 이는 평상시 청렴이 몸에 배어 있어야 가능하다. 죽음에 임해서도 평정심을 유지하려면 살아 있을 때 사물의 이치를 깨달아야 한다.

27. 속세 벗어나기

숲속에 편안하게 은둔하면 영예와 욕됨이 없어지고,[18]

도의를 지키는 길에는 [마음의] 뜨거움과 차가움도 없어진다.

隱逸林中無榮辱. 道義路上無炎凉.

【해설】

속세의 영욕을 벗어나야 마음이 편안하고, 부귀와 빈천을 구분하지 않아야 행복의 참맛을 알 수 있다.

18) 도연명은 이 구절과 관련된 시인이다. 그는 진晉나라 사람으로, 이름은 잠潛이고 연명은 자이다. 도연명이 살던 시대에는 동진의 왕실이나 사족들의 세력이 약해지고 신흥 군벌들이 대두하여 서로 각축을 벌였다. 군벌들은 동진의 왕을 유폐시키거나 사살했고, 자기들끼리 엎치락뒤치락하며 흥망성쇠를 거듭하였다. 또한 이민족의 침략과 농민 봉기 등이 끊이지 않아 백성은 도탄에 빠져 허덕이고 있었다. 당시 도연명의 집안은 대단하지는 않았으나 그의 학식은 보수적 문인 계층에 속했다. 그는 신흥 군벌들과 어울릴 수 없어서 정계를 은퇴했다. 〈귀거래사歸去來辭〉를 쓰고 전원으로 들어가 몸소 농사를 지었으며, 때때로 술에 취해 "동쪽 울타리 아래에서 국화를 따다가 유연히 남산을 바라보는〔採菊東籬下, 悠然見南山〕" 은일隱逸의 풍류를 즐겼다. 그의 유명한 〈잡시雜詩〉에도 그런 마음이 잘 나타나 있다.
"인생은 뿌리 없이 떠다니는/밭두렁의 먼지 같은 것./바람 따라 흐트러져 구르는/인간은 원래 무상한 몸/세상에 태어난 모두가 형제리니/어찌 반드시 골육만이 육친이랴?/기쁨 얻거든 마땅히 즐겨야 하며/말술 이웃과 함께 모여 마셔라./젊은 때는 다시 오지 않으며/하루에 새벽은 두 번 맞지 못하나니/때를 놓치지 말고 부지런히 일해라./세월은 사람을 기다리지 않으니.〔人生無根蔕 飄如陌上塵 分散隨風轉 此已非常身 落地成兄弟 何必骨肉親 得歡當作樂 斗酒聚比隣 盛年不重來 一日難再晨 及時當勉勵 歲月不待人〕" 맨 마지막의 '세월부대인歲月不待人'처럼 세월은 한번 가면 다시 돌아오지 않는다.

28. 버리고 떨쳐 보내라

더위는 없앨 수 없지만 더위로 인한 번뇌를 없애면 몸이 늘 시원한 누대에 있다.

곤궁함은 정녕 떨쳐 보낼 수 없지만 곤궁함으로 인한 근심을 버리면 마음은 늘 편안하고 즐거운 오두막집 속에 있다.

熱不必除, 而除此熱惱, 身常在淸凉臺上. 窮不可遣, 而遣此窮愁, 心常居安樂窩中.

【해설】

겉으로 드러난 날씨가 문제가 아니고 마음속으로 어떻게 느끼느냐가 문제다. 가난이라는 근심을 떨쳐버리면 마음이 절로 즐거워진다. 그러하기에 공자도 "의롭지 못한 채 잘살고 귀하게 되는 것은 나에게는 뜬구름과 같은 것이다.〔不義而富且貴, 於我如浮雲〕"(《논어》〈술이〉)라고 말하지 않았던가.

29. 물러나고 놓아라

한 걸음 나아갈 때는 한 걸음 물러날 것을 생각해야 오도 가도 못하는 재앙[19]을 면할 수 있으며,

일에 착수할 때는 먼저 손을 놓을 것을 생각해야 호랑이 등 위에 탄 위기[20]에서 벗어날 수 있다.

進步處, 便思退步, 庶免觸藩之禍. 著手時, 先圖放手, 纔脫騎虎之危.

19) 이런 상황을 '진퇴양난進退兩難'이라고 한다.《후한서後漢書》〈양수전楊脩傳〉을 보면 비극적인 인물 양수楊脩에 관한 이야기가 나온다. 위魏나라 조조의 군대가 촉나라 유비劉備와 한중漢中을 점령하기 위해 한창 싸울 때 일이다. 조조는 직접 대군을 이끌고 한중 탈환에 나섰다. 한중은 본래 진秦나라를 멸망시킨 유방이 항우로부터 분봉받은 땅으로, 한강漢江, 즉 양자강의 큰 지류 북쪽의 험준한 요충지였다. 그러나 촉나라 군대가 이미 한중에 이르러 그곳을 점령하려 하고 있었다. 조조와 유비의 병력은 팽팽하여 수개월에 걸친 지구전에 들어가게 되었다. 조조의 군대는 자기 본거지로부터 너무 멀리 떨어져 있고 장기전을 대비하지 않아 군량미와 병력, 모든 면에서 최악의 상태였다. 더구나 유비의 군대가 식량 보급로를 모두 차단해서 옴짝달싹할 수 없는 처지였다. 굶주림을 참다못해 달아나는 병사가 점점 늘어났다. 조조는 결단을 내려야 했다. 그런데 하루는 국그릇에 닭갈비가 있는 것을 보고 퍼뜩 머리를 스쳐가는 것이 있어 이렇게 되뇌었다. "계륵鷄肋이라……." 마침 그때 수하가 조조에게 그날 밤의 암호를 물어왔다. 조조는 '계륵'이라고 말해주었다. 그 말뜻을 유일하게 알아들은 재사 양수는 부하들에게 철수하라고 명했다. 양수는 기재奇才가 뛰어나 천하의 조조조차 자기 재주가 30리는 떨어진다고 말할 정도였다. 조조의 말뜻을 깨닫지 못한 사람들이 양수에게 그 뜻을 묻자, 양수는 이렇게 대답했다. "지금 한중은 닭의 갈비뼈 같은 형세로, 버리기는 아깝지만 공격하기도 어렵습니다. 그러니 철수를 염두에 두고 계신 듯합니다." 조조는 제멋대로 군령을 내린 양수를 참형에 처했다. 그러나 끝내 조조도 얼마 뒤 군대를 철수시켜 위나라로 돌아갔다. 이른바 '계륵'이라는 고사성어의 출처이다.

【해설】

잘나갈 때는 그러지 못할 때를 생각해야 하고, 일에 착수할 때는 출구전략도 생각해야 한다. 그러지 못하면 사나운 호랑이 등에 올라타서 내리지도 못하는 곤경에 처할 수밖에 없다.

20) 원문에는 '기호지위騎虎之危'라고 되어 있으나 '기호지세騎虎之勢'라는 말에서 나왔다. 《수서隋書》〈독고황후전獨孤皇后傳〉에 나오는 말이다. 위진남북조 시대에 양견楊堅이라는 사람이 있었다. 그는 북주北周 의제義帝의 외척으로서, 재상이 되어 국정을 도맡아 처리했다. 그는 한족이었으므로 이민족인 오랑캐에게 점령당한 나라를 되찾으려는 마음으로 애태우고 있었다. 그런 도중에 의제가 죽었다. 의제의 아들 정제靜帝는 어리석고 나이도 어리므로 양견이 탁월한 수완으로 마침내 황제 지위를 물려받아 수隋나라를 세우고, 나중에 남조南朝 진陳나라를 멸망시켜 천하를 통일하였다. 양견의 아내는 남편이 큰 뜻을 품고 있음을 일찍이 알고 있었다. 남편이 천하를 통일하기 위해 궁중으로 들어가 일을 도모하려고 할 때, 그녀는 이렇게 말했다. "하루에 천 리를 달리는 호랑이 등에 올라탄 이상 중도에 내릴 수는 없습니다. 중도에 내리면 호랑이에게 잡아먹힐 것입니다. 대세는 이미 그러하여 호랑이를 탄 형세이니 내릴 수 없습니다. 힘써 하십시오.〔大事已然, 騎虎之勢, 不得下, 勉之〕" 양견은 여장부다운 아내의 말에 힘입어 천하를 통일하였다. 양견이 바로 수隋나라 문제文帝이고, 그 아내는 독고황후獨孤皇后이다.

30. 탐욕보다 만족이 중요한 이유

탐욕스럽게 얻으려는 자는 금을 나눠주면 옥을 얻지 못했다고 한스러워하고,[21)]

공公의 작위를 주어도 제후 자리를 받지 못함을 원망하니, 권력과 부귀를 가졌으면서도 구걸하고 빌어먹는 것을 달가워한다.

만족할 줄 아는 사람은 명아주국 같은 음식도 기름진 음식과 좋은 곡식보다 맛있게 여기고,

베옷과 갈포도 여우 가죽보다 따뜻하게 여기니, 호적에 편입되어 있는 서민도 왕이나 공보다 낫다.

21) '득롱망촉得隴望蜀'이라는 고사성어가 있다. 농 땅을 얻자 촉나라를 바란다는 말로, 인간의 끝없는 욕심을 비유한다. 《후한서後漢書》〈잠팽전岑彭傳〉에 나오는 말이다. 후한을 세운 광무제 유수가 천하통일을 막 이루려고 할 무렵, 당시 세력가들은 대부분 유수에게 귀순했지만 농서 땅의 외효와 촉 땅의 공손술만은 강력히 저항하였다. 유수의 신하들은 이 두 곳을 당장 토벌하자고 건의하였으나, 유수는 병사들에게 휴식이 필요할 뿐 아니라 언젠가는 자기 소유가 될 거라는 확신이 있으므로 고개를 가로저었다. 얼마 뒤 외효가 질병으로 죽자 그 아들 외구순隗寇恂이 유수에게 항복했다. 이제 유수의 수하에 들어오지 않은 것은 촉 땅뿐이었다. 이때 유수가 말했다. "인간은 만족할 줄 모른다고 하던데, 농 땅을 얻고 나니 촉 땅까지 바라게 되는구나.〔人若不知足, 旣平隴, 復望蜀〕" 그로부터 4년 뒤 대장군 잠팽岑彭을 거느린 유수는 촉 땅을 토벌하여 전국을 평정하고 제국의 기초를 굳게 다졌다. 후한 헌제獻帝 때 일도 있다. 당시 유비는 오늘날의 사천성四川省 서남부에 있는 촉 땅을 근거로 하여 세력을 구축하고, 강남의 손권과 연합해 대사를 논하고 있었다. 그리고 조조는 한중을 손에 넣고 농 땅까지 차지하였다. 명장 사마의司馬懿가 조조에게 조금 더 진격하여 촉 땅을 손에 넣자고 하자, 조조는 "인간의 욕심은 끝이 없소. 이미 농 땅을 얻었는데 어찌 촉 땅까지 바라겠소?"라며 더 이상 진격하지 않았다.

貪得者分金, 恨不得玉. 封公, 怨不受侯, 權豪自甘乞丐. 知足者藜羹, 旨於膏粱. 布袍, 煖於狐貉, 編民不讓王公.

【해설】

금보다 옥을 더 갖고 싶은 것이 사람의 마음이다. 공이라는 벼슬보다 제후 자리가 더 높다고 생각하는 자는 마음씀이 거지와 같다. 만족을 알아야만 나물국도 맛있고 베로 만든 옷도 비단보다 따뜻하게 여겨진다. 이런 사람은 아무리 천한 서민이라 할지라도 이미 왕이나 공의 경지를 넘어선 것이다. 노자도 "만족할 줄 알면 욕되지 않고, 그칠 줄 알면 위태롭지 않아 오래도록 지속될 수 있다.〔知足不辱, 知止不殆, 可以長久〕"(《노자》44장)고 하지 않았던가.

31. 뽐내지 말고 일을 줄여라

명성을 뽐내는 것이 명성에서 도망치는 정취만 못하듯,

일을 단련시키는 것이 어찌 일을 줄여 한가로워지는 것만 같겠는가?

矜名, 不羞逃名趣. 練事, 何如省事閑.

【해설】

다른 사람의 잣대에 의해 움직이는 것이야말로 부질없는 짓이다. 이름을 뽐내고 뭔가를 하려는 것 자체가 결국 삶의 즐거움을 갉아먹는다.

32. 도를 깨달은 선비

고요함을 좋아하는 사람은 흰 구름이나 그윽한 바위를 보며 현묘한 이치를 통달하고,

영화를 좇는 사람은 맑은 노래와 정묘한 춤을 즐기며 피곤함을 잊는다.

스스로 [도를] 터득한 선비만이 시끄러움이나 고요함이 없고 번영과 쇠퇴함이 없기에, 가는 곳마다 스스로 유유자적하는 천하가 아님이 없다.

嗜寂者, 觀白雲幽石而通玄. 趨榮者, 見淸歌妙舞而忘倦. 唯自得之士, 無喧寂, 無榮枯, 無往非自適之天.

【해설】

속세의 번잡함을 좋아하는 사람과 영화를 좇는 부류는 아무리 높은 지위에 올라도 스스로 도를 터득한 사람의 만족에 미치지 못한다. 중국 송나라의 임포林逋라는 시인은 평생 장가도 들지 않고 여유로운 삶을 살았다. 그의 시는 청고淸高하면서 유정幽靜한 풍모를 드러내었다. 그는 시명詩名으로 평가되는 것을 꺼려 지은 시를 많이 버렸고, 자기 시가 후세에 전해질까 두려운 나머지 기록하지도 않았다고 한다. 그는 서호西湖 근처의 고산孤山에서 은둔 생활을 했는데 자주 호수에 조각배를 띄워 근처 절에 가서 노닐었으며, 학이 나는 것을 보고 객이 오는 줄을 알았다고 한다. 임포는 아내와

자식이 없는 대신 자신이 머무는 곳에 수많은 매화나무를 심어놓고 학을 기르며 살았다. 그래서 사람들은 그가 매화 아내에 학 아들〔梅妻鶴子〕을 두었다고 했다.

33. 두 극단

외로운 구름은 산속 구멍에서 피어나오지만, 가고 머묾에 하나도 얽매이는 바가 없다.

밝은 달은 하늘에 걸려 있으나, 고요하든 시끄럽든 둘 다 상관하지 않는다.

孤雲出岫, 去留一無所係. 郎鏡懸空, 靜躁兩不相干.

【해설】

외로운 구름과 밝은 달은 무엇에도 얽매이는 바 없이 어디든 가고 만물을 고루 비춘다. 우리 인생도 구름과 달처럼 거리낌 없다면 얼마나 좋겠는가.

34. 담박함이 최상이거늘

그윽하고 오래된 정취는 진하고 맛좋은 술에서 얻어지는 것이 아니고, 콩물을 마시고 물을 마시는 데서 얻어진다.

슬퍼 탄식하는 감회는 고요하고 적막한 데서 생기는 것이 아니고, 피리를 불고 거문고를 뜯는 데서 생겨난다.

진실로 알겠으니, 짙은 곳의 맛은 늘 짧고 담박함 속의 흥취는 유독 참되구나.

悠長之趣, 不得於醲釅, 而得於啜菽飮水. 惆悵之懷, 不生於枯寂, 而生於品竹調絲. 固知濃處味常短, 淡中趣獨眞也.

【해설】

진정한 맛은 부귀가 아닌 가난 속에서 얻어진다. 피리 불고 거문고 뜯는 평화로움 속에서 담박한 맛이 피어난다. 삶의 진정한 흥취는 결국 가진 데 있는 것이 아니라 덜 가진 데 있다.

35. 마음에 두는 것이 없어야

선종에서 말하기를 '허기가 찾아오면 밥 먹고 피곤함이 찾아오면 잠잔다'고 했고,

시의 묘미를 드러내는 말 속에 '눈앞에 있는 경치는 말로 하는 언어 속에 있다'고 했으니,

대체로 지극한 고고함은 지극한 평범함에 깃들어 있고 지극한 어려움은 지극한 평이함에서 나온다.

뜻을 두고 있으면 도리어 멀어지고, 마음을 두지 않으면 저절로 가까워진다.

禪宗曰, 饑來喫飯倦來眠, 詩旨曰, 眼前景致口頭語. 蓋極高寓於極平, 至難出於至易, 有意者反遠, 無心者自近也.

【해설】

지극히 높은 진리는 기이함이 아닌 평범함 속에 깃들어 있다. 자연의 진리는 무심한 경지에 있어서 거기에 마음을 두면 자연은 내 곁을 떠나가버린다. 노자도 "천도는 [사사로이] 친함이 없어 언제나 선한 사람과 함께 한다.〔天道無親, 常與善人〕"(《노자》 79장)고 말하며 무심無心한 자연을 찬미했다.

36. 산이 높아도 구름이 걸리지 않는 이유

물이 흐르나 경계엔 소리가 들리지 않으니, 시끄러운 곳에 처하여 고요함을 깨닫는 정취를 터득할 것이요,

산이 높아도 구름이 걸리지 않으니, 있음에서 없음으로 들어가는 기밀에 깨달음이 있는 것이다.

水流而境無聲, 得處喧見寂之趣. 山高而雲不碍, 悟出有入無之機.

【해설】

깊게 흐르는 물은 소리가 들리지 않는다. 사람도 인격이 깊으면 속세에 살아도 고요한 맛이 있다. 높은 산에 구름이 걸리지 않듯이, 세속에 초연한 경지야말로 진정 무의 경지로 들어서는 지름길이다.

37. 집착하거나 탐내게 되면

산림은 빼어난 곳이지만, 연연하는 데 빠지면 저잣거리나 조정이 되어버리고,

글과 그림은 고아한 일이지만, 탐내어 미치면 장사치가 되어버린다.

마음에 물듦과 집착이 없으면 욕계(인간계)가 신선의 도시요,[22)]마음에 연연함이 있으면 즐거운 경지도 괴로운 바다가 되어버린다.

山林是勝地. 一營戀, 便成市朝. 書畵是雅事. 一貪痴, 便成商賈. 蓋心無染著, 欲界是仙都. 心有係戀, 樂境成苦海矣.

22) 이런 경지야말로 '무하유지향無何有之鄕'이 아니겠는가. 《장자》〈응제왕應帝王〉 편에 다음과 같은 이야기가 있다. 천근天根이 은양殷陽에서 노닐다 요수蓼水 강가에 이르러 문득 무명인無名人을 만나게 되자 이렇게 말했다. "천하를 다스리는 방법을 묻고 싶습니다." 무명인이 대답했다. "물러가라. 넌 야비한 인간이다. 얼마나 불쾌한 물음이냐? 난 지금 조물주와 벗이 되려 하고 있다. 싫증이 나면 다시 저 아득히 높이 나는 새를 타고 이 세계 밖으로 나아가, 아무것도 없는 곳에서 노닐며(以出六極之外, 而遊無何有之鄕) 아무것도 없는 드넓은 들판에서 살려 한다. 그런데 너는 무엇 때문에 천하를 다스리는 일 따위로 내 마음을 움직이려 하느냐?" 《장자》〈지북유知北遊〉 편에는 이런 내용이 있다. "이제 시험 삼아 당신과 함께 무하유無何有의 경지에서 소요하고 피아彼我의 대립을 떠나 만물과 하나가 되어 끝이 없는 지도至道에 대해 말해보겠소. 그리고 시험 삼아 당신과 함께 무위의 입장에서 편안하고 고요하게, 시원하고 깨끗하게 만물과 조화된 채 유유자적해보겠소. 그렇게 하면 마음이 외물에 의해 움직이지 않고 공허해지며, 따라서 마음은 자연을 따라 움직일 뿐 이쪽에서 사물을 향해 가는 일이 없고 마음이 가 다다르는 데도 알지 못하오."

【해설】

산림과 글과 그림에 욕심과 세속의 그림자가 드리우면 고통스러운 바다로 빠져들기 마련이므로, 이에 대한 집착에서 벗어나는 것이 소중하다.

38. 청정하고 편안한 경지에 있어야

시간도 시끄럽고 번잡한 때를 당하면 평일에 기억하는 바도 모두 멍하니 잊어버리고,

경계도 청정하고 편안한 경지에 있으면 일찍이 잊어버린 바도 또렷하게 눈앞에 있게 된다.

가히 알 수 있으니, 고요함과 시끄러움은 약간의 차이로 나뉘고, 어둠과 밝음도 갑작스럽게 달라진다.

時當喧雜, 則平日所記憶者皆漫然忘去. 境在淸寧, 則夙昔所遺忘者又恍爾現前. 可見靜躁稍分, 昏明頓異也.

【해설】

마음은 고요할수록 또렷하게 밝아지고 시끄러울수록 혼미해진다. 그러므로 고요함과 편안함을 지키는 것이 마음의 안정을 위해 필요하다.

39. 속세를 벗어나는 법

갈대꽃 넣어 만든 이불 아래 눈 위에 눕고 구름 속에 잠들면 한 방 가득한 밤기운을 온전히 간직할 것이요,

대나무 잎 같은 [푸른] 술잔 속에 바람과 달을 읊조리고 희롱하면 먼지와 티끌이 한없이 쌓인 속세를 피할 수 있게 된다.

蘆花被下, 臥雪眠雲, 保全得一窩夜氣. 竹葉杯中, 吟風弄月, 躱離了萬丈紅塵.

【해설】

가난해서 갈대꽃을 넣어 만든 얇은 이불을 덮고 살더라도 마음이 고요하면 맑은 기운을 지닐 수 있다. 홀로 술잔을 기울여도 바람과 달을 벗 삼으면 이미 신선의 경지에 이른 것이다.

40. 진함이 담박함보다 못하다

곤룡포에 면류관 쓴 행렬 속에 명아주 지팡이를 짚은 은자가 있으면 고상한 풍취를 한 단계 더하게 되고,

어부와 나무꾼이 오가는 길에 곤룡포 입은 조정의 선비가 있으면 도리어 속된 기운만 더해진다.

정녕 알겠으니, 농익음은 담박함을 이기지 못하고, 속됨은 고아함만 같지 못하다.

袞冕行中, 著一藜杖的山人, 便增一段高風. 漁樵路上, 著一袞衣的朝士, 轉添許多俗氣. 固知濃不勝淡, 俗不如雅也.

【해설】

예복과 예관을 차려입은 고관들의 행렬 속에 은자가 한 명 있으면 고상한 맛을 더하지만, 어부나 나무꾼 사이에 고관이 끼어 있으면 속세의 기운만 서리게 된다. 부귀는 빈천만 못하며 세속의 기운은 고아함을 결코 따라잡을 수 없다.

41. 인연을 너무 끊는 것도 좋은 것은 아니다

속세를 벗어나는 이치는 세상을 살아가는 가운데 있으니, 굳이 인연을 끊어버려 세상을 피해야만 하는 것은 아니다.

마음을 깨닫는 공부는 마음을 다하는 데 있으니, 굳이 욕망을 끊어버려 [식어버린] 재와 같은 마음을 할 필요는 없다.

出世之道, 卽在涉世中. 不必絶人以逃世. 了心之功, 卽在盡心內. 不必絶欲以灰心.

【해설】

속세를 벗어나는 길이 사람들과의 관계를 모두 끊어버리는 것은 아니다. 속세에 살면서도 명예와 이익을 탐하는 마음을 끊어버리는 것이야말로 자신의 진정한 본성을 성찰하는 계기가 된다.

42. 내가 어디에 머무는가가 중요하다

이 몸이 늘 한가로운 곳에 놓여 있다면, 영화와 치욕, 이해득실, 그 무엇이 나를 그릇되게 할 수 있겠는가.

이 마음이 늘 고요한 가운데에서 편안하다면, 옳음과 그름, 이로움과 해로움, 그 무엇이 나를 속이고 우매하게 하겠는가.

此身常放在閒處, 榮辱得失, 誰能差遣我. 此心常安在靜中, 是非利害, 誰能瞞昧我.

【해설】

늘 유유자적한 경지에 머물면 어떠한 부귀공명도 소용없으며, 고요함을 즐긴다면 어떠한 유혹도 떨쳐나갈 수 있을 것이다.

43. 별천지

대나무 울타리 아래에서 문득 개 짖고 닭 우는 소리 들리니 황홀함이 마치 구름 속 세계에 있는 듯하고,

책으로 둘러싸인 서재에서 고아하게 읊어대는 매미 소리와 시끄럽게 우는 까마귀 소리 들리니 비로소 고요함 속의 천지를 알겠구나.

竹籬下, 忽聞犬吠鷄鳴[23], 恍似雲中世界. 芸窓[24]中, 雅聽蟬吟鴉噪, 方知靜裡乾坤.

【해설】

대나무 울타리가 있고 개 짖는 소리와 닭 우는 소리가 들리는 전원은 마치 신선의 세계인 듯하고, 자신만의 서재에서 책을 읽으

23) 원문의 '견폐계명犬吠鷄鳴'은 다음과 같은 노자의 말을 떠올리게 한다. "그 [먹던] 음식을 달게 여기고, 그 [입던] 옷을 아름답게 여기며, 그 사는 곳을 편안히 여기고, 그 풍속을 즐거워하게 하니, 이웃 나라가 서로 바라보고, 닭 울고 개 짖는 소리가 들릴지라도 백성들은 늙어 죽을 때까지 서로 오고 가지 않는다.〔甘其食, 美其服, 安其居, 樂其俗, 隣國相望, 鷄狗之聲相聞, 民至老死不相往來〕"(《노자》 80장) 노자가 내세운 이상적인 세계는 결국 소박한 사람들이 사는 소박한 세계이다. 어떠한 문화현상도 없고 서로 다른 다양성 속에서 장애를 비롯한 소외 요소가 존재하지 않는 조화의 세계, 누구나 주체적으로 일하며 성찰하고 공유하는 세계, 자아는 자아대로 머물면서 타자他者와 동화되어 모든 사람이 하나로 융화되어 사는 세계이다. 모든 이기심과 허욕, 거만함 등이 녹아버리는 세계이며, 사람과 사람 사이의 인간적 유대관계가 강화되고 친밀감이 확장되어 문명이 거부되고 인위가 배척되며 번거로운 제반 사회제도가 제거된 국가이다.

24) '운창芸窓'에서 '운'은 향초의 하나로 그 잎을 책 속에 넣으면 좀이 슬지 않는다고 한다. 운창은 장서藏書가 있는 서재를 뜻한다.

며 바깥의 매미와 까마귀 소리를 들으면 그 공간이 또하나의 세계 이다.

44. 영예와 나아감을 바라지 않거늘

내가 영예를 바라지 않는데 어찌 이익과 녹봉이라는 향그런 미끼를 근심할 것이며,

내가 나아감을 다투지 않는데 어찌 벼슬살이라는 위기를 두려워하겠는가.

我不希榮, 何憂乎利祿之香餌. 我不競進, 何畏乎仕官之危機.

【해설】

세상의 물질적 욕망을 다투지 않으면 어떤 유혹에도 걸려들지 않고, 남들보다 앞서려 하지 않으면 벼슬살이에도 위기가 찾아올 리 없다.

45. 마음 가다듬는 법

산과 숲과 샘과 바위 사이를 거닐다 보면 티끌 묻은 마음이 점차 잦아들고,

시서와 그림 안에서 천천히 거닐면 세속의 기운이 점차 사그라진다.

그러므로 군자가 물건을 가지고 놀다 뜻을 잃어서는 안 되며, 늘 [풍아한] 경지를 빌려 마음을 가다듬어야 한다.

徜徉於山林泉石之間, 而塵心漸息. 夷猶於詩書圖畵之內, 而俗氣漸消. 故君子雖不玩物喪志, 亦常借境調心.

【해설】

고요한 자연 속에 있으면 세속의 티끌이 저절로 없어지고, 고아한 글과 그림을 보다 보면 마음의 속됨이 사라진다. 군자는 늘 본심을 잃지 않고 단아한 멋을 간직해야 한다. 그래야만 속세의 울타리를 벗어나게 된다. 물질에 집착하여 마음의 빈곤을 가져오고 본심마저 잃지 말라는 경고이다.

46. 봄날이 가을날만 못한 이유

봄날의 기상氣象은 번화하여 사람의 마음을 화창하게 하지만, 가을날 흰 구름에 바람이 맑고, 난초와 계수나무 향기로우며, 수면은 하늘과 한 빛깔이고, 하늘의 땅이 물결 위를 비추어 사람의 정신과 뼈를 모두 맑게 하는 것만 같지 못하다.

春日氣象繁華, 令人心神駘蕩, 不若秋日雲白風淸, 蘭芳桂馥. 水天一色, 上下空明, 使人神骨俱淸也.

【해설】

봄날의 화창함은 사람의 마음을 들뜨게 할지언정 가을날처럼 한껏 상쾌한 마음을 느끼게 할 수 없다. 따라서 봄날은 가을날을 따라가지 못한다.

47 시적인 의미, 선의 맛

글자 하나 알지 못해도 시적인 뜻을 지니고 있다면 시인의 참 멋을 알 것이요,

게송 하나 연구하지 않아도 선의 맛을 갖고 있다면 선종의 가르침의 현묘한 작용을 깨달으리라.

一字不識, 而有詩意者, 得詩家眞趣. 一偈不參, 而有禪味者, 悟禪教玄機.

【해설】

시는 눈이 아닌 마음으로 읽는 것이다. 게송을 읊어야만 선을 맛보는 것이 아니다. 선의 진정한 맛을 알면 더 깊은 진리를 터득할 수 있는 법이다.

48. 마음이 흔들릴 때, 마음이 고요할 때

마음이 흔들리면 활 그림자가 뱀이나 전갈로 의심되고 쓰러져 있는 돌도 엎드린 호랑이처럼 보이니 이 가운데는 온통 [사물을] 해하려는 기운이 서려 있다.

마음이 고요하면 석호 같은 포악한 사람도 바다 갈매기처럼 [온순하게] 되고 [시끄러운] 개구리 울음소리도 [아름다운] 북과 피리 소리처럼 들리니 부딪치는 곳이 온통 참기틀이구나.

機動的, 弓影疑爲蛇蝎, 寢石視爲伏虎, 此中渾是殺氣. 念息的, 石虎可作海鷗, 蛙聲可當鼓吹, 觸處俱是眞機.

【해설】

마음에 의심이 생기면 벽에 걸린 활 그림자가 뱀으로 의심되고 바위도 호랑이로 보이는 것처럼, 세상 만물에서 자신을 해하려는 살기가 느껴진다. 그러나 마음이 고요해지면 사나운 사람이건 시끄러운 개구리이건 모두 생기를 품고 있는 것처럼 보인다.

49. 자연에 맡겨라

몸은 붙들어매지 않은 배와 같으니 일단 흘러가는 대로 맡길 일이요,

마음은 이미 재가 된 나무와 같으니 칼로 베든 향을 바르든 무슨 상관이 있겠는가.

身如不繫之舟, 一任流行坎止. 心似旣灰之木, 何妨刀割香塗.

【해설】

정박해두지 않은 배처럼 바람 부는 대로 흘러가는 것이 좋다. 거친 세상을 살아갈 때 자연에 순응하는 것이 얼마나 큰 행복인지 알아야 한다는 것이다. 천운에 맡기고 천명을 따르는 것이 삶의 지혜이다. 그래서 공자도 "천명을 알지 못하면 군자가 될 수 없다.〔不知命, 無以爲君子也〕"(《논어》〈요왈〉)고 말한 것이다.

50. 사람의 감정이란

사람의 감정이란 꾀꼬리 우는 소리를 들으면 기뻐하고, 개구리 우는 소리를 들으면 싫어하며, 꽃을 보면 북돋아줄 생각을 하고, 풀을 보면 뽑아버리려고 한다.

이것은 [겉으로 드러난] 형체와 기질을 가지고 판단한 것이다. 본래의 바탕으로 살핀다면, 무엇인들 하늘의 작용을 울린 것이 아니며 어느 것인들 스스로 자라나는 뜻을 펼친 것이 아니겠는가?

人情, 聽鶯啼則喜, 聞蛙鳴則厭, 見花則思培之, 遇草則欲去之. 但是以形氣. 若以性天視之, 何者非自鳴其天機, 非自暢其生意也.

【해설】

꾀꼬리 소리 듣기를 좋아하고 개구리 소리 듣기는 싫어하며, 꽃은 가꾸려 하지만 잡초는 뽑아버리려고 하는 것이 세상의 이치이다. 하지만 입장을 바꾸어서 꾀꼬리도 개구리도 모두 자연의 작용으로 보면 그런 감정은 사그라지게 마련이다.

51. 진리는 본성 속에 있거늘

머리카락 빠지고 이가 성글어지면 거짓된 형체가 시들고 사그러지는 대로 맡겨두고,

새 울음과 꽃 웃음을 대하며 그런 본성에 참된 진리가 있음을 [저절로] 알게 되리라.

髮落齒疎, 任幻形之彫謝. 鳥吟花笑, 識自性之眞如.

【해설】

사람의 육신이 늙어간다 해서 결코 슬퍼할 일은 아니다. 육신에 얽매인 명리를 초월하면 꽃이건 새 우는 소리이건 모든 것이 음악처럼 흘러들어온다.

52. 욕심이 있는 자, 마음을 비운 자

마음속에 욕심이 있는 사람은 차가운 연못에서도 물결이 끓어오르고, [한적한] 숲속에서도 그 고요함을 보지 못한다.

마음속을 비운 사람은 찌는 듯한 무더위 속에서도 청량함이 생겨나고 아침 저잣거리에서도 그 왁자지껄함을 알지 못한다.

欲其中者, 波沸寒潭, 山林不見其寂. 虛其中者, 冷生酷暑, 朝市不知其喧.

【해설】

욕심은 모든 것을 그르친다. 평정심을 유지하면 아무리 무더운 여름에도 시원한 기운을 느끼게 된다. 매우 시끄러운 저잣거리에서도 조용함을 느낀다.

53. 재산이 많은 자, 높이 올라간 자

많이 감춰둔 자는 크게 잃어버리니, 부유한 것이 가난하면서도 근심 없이 사는 것만 못함을 알 수 있고,

높이 걷는 자 빨리 자빠지니, 귀한 사람의 형편이 천한 사람의 늘 편안함만 못함을 알 수 있다.

多藏者厚亡, 故知富不如貧之無慮. 高步者疾顚, 故知貴不如賤之常安.

【해설】

아흔아홉 섬 가진 사람이 한 섬을 더 차지하려고 근심한다는 말이 있다. 재산을 많이 비축하고 있다고 해서 걱정이 없는 것은 아니다. 오히려 지위가 높고 돈이 많은 사람이 걱정거리가 더 많은 법이다.

54. 초월한 심정으로

새벽 창가에서 《주역》을 읽다가, 소나무 사이에 맺힌 이슬로 단사丹砂[25] 먹을 갈고,

한낮 책상에서 불경을 담론하는 중인데, 대나무 아래의 바람결에 경쇠 소리 울린다.

讀易曉窓, 丹砂研松間之露. 談經午案, 寶磬宣竹下之風.

【해설】

《주역》을 읽다가 문득 마음에 드는 구절에 점을 찍어놓는다. 불경을 읽는 중인데 경쇠 소리가 대나무 숲을 타고 자연으로 퍼져간다. 속세를 벗어난 여유가 한껏 묻어난다.

25) 광택이 있는 짙은 붉은빛의 광물로, 먹으면 신선이 된다고 하여 도가의 술사術士들이 먹은 무병장수의 약으로 알려져 있다. 약재로 쓰일 경우 정신안정과 해독과 혈의 순행을 돕고 비위脾胃를 조절하는 효능도 있다고 한다.

55. 인간의 울타리에 가두지 마라

꽃이 화분 속에 있으면 끝내 생기를 잃고, 새가 새장 속에 갇히면 자연스러운 정취가 덜해지니,

산속에서 꽃과 새가 한데 어울려 무늬를 만들고 자연스럽게 빙빙 돌며 스스로 한가로이 즐기는 것만 못하다.

花居盆內, 終乏生機. 鳥入籠中, 便減天趣. 不若山間花鳥, 錯集成文, 翱翔自若, 自是悠然會心.

【해설】

화분 속의 꽃, 새장에 갇힌 새는 모두 본래의 맛을 잃어버린다. 꽃은 자연에 있어야 돋보이고, 새도 자유롭게 날아다녀야 아름답다. 인간의 가식이 더해지면 본래의 맛이 사라진다.

56. '나'라는 글자

세상 사람들은 '나'라는 글자를 지나치게 참된 것으로 여기기 때문에 여러 가지 기호와 온갖 번뇌가 생긴다.

옛사람이 이르기를, "내가 있음을 더 이상 알지 못하는데 어찌 사물이 귀중한 것을 알겠는가!"[26]라고 했고,

또 이르기를, "[이] 육신이 내가 아닌 것을 알진대 번뇌가 다시 [나를] 파고들겠는가"라고 했으니, 진정으로 [정곡을] 찌른 말이다.

世人只緣認得我字太眞, 故多種種嗜好, 種種煩惱. 前人云, 不復知有我, 何知物爲貴. 又云, 知身不是我, 煩惱更何侵. 眞破的之言也.

【해설】

모든 사람은 자신의 입장에서 세상을 바라본다. 결국 '나'라는 글자에서 모든 번뇌가 싹튼다. 이 글자를 제거한다면 욕망과 번뇌는 저절로 사라지지 않겠는가.

---

26) 동진東晉의 시인 도연명의 〈음주飮酒〉에 나오는 시구를 일부 변형한 것이다.

57. 노년의 마음, 쇠락한 마음으로

늘그막의 마음으로 젊은 시절을 바라보아야 바쁘게 치달으며 뿔을 좇는[27] 마음을 사그라지게 할 수 있고,

쇠락한 때로부터 영화로움을 바라보아야 사치스럽고 화려하게 부귀를 추구하는 생각을 끊을 수 있다.

自老視少, 可以消奔馳角逐之心. 自瘁視榮, 可以絶紛華靡麗之念.

---

27) 원문의 '각축角逐'을 번역한 말이다. 사슴의 뿔을 다툰다는 의미로 '중원축록中原逐鹿'과 같은 뜻이다. 《사기》〈회음후 열전〉에 보면, 한漢나라 10년에 진희陳豨가 모반을 일으키자 한고조가 직접 평정하고 나서 모반을 계획한 한신마저 잡아들여 목을 베고는 그의 모반을 도운 혐의로 괴통蒯通이라는 책사를 체포해 삶아 죽이는 형벌을 가하려다가 괴통이 한마디만 하고 죽겠다고 하여 이런 대화를 나누는 내용이 나온다.
"네가 회음후에게 모반하도록 가르쳤느냐?" "그렇습니다. 제가 가르쳤습니다. 그러나 그 못난이가 제 계책을 쓰지 않아서 자멸해버렸습니다. 만약 그가 제 계책을 썼다면 폐하께서 어떻게 그를 이길 수 있었겠습니까?" 고조가 화를 내며 말했다. "이놈을 삶아 죽여라!" 괴통이 말했다. "진秦나라의 기강이 느슨해지자 산동 땅이 크게 어지러워지고 진나라와 성이 다른 사람들이 아울러 일어나 영웅호걸들이 까마귀 떼처럼 모여들었습니다. 진나라가 그 사슴(황제의 권한)을 잃자, 천하는 다같이 이것을 좇았습니다.〔秦失其鹿, 天下共逐之〕 그리하여 키 크고 발 빠른 자(고조)가 먼저 그것을 얻었습니다. 도척이 기르는 개가 요임금을 보고 짖은 것은 요임금이 어질지 못해서가 아닙니다. 개는 본래 자기 주인이 아닌 사람을 보면 짖게 마련입니다. 당시 저는 한신만을 알았을 뿐 폐하는 알지 못했습니다. 또 천하에는 칼날을 날카롭게 갈아서 폐하가 하신 일과 똑같이 하려고 하는 사람이 매우 많았습니다. 생각해보면 그들은 능력이 모자랐을 뿐입니다. 그러면 폐하께서는 그들을 모두 삶아 죽이겠습니까?" 고조가 말했다. "풀어주어라." 그러고는 괴통의 죄를 용서했다.

【해설】

늘그막에 이르러 젊었을 때 부질없이 부귀를 좇던 자신을 돌아보면 그것이 얼마나 헛된 일인지 알 수 있다.

58. 어제는 나의 것, 오늘은 저 사람의 것

인간의 감정과 세상일에는 잠깐 사이에도 만 가지의 단서가 생기니, 너무 진실하다고 생각해서는 안 된다.

요부堯夫[28]가 이르기를, "어제는 나의 것이라고 말한 것이 오늘은 저 사람의 것이니, 오늘의 나의 것이 훗날 또 누구의 것이 될지 모르겠구나"라고 하였다.

사람이 늘 이러한 관점을 고수한다면, 마음속의 덫을 풀어낼 수 있으리라.

人情世態, 倏忽萬端, 不宜認得太眞. 堯夫云, 昔日所云我, 而今却是伊, 不知今日我, 又屬後來誰. 人常作是觀, 便可解却胸中罥矣.

【해설】

사람의 감정과 세태는 늘 변화하므로 거기에 집착할 필요가 없다. 나와 남이 구분되지 않는 경지, 즉 사물에 초연한 태도를 갖는 것이 번뇌에서 벗어날 수 있는 유일한 길이다.

---

28) 북송의 유학자 소강절邵康節을 말한다. 그는 은둔하며 유유자적한 삶을 살았다. 자신이 사는 곳을 '안락와安樂窩'라고 이름 지었고 자신을 '안락선생安樂先生'이라고 불렀다.

59. 냉정한 눈으로 본다면

정신없이 번잡한 가운데서도 냉정한 눈으로 보면 많고 많은 괴로운 생각을 줄일 수 있고,

세력이 줄어드는 [힘든] 상황에서도 열정을 지닌다면 많고 많은 참된 정취와 맛을 얻게 되리라.

熱鬧中, 著一冷眼, 便省許多苦心事. 冷落處, 存一熱心, 便得許多眞趣味.

【해설】

너무 바쁘면 냉정함이 사라져 근심이 싹트게 된다. 일이 뜻대로 되지 않는다고 해서 실망할 필요는 없다. 열정을 가지고 일하다 보면 진정한 멋이 생겨나기 때문이다.

60. 모든 것은 상대적이다

즐거운 경계가 하나 있으면 즐겁지 않은 상대가 하나 기다리고 있고,

좋은 경치가 하나 있으면 좋지 않은 경치가 하나의 엇비껴 있다.

오직 평소 집에서 먹는 밥과 현재의 자리와 경치야말로 안락한 집이요 보금자리이리라.

有一樂境界, 就有一不樂的相對等. 有一好光景, 就有一不好的相乘除. 只是尋常家飯, 素位風光, 纔是個安樂的窩巢.

【해설】

세상 모든 것은 상대적으로 존재하므로 좋은 것이 있으면 나쁜 것도 있고 나쁜 것이 있으면 좋은 것도 있다. 따라서 부귀영화보다는 근심 없는 소박한 삶이 자신을 더욱더 풍요롭게 만든다.

61. 사물과 나를 다 잊어버리기

대나무 발과 격자창을 높이 열어젖히고 푸른 산 맑은 물이 구름과 안개를 삼키거나 뱉어내는 것을 보면 천지의 자유자재함을 알게 되고,

대나무와 나무가 기대어 무성한 곳에 젖먹이는 제비와 지저귀는 산비둘기가 계절의 순서를 보내고 맞이하는 것을 보면, 만물과 나를 모두 잊어버리게[29] 된다.

簾櫳高敞, 看青山綠水呑吐雲煙, 識乾坤之自在. 竹樹扶疎, 任乳燕鳴鳩送迎時序, 知物我之兩忘.

【해설】

자연의 조화를 알려면 창문을 활짝 열고 있어야 한다. 자연 속의 대나무와 제비와 산비둘기가 계절 따라 오고 가는 모습을 보면 나와 만물이 하나임을 터득하게 된다.

---

29) 《장자》〈제물론〉 편에 나오는 호접몽胡蝶夢 이야기를 보자. "언젠가 장주는 나비가 된 꿈을 꾸었다. 훨훨 날아다니는 나비가 되어 유쾌하게 즐기면서도 자기가 장주라는 것을 깨닫지 못했다. 그러나 문득 깨어나보니 틀림없는 장주가 아닌가. 장주가 꿈에 나비가 된 것일까, 아니면 나비가 꿈에 장주가 된 것일까.〔不知周之夢爲胡蝶, 胡蝶之夢爲周與〕 장주와 나비는 겉보기에는 구별이 있지만 결코 절대적인 변화는 아니다. 이러한 변화를 만물의 변화라고 한다." 장주와 나비 사이에는 피상적인 분별, 차이는 있어도 절대적 차이는 없다. 장주가 곧 나비이고 나비가 곧 장주인 경지, 이것이 여기서 강조하는 세계이다.

62. 너무 안달하지 마라

성공이 반드시 실패가 됨을 안다면, 성공을 구하려는 마음을 너무 굳건히 할 필요가 없다.

삶이 반드시 죽음이 됨을 안다면, 삶을 보전하려는 길에 과도하게 수고할 필요가 없다.

知成之必敗, 則求成之心, 不必太堅. 知生之必死, 則保生之道, 不必過勞.

【해설】

세상의 이치는 끊임없는 전화위복이다. 삶과 죽음, 성공과 실패가 늘 공존한다는 진리를 깨닫는다면 너무 조급하거나 초조할 필요가 없다.

63. 심신을 자유롭게 하는 법

옛 고승이 말하였다. "대나무 그림자가 섬돌을 쓸었으나 티끌은 미동도 하지 않고, 달그림자가 연못을 뚫었으나 수면에는 자취도 없네."

우리 유학자가 말하였다. "물의 흐름이 거세도 주변은 늘 고요하고, 꽃잎 떨어지는 것이 빈번해도 마음은 절로 한가롭네."

사람들이 늘 이런 마음을 지니고 사물에 호응하고 만물에 접한다면 몸과 마음이 얼마나 자유자재하랴!

古德云, 竹影掃階塵不動, 月輪穿沼水無痕. 吾儒云, 水流任急, 境常靜, 花落雖頻, 意自閑. 人常持此意, 以應事接物, 身心何等自在.

【해설】

대나무가 흔들려서 그림자가 뜰을 쓴다 하더라도 먼지는 미동도 하지 않고, 달빛이 연못을 꿰뚫어도 수면에는 흔적이 남지 않는다. 우리가 이러한 이치를 깨닫는다면 마음은 정녕 자유로운 울타리 속에 있게 될 것이다.

64. 천지자연의 가장 아름다운 무늬

숲 사이 솔바람 소리, 바위에 흐르는 샘물 소리,

고요한 가운데 들어보면, 천지자연의 온갖 소리가 울리는 패옥佩玉임을 알게 된다.

풀 사이의 안개 빛, 수면에 드리운 물속 구름 그림자,

한가로운 가운데 바라보면, 천지간의 가장 아름다운 문양임을 알게 된다.

林間松韻, 石上泉聲, 靜裡聽來, 識天地自然鳴佩. 草際烟光, 水心雲影, 閒中觀去, 見乾坤最上文章.

【해설】

자연의 소리는 언제 들어도 음악처럼 들리고, 안개나 구름도 한가한 마음으로 바라보면 아름다운 무늬처럼 보인다. 마음의 고요함과 한가함이 자연을 풍류의 음률로 느끼게 한다.

65. 맹수보다 사람 마음 다스리기가 어렵다

눈으로 서진의 가시나무와 개암나무를 보면서도 흰 칼날을 뽐내고,

몸은 북망산의 여우와 토끼에 속해 있으면서도 여전히 황금을 아끼는구나.

속어에 이르기를 '맹수는 쉽게 굴복시킬 수 있으나 사람 마음은 항복시키기 어렵고, 계곡의 골짜기는 쉽게 메울 수 있으나 사람의 마음[30]은 만족시키기 어렵다'고 하였으니, 진실로 그러하구나!

眼看西晉之荊榛, 猶矜白刃. 身屬北邙之狐兎, 尙惜黃金. 語云, 猛獸易伏, 人心難降. 谿壑易滿, 人心難滿, 信哉!

【해설】

사람들은 서진이 멸망하여 황폐해진 것을 보면서도 세상의 이치를 깨닫지 못하고 오로지 자신의 입장만을 앞세운다. 사람의 마음

---

30) 사람의 마음의 심오함에 관한 글은 적지 않다. 《명심보감》 〈성심 상〉 편의 몇 구절을 인용해본다.
"물속 깊이 있는 고기와 하늘 높이 떠다니는 기러기는 높은 데 있는 것을 쏘고 낮은 데 있는 것을 낚을 수 있지만, 오직 사람의 마음은 지척 간에 있어도 헤아릴 수 없다.〔水底魚天邊雁, 高可射兮低可釣, 惟有人心咫尺間, 咫尺人心不可料〕"라든가 "얼굴을 맞대고 함께 이야기해도 마음은 온 산과 격절되어 있는 것 같다.〔對面共語, 心隔千山〕" 또는 "바다는 마르면 바닥을 볼 수 있으나 사람은 죽어도 그 마음을 알 수 없다.〔海枯終見底, 人死不知心〕" 등이다.

은 굴복시키기 어렵고 사람의 욕망은 채우기 힘드니, 이것이 바로 세상의 이치이다.

66. 마음과 본성이 우선이다

마음[31]에 바람과 물결이 없으면 가는 곳마다 모두 푸른 산과 푸른 나무이고

본성 가운데 [만물을] 기르는 기운이 있으면, 눈길 닿는 곳마다 물고기가 뛰어오르고 솔개가 하늘로 날아오르는 것을 보게 된다.

心地上無風濤, 隨在皆青山綠水. 性天中有化育, 觸處見魚躍鳶飛.

【해설】

세속에 물들지 않는 온화하고 때묻지 않은 마음이 있으면 물고기와 솔개처럼 늘 자유로운 삶을 누릴 수 있다.

31) 원문의 '심지心地'를 번역한 것으로, 마음은 모든 법을 생기게 하는 땅이라는 의미이다.

67. 유유자적하는 마음이 더 중요하건만

높은 관과 넓은 띠를 맨 인사라도 한번쯤 가벼운 도롱이와 작은 삿갓을 걸친 은자를 보면,

바람에 흩날리는 것처럼 편안하고 탄식을 내뿜지 않을 수 없을 것이다.

길고 넓고 호화로운 자리에 사는 부호라도 한번쯤 성긴 발과 깨끗한 책상 앞에 앉아 유유자적하고 고요한 사람을 보면,

그리워 연연한 마음이 들지 않을 수 없을 것이다.

사람들은 어찌하여 불이 붙은 소를 부리며 바람난 말을 꾈 줄만 알지 스스로 자신의 본성에 맞추려 생각하지 않는가.

峨冠大帶之士, 一旦睹輕簑小笠, 飄飄然逸也, 未必不動其咨嗟. 長筵廣席之豪, 一旦遇疏簾淨几, 悠悠焉靜也, 未必不增其綣戀. 人奈何驅以火牛, 誘以風馬, 而不思自適其性哉.

【해설】

지위가 아무리 높아도, 세상을 초연히 살아가는 은자를 보면 마음에 뭔가를 느껴 부러운 마음이 드는 것이 사실이다. 명예와 욕망을 좇기에 급급한 자신의 삶을 되돌아보며 유유자적한 삶을 살아가는 여유가 필요하다.

68. 물고기가 물에 있음을 잊어버리듯

물고기는 물을 얻어 [자유롭게] 헤엄치면서도 물에 있다는 것마저 잊어버리고,

새는 바람을 타고 날아다니면서도 바람 속에 있다는 것을 알지 못한다.

이러한 이치를 [인간이] 안다면, 사물에 얽매일지라도 천지의 작용을 즐거워할 수 있을 것이다.[32)]

魚得水逝, 而相忘乎水. 鳥乘風飛, 而不知有風. 識此, 可以超物累, 可以樂天機.

【해설】

32) 이 장은 다음의 이야기와 함께 읽어볼 만하다. 조나라의 대표적인 논리학자 공손룡公孫龍은 자신의 학문과 변론이 천하제일이라고 생각했다. 그러던 차에 장자에 관한 이야기를 듣고는 자신의 변론과 지혜가 그에게 미치지 못하는지 아니면 그보다 나은지 궁금했다. 그래서 위魏나라의 공자 위모魏牟에게 장자의 도를 알고 싶다고 했다. 위모는 안석安席에 기댄 채 한숨을 쉬고는 하늘을 우러러 웃으면서 우물 안 개구리가 바깥세상을 볼 수 없듯이, 가느다란 대롱 구멍으로 하늘을 보고 송곳을 땅에 꽂아 그 깊이를 재는 꼴이라며 비웃었다. 그러고는 이렇게 말했다. "자네는 저 수릉壽陵의 젊은이가 조나라 서울 한단에 가서 그곳 걸음걸이를 배웠다는 이야기를 듣지 못했는가? 그는 그 나라 걸음걸이를 배우기도 전에 옛 걸음걸이를 잊어버려 기어서 돌아올 수밖에 없었다고 하네. 지금 자네도 장자에 이끌려 여기를 떠나지 않고 있다가는 그것을 배우지 못할 뿐만 아니라 자네 본래의 지혜를 잊어버리고 자네 일마저 잃게 될 걸세." 공손룡은 도망치듯 그곳에서 달아났다. 자질구레한 분석에 몰두하는 논리학파가 장자의 철학 앞에서 조롱당한 이야기이다. 지나고 나면 자신도 괴롭고 남도 불편한 이런 행동을 사람들은 계속 반복하고 있다.

물속에 있는 물고기가 물의 이로움을 잊듯이, 새가 자기가 날아다니는 것이 바람 덕분임을 알지 못하듯이, 인간도 자신이 사는 속세의 굴레에서 초연한 것이 좋지 않은가.

69. 다 부질없다

여우가 잠자는 허물어진 섬돌과 토끼가 달렸던 황폐해진 누대는 모두 그 옛날에 노래하고 춤추던 곳이요,

이슬 맺힌 누런 국화와 안개 어린 시든 풀은 모두 옛날에 전쟁하던 현장이다.

흥하고 쇠함이 어찌 한결같으며, 강자와 약자는 어디에 있는가.

이를 생각하면 사람의 마음은 재처럼 식어버린다.

狐眠敗砌, 兎走荒臺, 盡是當年歌舞之地. 露冷黃花, 烟迷衰草, 悉屬舊時爭戰之場. 盛衰何常, 强弱安在. 念此, 令人心灰.

【해설】

인간의 흥망성쇠는 모두 세월이 흐르면서 자연스럽게 일어나는 일이니, 거기서 한 발 벗어나 과거의 영화 따위는 모두 잊어버리자. 모든 것은 상대적으로 존재가치가 있으므로, 성쇠와 강약 등으로 이분하는 것은 유익하지 않다.

70. 부나비와 올빼미처럼 되지 말아야 하거늘

총애와 치욕에 놀라지 않고 한가롭게 뜰 앞에 피었다 지는 꽃을 바라본다.

나아감과 물러남에 아랑곳하지 않고 하늘 밖에서 펼쳐졌다 걷히는 구름을 따라간다.

맑은 하늘과 밝은 달빛이 있으니 어느 하늘이든 날아갈 수 없을까마는, 부나비는 촛불에 몸을 내던진다.

샘물 맑고 풀잎 푸르니 어느 것인들 마시고 먹을 것이 없을까마는, 올빼미는 굳이 썩은 쥐를 즐겨 먹는[33]다.

아! [이] 세상에 부나비와 올빼미가 되지 않는 자들이 얼마나 되겠는가?

寵辱[34]不警, 閒看庭前花開花落. 去留無意, 漫隨天外雲卷雲舒. 晴空朗月, 何天不可翱翔, 而飛蛾獨投夜燭. 淸泉綠卉, 何物不可飮啄, 而鴟梟偏嗜腐鼠. 噫, 世之不爲飛蛾鴟梟

33) 생물학적 확인이 필요한 대목이다. 몸길이 38cm 정도의 올빼미는 "날카로운 발톱으로 들쥐를 잡아 부리로 찢어 먹으며 소화되지 않은 것은 펠릿(pellet)으로 토해낸다."(《두산백과사전》)는 말이 있듯이, 꼭 썩은 쥐만을 먹는 것은 아니다.

34) '욕辱'에 관한 명언 한두 개를 소개한다. "매번 이 치욕을 생각할 때마다 일찍이 등에서 땀이 나 옷을 적시지 않은 적이 없었다.[每念斯恥, 汗未嘗不發背沾衣也]"(사마천, 〈보임안서報任安書〉) 억울하게 궁형을 당한 울분을 토로한 말이다. 다음과 같은 증자의 말도 염두에 두자. "치욕을 피할 수 있으면 피하면 그만인데, 만일 피할 수 없으면 군자는 죽음 보는 것을 마치 집에 돌아가는 것과 같이 할 것이다.[辱若可避, 避之而已, 及其不可避, 君子視死若歸]"(《춘추번로春秋繁露》〈죽림竹林〉)

者, 幾何人哉.

【해설】

썩은 쥐를 먹는 올빼미 같은 삶을 살아가는 인간들이 얼마나 많은가? 부귀공명을 추구하다 보면 어쩔 수 없이 망가지게 되는데 사람들은 그런 이치를 알지 못한다.

71. 도인과 선사

뗏목을 타자마자 곧 뗏목을 버릴 것을 생각하면,[35] 바야흐로 탈 없이 편안한 도인이다.

그러나 나귀를 타고 있으면서도 또다시 나귀를 찾으려 한다면, 끝내 [진리를] 깨닫지 못한 선사가 되리라.

纔就筏, 便思舍筏, 方是無事道人. 若騎驢, 又復覓驢, 終爲不了禪師.

【해설】

강을 건너려면 뗏목이 필요하지만 강을 건너고 나면 버려야 한다. 나귀를 타고 있으면서 나귀를 찾으려 하면 얼마나 어리석은 일인가? 영원한 삶의 진리는 자기 곁에 있는데도 사람들은 알지 못한다.

---

35) 이 구절은 손자孫子의 저 유명한 말을 떠올리게 한다. "장수가 병사들과 함께 결전을 벌이고자 한다면 높은 곳에 올라가 사다리를 치워버리는 것처럼 해야 한다. 장수가 병사들과 함께 제후의 땅에 깊이 들어가는 것은 마치 쇠노를 격발하는 것처럼 하고, 배를 불사르고 솥단지를 깨뜨려 무리지은 양을 몰고 가듯 [저쪽으로] 몰아갔다가 이쪽으로 몰면서 아무도 그 방향을 알지 못하게 해야 한다.〔帥與之期, 如登高而去其梯. 帥與之深入諸侯之地, 而發其機, 焚舟破釜, 若驅群羊, 驅而往, 驅而來, 莫知所之. 聚三軍之衆, 投之於險, 此謂將軍之事也. 九地之變, 屈伸之利, 人情之理, 不可不察也〕" (《손자병법》 〈구지九地〉) 부연 설명하면, 손자는 만약 어느 병사가 자신이 적군에게 던져지는 미끼라고 생각하면 대열을 이탈할지도 모른다고 생각했다. 그런데 군사 한 사람 한 사람이 자기 생각에 따라 전쟁에 임한다면 명령에 반응하는 속도는 급격히 떨어질 것이다. 손자는 이 점을 경계하였다. 그래서 적지에 진입할 때 군대를 마치 양떼를 모는 것처럼 어디로 몰지 모를 정도로 변화무쌍하게 움직이라고 한 것이다.

72. 냉철한 시각으로 바라보면

권세와 부귀를 가진 자들이 용처럼 날뛰고 영웅호걸들이 호랑이처럼 싸우건만,

냉철한 눈으로 그들을 보면 마치 개미떼가 비린내 나는 것에 모여드는 것과 같고 파리가 피를 다투는 것과 같다.

옳고 그름이 벌떼처럼 일어나고 이해득실이 고슴도치 털처럼 일어서지만,

냉철한 감정으로 그들을 감당하면, 풀무가 쇠를 녹이고 끓는 물이 눈을 녹이는 것과 같다.

權貴龍驤, 英雄虎戰, 以冷眼視之, 如蟻聚羶, 如蠅競血. 是非蜂起, 得失蝟興, 以冷情當之, 如冶化金, 如湯消雲.

【해설】

권세를 다투고 부귀를 추구하는 인간들이 제아무리 자신들을 영웅으로 생각해도 제3자의 시각에서 보면 개미나 파리처럼 더러운 것을 좇는 자들에 불과하다. 시비와 득실을 따지는 것도 냉정하게 바라보면 다 부질없는 짓이다.

73. 물질적 욕망보다는 천성을 따라야

물질적 욕망에 얽매이고 쇠사슬이 씌워지면 우리네 삶이 애달프다는 것을 깨닫게 되고,

천성에 따라 유유자적하며 살면 인생이 즐겁다는 것을 깨닫게 된다.

인생이 애달프다는 것을 알면, 세속의 욕정이 깨어질 것이요,

인생이 즐겁다는 것을 알면, 성인의 경지에 저절로 이를 것이다.

羇鎖於物欲, 覺吾生之可哀, 夷猶於性眞, 覺吾生之可樂. 知其可哀, 則塵情立破. 知其可樂, 則聖境自臻.

【해설】

물질적 욕망을 추구하면 늘 고통스럽고 삶이 더욱더 비참해진다. 오히려 욕망을 버리고 물 흐르듯 삶을 살아가면 모든 것이 즐겁고 성인의 경지 또한 멀지 않게 된다. 물론 쉽지는 않다.

74. 욕망이 없으면

가슴속에 반쯤만이라도 물질적 욕망이 없으면,
마치 화롯불에 눈이 녹고 태양 빛에 얼음이 녹는 것과 같다.
눈앞에 절로 맑고 밝은 마음이 있으면,
비로소 밝은 달이 푸른 하늘에 떠 있고 그 그림자가 물결 위에 있음을 보게 되리라.

胸中既無半點物欲, 已如雪消爐焰氷消日. 眼前自有一段空明, 始見月在青天影在波.

【해설】

욕망이 문제다. 우리는 눈앞에 서려 있는 욕망의 불길 속에 자꾸 가두어진다. 욕망을 버리면 비로소 만물을 투명하게 볼 수 있다.

75. 나직이 읊조리고 홀로 지나간다면

시를 지으려는 생각은 파릉교[36] 위에 있으니,

나직이 읊조리고 있으면 숲과 골짜기가 이미 넓디넓다.

들녘의 흥취는 맑고 경호의 기슭에 있으니,

홀로 지나갈 때, 산과 시내가 저절로 서로를 비추며 피어난다.

詩思在灞陵橋上, 微吟就, 林岫便已浩然. 野興在鏡湖曲邊, 獨往時, 山川自相映發.

【해설】

모든 것이 자연 속에 있다. 시상이 파릉교라는 아름다운 자연 속에 있듯이 시흥도 바로 이런 데서 피어난다. 그런데도 사람들은 속세에서 찾고 있으니 참으로 슬프지 않은가?

---

36) 당나라 도읍 장안의 동쪽 파수灞水에 있는 다리로, 연인들이 이 다리에서 버드나무 가지를 꺾으며 애틋한 송별의 정을 나누었다고 한다. 파교灞橋라고도 한다. 정계鄭綮라는 당나라 재상이 시를 잘 지었는데, 누군가 그에게 "재상께서 최근에 지은 시는 무엇입니까" 라고 묻자 "시상은 파릉의 풍설 속 당나귀 등 위에 있으니 어찌 얻을 수 있겠는가?"라고 대꾸했다는 고사가 있다. 여기서 '파교려상灞橋驢上'이라는 고사성어가 나왔다.

76. 성급함을 경계해라

오래 엎드리는 새는 나는 것도 반드시 높고,[37]
먼저 피는 꽃은 시드는 것도 유독 빠르다.
이러한 이치를 알면 발을 헛디딜까 하는 걱정을 피할 수 있으며,
성급하게 일을 이루려는 생각도 사라질 것이다.

伏久者, 飛必高. 開先者, 謝獨早. 知此, 可以免蹭蹬之憂, 可以消躁急之念.

【해설】

성공하려고 너무 애쓰지 않고 일을 급하게 마무리하지 않고 자연의 섭리에 따라 천천히 내공을 쌓아나가면 저력을 얻게 된다. 발을 헛디디는 자들의 공통점은 경거망동한다는 것이다.

37) 날지도 않고 울지도 않는다는 말로, 큰일을 하기 위해 오랫동안 조용히 때를 기다린다는 뜻의 '불비불명不蜚不鳴'이라는 성어와 연관 지어 읽어볼 만하다. 《사기》 〈골계열전〉을 보면 제나라 위왕은 수수께끼를 좋아하고, 음탕하게 놀고, 밤새도록 술에 빠져 나랏일을 돌보지 않고 경대부에게 맡겨버렸다. 그리하여 문무백관이 문란해졌고, 제후들이 침략하여 나라의 존망이 아침저녁으로 절박한 지경에 놓였다. 그런데도 주위 신하들 가운데 감히 간언하는 이가 없었다. 이때 순우곤淳于髡이 위왕에게 이런 수수께끼를 냈다. "나라 안에 큰 새가 있는데, 대궐 뜰에 멈추어 있으면서 3년이 지나도록 날지도 않고 울지도 않고 있습니다.(三年不蜚又不鳴) 왕께서는 그것이 어떤 새인지 아십니까?" 그러자 왕이 대답했다. "그 새는 날지 않으면 그만이지만 한번 날았다 하면 하늘 높이 날아오르고, 울지 않으면 그만이지만 한번 울었다 하면 사람들을 놀라게 할 것이다."

77. 세상의 이치를 알게 될 때

나무는 [가을에] 뿌리로 돌아간 뒤에야 꽃의 화려함과 잎가지의 무성함이 한낱 헛된 영화라는 것을 알게 되고,

사람은 관 뚜껑을 덮은 뒤에야 자녀와 옥백이 [자신에게] 이롭지 않음을 알게 된다.

樹木至歸根, 而後知花蕚枝葉之徒榮. 人事至蓋棺, 而後知子女玉帛之無益.

【해설】

지난날의 화려한 삶이 무슨 소용이고 자녀 잘된 것이 무슨 소용이랴. 겉모습보다는 내면을 보아야 하고 자신이 얼마나 충실하게 살았느냐가 중요하다.

78. 참다운 공은 빈 것이 아니다

참다운 공空은 공이 아니고 형상에 집착하는 것이 참된 것이 아니며, 현상을 깨뜨리는 것 또한 참된 것이 아니다.

묻건대, 세존世尊[38]께서 어떠한 의견을 발의했던가.

속세에 있으면서 속세를 벗어나라. 욕망을 따르는 것은 고통이고 욕망을 끊는 것 또한 고통이다.

우리는 저마다 스스로의 몸가짐을 바르게 하는 데 힘쓸 일이다.

眞空不空, 執相非眞, 破相亦非眞. 問世尊, 如何發付. 在世出世, 徇欲是苦, 絶欲亦是苦. 聽吾儕善自修持.

【해설】

《반야심경般若心經》에 '색즉시공, 공즉시색色卽是空, 空卽是色'이라는 말이 나온다. 여기서 '공空'은 현상이다. 매사에 겉모습을 벗어나 본질로 들어가야 하는데, 그것이 생각처럼 쉽지 않다.

---

38) '세존世尊'은 석가세존釋迦世尊을 가리키며 석가모니를 높여 부르는 말이다.

79. 천자와 거지

의로운 선비는 천 대의 수레를 낼 수 있는 나라를 양보하지만, 탐욕스러운 자는 한 푼의 돈도 다툰다.[39)]

그 인품은 하늘에 떠 있는 별과 땅에 있는 연못만큼 차이가 나지만, 명예를 좋아하는 것은 이익을 좋아함과 다르지 않다.

천자는 나라와 천하를 경영하지만, 거지는 아침밥과 저녁밥[40)]을 외친다.

[그들의] 지위와 신분은 하늘과 땅 차이이나, 애를 태우는 것이 [거지가 끼니를 위해] 애태우며 구걸하는 소리와 어찌 다르겠는가.

烈士讓千乘, 貪夫爭一文. 人品星淵也, 而好名不殊好利. 天子營國家, 乞人號饔飧. 位分霄壤也, 而焦思何異焦聲.

---

39) 한漢나라 문제文帝 때의 정치가이자 문인인 가의賈誼가 이 문장과 비슷한 논조로 한 말을 인용한 사마천의 다음과 같은 글을 읽어볼 필요가 있다. "탐욕스러운 자는 재물을 구하고, 열사는 이름을 추구하며, 뽐내기 좋아하는 사람은 권세 때문에 죽고, 뭇 서민은 〔그날그날의〕 생계에 매달린다.〔貪夫徇財, 烈士徇名, 夸者死權, 衆庶馮生〕"(《사기》 〈백이열전伯夷列傳〉) 이 문장의 후반 두 구절도 사람의 수준에 따라 추구하는 방향과 방식이 다르다는 것을 말하고 있다.

40) 원문의 '옹손饔飧'을 번역한 것이다. 원래는 아침밥과 저녁밥이라는 의미이다. 《맹자孟子》 〈등문공滕文公 상上〉을 보면 "어진 자는 백성들과 나란히 농사를 지으면서 먹고 저녁밥을 배불리 먹는다.〔賢者與民幷耕而食, 饔飧而治〕"고 했다. 조기趙岐는 《맹자》 주석에서 "아침을 옹이라 하고 저녁을 손이라 한다.〔朝曰饔, 夕曰飧〕"고 했고, 허신은 《설문說文·식부食部》에서 "손飧, 포야餔也"라고 하여 '배부르다'라는 의미로 풀이했다.

【해설】

열사와 탐부의 차이는 이렇듯 명백하다. 공적이냐 사적이냐에 따른 관심의 차이가 천양지차를 만든다.

80. 평판에 개의치 마라

세상살이의 맛을 속속들이 아는 사람은 손바닥을 엎어 비를 만들고 뒤집어 구름을 만들 듯하[41]며, 눈뜨는 것조차도 귀찮아한다.

인정을 다 느껴본 사람은 남들이 소라고 부르든 말이라고 부르든 말든 그저 고개만 끄덕일 뿐이다.

飽諳世味, 一任覆雨翻雲, 總慵開眼. 會盡人情, 隨教呼牛喚馬, 只是點頭.

【해설】

세상의 모든 것을 맛본 사람은 둥글둥글하게 살아간다. 세상 사람의 인정이 변덕스러운 것을 탓하지 말고, 나를 소라고 하든 말이라고 하든, 비난하든 칭찬하든, 내 상관할 바가 아니라는 달관의 경지에 이르러야 한다.

41) 원문의 '복우번운覆雨翻雲'을 번역한 것으로, 세상 사람들의 변덕스러운 우정을 비유한 말이다. 원문은 시인 두보의 가난한 사람들의 우정을 노래한 〈빈교행貧交行〉 첫 구절에 나온다. 전문을 인용하면 이렇다. "손을 펴면 구름 되고 뒤집으면 비가 되니/어지럽고 경박한 사람 어이 셀 수 있으랴/그대 보지 못했소, 관포의 가난할 때의 사귐을?/이런 도를 요즘 사람들은 흙처럼 버린다.〔翻手作雲覆手雨, 紛紛輕薄何須數. 君不見管鮑貧時交, 此道今人棄如土〕" 이 시에서 두보는 어려운 시절에 사귄 친구가 참된 친구이건만 그 우정을 손바닥 뒤집듯 하니 이익을 따르는 세태와 사람의 경박한 관계를 통렬히 비판한다. 악부체를 계승하여 쓴 칠언고시이나, 교우관계라는 평범한 소재를 상징과 뛰어난 시재를 발휘하여 표현했기에 시인의 세태에 대한 회의에 공감이 일고, 부도덕한 교우관계를 반성하게 되는 것이 아닌가 한다.

81. 무념무상의 경지

오늘날 사람들은 오로지 잡념을 없애려고 하면서도 끝까지 없애지는 못한다.

다만 앞에 있었던 잡념을 응어리로 두지 않고, 나중에 올 잡념을 맞이하지 않으며, 현재의 인연에 따라 처리해나가면, 자연스럽게 점점 잡념이 없는 경지로 들어선다.

今人專求無念, 而終不可無. 只是前念不滯, 後念不迎, 但將現在的隨緣, 打發得去, 自然漸漸入無.

【해설】

덮어놓고 무아무념의 경지에 들어서고자 하는 요즘 사람들의 바람은 이루어지기 어렵다. 무념의 경지란 한번 있었던 생각을 마음에 담아두지 않고 다가올 생각을 떠올리지 않는 것이다. 무아무념의 경지란 자신도 모르게 들어서야 한다.

82. 마음에 들어맞아야

뜻은 우연히 깨달으면 곧 아름다운 경계를 이루고, 사물은 자연 그대로의 상태에서 나온 것이라야 비로소 참모습을 볼 수 있다.

조금이라도 고쳐서 늘어놓으면 마음의 흥취가 덜해진다.

백씨(백거이白居易)가 이르기를 "생각은 아무 일 없을 때 평안하고, 바람은 저절로 불 때 맑다"고 하였으니, 이 말이야말로 의미가 있구나!

意所偶會, 便成佳境. 物出天然, 纔見眞機. 若加一分調停布置, 趣味便減矣. 白氏云, 意隨無事適, 風逐自然淸, 有味哉, 其言之也!

【해설】

인위를 덧대지 않은 자연스러움이 중요하다. 조금이라도 손을 대려 하면 본래 있었던 참맛마저 잃어버린다. '교탈천공巧奪天工'이라는 말도 있듯이 섣부른 기교가 하늘이 내어준 장인의 최고 경지마저 빼앗아버리는 것이다.

83. 물욕과 번뇌에서 벗어나기

심성과 천성이 맑고 깨끗하면, 굶주릴 때 먹고 목마를 때 마시더라도 몸과 마음이 편안하지 않음이 없다.

그러나 마음이 물욕에 빠져 혼미하면, 설령 선(禪, 참선의 도리)을 이야기하고 게송偈頌을 풀이하더라도 늘 정신과 영혼을 흔들고 희롱할 뿐이다.

性天澄徹, 卽饑飡渴飮, 無非康濟身心. 心地沈迷, 縱談禪演偈, 總是播弄精魂.

【해설】

물욕에 빠져들지 않는 것이 우선이다. 심성이 맑지 않은데 참선과 불경이 무슨 소용이 있단 말인가.

84. 명리에서 벗어나라

사람의 마음에는 참된 경계가 있어서 거문고나 대피리로 연주하지 않더라도 저절로 편안하고 유쾌해지며, 향을 피우거나 차를 끓이지 않아도 저절로 맑고 향기로워진다.

모름지기 마음을 깨끗이 하고 보고 듣는 것을 끊어서 생각이 없어지고 육체는 속박에서 벗어나야, 비로소 그 속에서 마음대로 노닐 수 있다.

人心有個眞景, 非絲非竹而自恬愉, 不烟不茗而自淸芬. 須念淨境空, 慮忘形釋, 纔得以游衍其中.

【해설】

사람은 스스로 진리를 깨닫는 신묘한 경계를 접하고 있기에, 물욕을 줄이고 명리에 얽매이지 않으면 참된 경계에 들어설 수 있다.

85. 황금도 광물에서 나오는 법

금은 광물에서 나오고, 옥은 돌에서 나온다.

환상 속에서가 아니면 참모습을 찾을 도리가 없다.

도는 술 마시는 가운데서도 깨닫고, 신선의 경지는 꽃 속에서도 못 이를 수 있다.

비록 고아한 일이지만 속세를 벗어날 수 있는 것은 아니다.

金自鑛出, 玉從石生. 非幻, 無以求眞. 道得酒中, 仙遇花裡. 雖雅, 不能離俗.

【해설】

세상 사람들이 귀하게 여기는 금이 광물 속에 있고 보옥도 돌에서 나오는 것처럼, 모든 진리는 현상 속에 숨겨져 있다. 무릉도원이라고 말들 하지만 이 역시 세속 안에서 찾아볼 일이다.

86. 세속의 안목과 깨달은 사람의 안목

천지 가운데 온갖 사물이 있고, 인륜 가운데 온갖 감정이 있으며, 세상 가운데 온갖 일들이 벌어진다.

세속의 눈으로 바라보면 어지러이 흩어진 것이 저마다 다르지만, 도를 깨달은 눈으로 바라보면 모두가 영원하다.

어찌 번거롭게 분별할 것이며, 어찌 취하고 버릴 것이 있겠는가!

天地中萬物, 人倫中萬情, 世界中萬事. 以俗眼觀, 紛紛各異. 以道眼觀, 種種是常. 何煩分別, 何用取捨.

【해설】

속된 안목으로 볼 것인가, 도의 눈으로 볼 것인가가 문제다. 만물의 평등과 무차별성은 영원하며 없어지지 않는다.

87. 마음이 문제다

정신이 온전하면 베 이불을 덮고 움집 방에 있어도 천지의 충만하고 조화로운 기운을 얻을 수 있고,

입맛이 충족되면 명아주 국에 거친 밥을 먹어도 담박한 참맛을 느끼면서 삶을 살아갈 수 있다.

神酣布被窩中, 得天地冲和之氣. 味足藜羹飯後, 識人生澹泊之眞.

【해설】

모든 것은 마음에 달려 있다. 바깥 사물에 달려 있는 것이 아니다. 물질적 풍요로움은 인생의 행복을 보장해주지 않는다.

88. 물욕을 끊어야 극락세계

얽매임과 벗어남은 스스로의 마음에 달려 있으니, 마음의 깨달음이 있으면 푸줏간과 상점, 술집도 그대로 극락세계이고,

그런 깨달음이 없으면 거문고를 타고 학을 벗 삼고 화초를 길러 청아한 취미를 즐길지라도 악마의 장애는 끝까지 있을 것이다.

속어에 이르기를 "쉴 수 있으면 속세도 선경이 되지만 깨달음이 없으면 절간도 곧 속인의 집이로다"라고 하였으니, 믿을 만하구나!

纏脫只在自心. 心了則屠肆糟店, 居然淨土. 不然, 縱一琴一鶴, 一花一卉, 嗜好雖淸, 魔障終在. 語云, 能休, 塵境爲眞境. 未了, 僧家是俗家. 信夫!

【해설】

삶의 고뇌는 마음먹기에 따라 생기기도 하고 사라지기도 한다. 마음의 깨달음이 있으면 장소에 상관없이 극락세계가 될 테지만, 세상의 욕망에 사로잡히면 절간마저 속세로 재탄생하는 것이다.

89. 근심걱정 떨치기

좁디좁은 방에서도 온갖 생각을 버릴 수 있다면, 어찌 "아름답게 채색한 기둥에 구름이 날고, 호화롭게 장식한 구슬발을 걷어내고 비를 바라본다"[42]는 것을 말할 필요가 있으랴!

서너 잔 술에 [취해] 한 번에 우주의 진리를 터득할 수 있다면, 오로지 꾸미지 않은 거문고를 달빛에 눕히고 피리를 바람결에 불어 보내면서 즐거워할 것이다.

42) 초당의 요절한 천재 시인 왕발王勃의 〈등왕각滕王閣〉 3, 4구에 나오는 시구를 축소 인용하여 쓴 것이다. 전문을 인용하면 이렇다. "등왕이 세운 높은 누각 장각 기슭에 서 있으되/패옥 소리와 말방울 소리에 가무는 사라졌도다/아침에는 채색된 기둥에 남포의 구름이 날고/저녁에는 구슬로 만든 발을 걷고 서산의 비를 바라본다/한가로이 떠가는 구름과 연못의 짙은 물빛은 언제나 유유한데/만물은 바뀌고 별 운행한 지 몇 해가 지났던가/누각에 계시던 황태자는 지금 어디 계시는지/난간 밖엔 장강만 부질없이 흐른다.〔滕王高閣臨江渚, 佩玉鳴鸞罷歌舞. 畫棟朝飛南浦雲, 珠簾暮捲西山雨. 閑雲潭影日悠悠, 物換星移幾度秋. 閣中帝子今何在, 檻外長江空自流〕" 이 시를 보충해서 설명하겠다. 작자는 아버지를 찾아가는 길에 홍주도독 염백서閻白嶼가 등왕각을 보수하여 베푼 낙성식에 참가하였다. 이 시는 연회에서 염백서가 〈등왕각서滕王閣序〉를 짓자, 왕발이 서序의 내용을 개괄한 후 말단에 붙인 것으로, 옛 등왕각의 가경佳景을 묘사하며 부귀영화의 덧없음을 탄식하였다.1, 2구는 시공時空과 흥쇠興衰를 대조시켜 인생의 허무함을 강조한다. 문을 열고 본 등왕각의 아름다운 형세와 높은 곳에 세워진 정경을 질박한 필체로 노래하여 시상을 펼친다. 그러나 과거 등왕 생전에 들리던 패옥 소리와 방울 소리는 사라지고 황폐해진 것에 인생무상을 느낀다. 3, 4구는 등왕각의 적막한 모습과 높고 외딴 곳에 세워져 있음을 묘사하고, 등왕각의 정취를 흡수시켜 등왕각과 작자 자신을 동일화하고 있다. 마지막 연은 시간적 배경이 공간적 배경으로 전이되어, 등왕 이원영은 죽고 없지만 장강은 영원히 흐르고 있음을 묘사하였다. 작자는 자신의 삶과 죽음이 출생－성장－쇠함－죽음(재생)이라는 영원한 순환의 일부가 되도록 염원하고 있다. 전반부는 무거운 분위기의 글자로, 후반부는 부드러운 느낌의 글자로 압운하여 소리의 상징성을 적절하게 활용하였다. 김원중 역,《당시》서울, 민음사 2008. 36~38쪽.

斗室中, 萬慮都捐, 說甚畫棟飛雲, 珠簾捲雨. 三杯後, 一眞自得, 唯知素琴橫月, 短笛吟風.

【해설】

크고 웅장하고 화려하며 호화롭다고 해서 즐거움이 있는 것은 아니다. 오히려 이런 것들과 반대편에 서 있을 때 더 큰 기쁨을 누릴 수 있다. 결국 마음을 어디에 두느냐 하는 문제이기에 그렇다.

90. 고요함 속에서 촉발하는 것

모든 소리가 고요해진 가운데 문득 새 한 마리 지저귀는 소리를 들으면 많고 많은 그윽한 정취가 일어나고,

모든 초목이 시들어버린 뒤에 문득 나뭇가지 하나에 빼어난 꽃을 보면 끝없는 삶의 기운이 촉발한다.

가히 알 수 있으니, 본성과 천성은 늘 마르지 않고, 정신은 사물에 부딪혀 촉발되어 움직이는구나.

萬籟寂廖中, 忽聞一鳥弄聲, 便喚起許多幽趣. 萬卉摧剝後, 忽見一枝擢秀, 便觸動無限生機. 可見性天未常枯槁, 機神最宜觸發.

【해설】

사람의 마음을 격동시키는 힘은 외부의 미세한 현상에서 솟구친다. 정신이 사물과 맞닿아 있지 않으면 모든 것이 공허하다.

91. 몸과 마음

백씨(백거이)는 "몸과 마음을 풀어놓아 눈을 감고 자연의 이치에 맡겨버리는 것이 낫다"고 했고,

조씨(조보지晁補之)는 "몸과 마음을 단속하여 흔들림 없이 적막한 선정禪定의 상태로 돌아가는 것이 낫다"고 했다.

풀어놓기만 하면 흘러들어 제멋대로 날뛰게 되고, 단속하기만 하면 고목처럼 적막한 데로 들어가게 된다.

오직 몸과 마음을 잘 다스리는 사람만이 칼자루를 손에 들고 단속하고 거두는 것을 자유자재로 해야 한다.

白氏云, 不如放身心, 冥然任天造, 晁氏云, 不如收身心, 凝然歸寂定. 放者, 流爲猖狂. 收者, 入於枯寂. 唯善操身心的, 杷柄在手, 收放自如.

【해설】

백거이의 시나 조보지의 시에서 말하는 것은 잡생각을 버리고 중용의 경지에 들어서야 심신의 평온을 찾을 수 있다는 것이다. 몸과 마음의 자루를 잡아 단속만 하려 들지 말고, 풀고 단속하는 것을 원만하게 운용하는 것이 중요하다.

92. 혼연일체

눈 내린 밤 달 밝은 하늘을 보면 마음의 경지도 맑고 막힘이 없고, 봄바람에 따사로운 기운을 만나면 마음의 경계도 또한 저절로 녹아 융화된다.

[자연의] 조화와 사람의 마음이 혼연일체가 되어 틈이 없구나.

當雪夜月天, 心境便爾澄徹. 遇春風和氣, 意界亦自冲融. 造化人心, 混合無間.

【해설】

천지자연과 사람의 마음이 혼연일체가 되었을 때 틈새는 사라지고, 사람의 마음도 티끌 하나 없이 맑게 개어 막히는 일이 없게 된다.

93. 졸렬함

문장은 졸렬함으로써 발전하고 도道도 졸렬함으로써 이루어지니, 하나의 졸렬한 글자에 끝없는 의미가 스며 있다.

마치 "복사꽃 핀 마을에 개가 짖고 뽕나무 사이에서 닭이 운다"[43]는 것과 같으니, 얼마나 순박하고 꾸밈없는가.

"차가운 연못의 달과 마른 나무에 있는 까마귀는 운다"고 하는 문장에 이르면, 교묘하기는 하되 문득 생기 없는 쓸쓸한 기상을 깨닫게 된다.

文以拙進, 道以拙成. 一拙字, 有無限意味. 如桃源犬吠, 桑間鷄鳴, 何等淳龐. 至於寒潭之月, 古木之鴉, 工巧中, 便覺有衰颯氣象矣.

43) 이 구절은 선경, 이상향, 근심 걱정 없는 낙원, 즉 무릉도원武陵桃源을 의미한다. 동진東晉의 전원시인田園詩人 도연명이 지은 〈도화원기桃花源記〉에 나오는 말이다. 진晉나라 태원太元 때 무릉武陵에 한 어부가 살았다. 어느 날 어부는 고기를 잡기 위해 산 사이로 나 있는 강을 거슬러 올라갔다. 한참 가다 보니 일찍이 본 적이 없는 낯선 곳이 나타났는데, 사방 숲에 복숭아꽃이 활짝 피어 있고 그 향기가 가득했다. 어부는 그 아름다움을 넋을 잃고 바라보다가, 문득 저편에는 무엇이 있을까 하는 궁금증이 생겼다. 그래서 조심조심 노를 저어 물길이 시작되는 근처까지 갔는데, 커다란 산이 앞을 가로막았다. 그 산 밑으로 굴이 하나 뚫려 있고 희미한 빛이 새어나왔다. 굴 입구는 어른 한 명이 겨우 들어갈 만한 크기였는데, 안으로 들어갈수록 조금씩 넓어지더니 사방이 확 트인 밝은 세상이 나타났다. 어부는 부신 눈을 비비고 주위를 둘러보았다. 주위에는 끝없이 넓은 땅이 있고, 기름진 논밭과 집들이 즐비하게 늘어서 있고, 뽕나무와 대나무가 무성하게 자라 있었다. 마을에서는 닭 우는 소리와 개 짖는 소리가 들려오고, 그곳에 사는 사람들은 어부가 한 번도 보지 못한 옷을 입었으며, 머리털이 노란 노인과 어린이가 모두 함빡 웃고 있었다. 두리번거리는 어부를 발견한 마을 사람들은 놀란 기색을 하며 어디에서 왔는지 물었다. 어부는 자신이 이곳까지 오게 된 과정을 상세히 이야기했고, 사람들은 그를 어느

【해설】

글을 지을 때 지나친 기교를 부리는 것은 글의 자연스러움을 해쳐 도리어 좋지 않다. 가장 완정한 것이 완정하지 않아 보이고 심지어 뭔가 모자란 듯해 보여 오히려 두드러진다. 매우 뛰어난 재주는 서투른 데 있지 않던가? 노자도 '대교약졸大巧若拙'이라는 말을 했다. "크게 곧은 것은 굽은 듯하고, 크게 뛰어난 기교는 서툰 듯하며, 크게 훌륭한 언변은 말을 더듬는 듯하다.(大直若屈, 大巧若拙, 大辯若訥)" (《노자》 45장) 순박하고 꾸밈없는 것이 더 오래 힘을 발휘한다.

집으로 데려가 술과 닭고기로 환대했다. 낯선 사람이 왔다는 소식을 들은 마을 사람들은 하나둘 어부가 있는 집으로 몰려들었다. 그들이 어부에게 물었다. "우리는 진秦나라 때 조상들이 난리를 피해 가족들과 함께 여기에 온 뒤로 이곳을 한 번도 떠난 적이 없습니다. 바깥세상 사람들과 만나보지 못했습니다. 지금은 어떤 세상입니까?" 그곳 사람들은 한漢나라도 모를 뿐 아니라 위魏와 진晉이 있었다는 것도 몰랐다. 어부가 상세히 이야기해주자 모두 감회가 남다른 듯했다. 어부는 그곳에서 이 집 저 집의 초대를 받아 융숭한 대접을 받으며 사오 일 동안 머물렀다. 그들과 아쉬운 작별을 하게 되었을 때, 마을 사람들은 그에게 이렇게 당부했다. "다른 사람에게 우리 마을 이야기를 하지 마십시오." 그러나 어부는 배를 매두었던 곳으로 가서 다시 강을 따라 집으로 돌아가면서 군데군데 알아볼 수 있도록 표시를 해두었다. 집으로 돌아온 어부는 곧장 관가로 가서 자기가 겪은 일을 태수에게 보고했다. 태수는 흥미를 느껴 사람을 보내 그곳으로 안내하도록 했다. 그러나 아무리 찾아도 어부가 돌아오면서 표시해둔 것이 보이지 않고, 전에 갔던 길도 찾을 수가 없었다. 당시 남양의 유자기劉子驥라는 사람이 이 이야기를 듣고 그곳으로 가고 싶어했으나, 끝내 뜻을 이루지 못한 채 병들어 죽었다. 그 뒤로는 그곳을 찾으려는 이가 없었다.

94. 얽매임

나를 가지고 사물을 굴리는 사람은 얻어도 진실로 기뻐하지 않고 잃더라도 근심하지 않는다. 드넓은 땅 어디나 [그가] 노니는 곳이기 때문이다.

사물을 가지고 나를 굴리는 사람은 본래 역경逆境을 미워하고 순경順境을 좋아하니, 한 터럭만 한 일에도 얽매임이 생겨난다.

以我轉物者, 得固不喜, 失亦不憂, 大地盡屬逍遙. 以物役我者, 逆固生憎, 順亦生愛, 一毛便生纏縛.

【해설】

사물을 자기 마음대로 굴리는 사람은 천지가 자신이 소요할 대지이니 무슨 구애할 일이 생기겠는가? 세상사의 소소한 것들을 떨쳐버리고, 역경이라고 해서 원망 말고 순경이라고 해서 본심을 망각하지 말 일이다. 사물을 마음속에 담아 의지와 감정을 다르게 하면 모든 것을 뜻대로 다룰 수 있지 않겠는가?

95. 파리떼를 쫓으려 하면서도

[우주의] 도리道理가 고요하면 사물이 적막하며, 사물을 버리고 도리에 집착하는 사람은 그림자를 버리고 형상에만 머물려는 것과 같다.

마음이 비면 외경도 비게 되며, 외경을 버리고 마음을 존재하게 하려는 것은 비린내 나는 고깃덩어리를 모아놓고 파리 떼를 쫓으려는 것과 같다.

理寂則事寂, 遺事執理者, 似去影留形. 心空則境空, 去境存心者, 如聚羶却蚋.

【해설】

현상과 본체는 본디 형상과 그림자 같은 것이 아닌가? 그럼에도 불구하고 사람들은 비린내 나는 더러운 것들을 무더기로 쌓아두고는 달려드는 쉬파리를 쫓으려 하는 어리석은 태도를 보인다. 본질을 보지 않고 형상만 보려 하므로, 수고만 더할 뿐 성과는 없게 된다.

96. 속세의 바다에 빠져들지 마라

그윽한 곳에 사는 사람의 맑은 흥취는 늘 스스로 유유자적하는 데 있다.

술을 권하지 않고도 기뻐하고,[44] 장기에서는 길을 다투지 않고도 이기며,

피리는 구멍이 없는 것으로도 마땅하게 여기고, 거문고는 현이 없는 것으로도 고상함을 삼는다.

만남을 기약하지 않아도 진솔하게 여기고, 손님을 맞이하거나 전송하지 않아도 마음 편히 여긴다.

한번 꾸밈에 이끌리고 형식에 얽매인다면, 바로 티끌 진 속세의 고통스러운 바다로 떨어지게 된다.

幽人清事, 總在自適. 故酒以不勸爲歡, 棋以不爭爲勝, 笛以無腔爲適, 琴以無絃爲高, 會以不期約爲眞率, 客以不迎送爲坦夷. 若一牽文泥跡, 便落塵世苦海矣.

---

44) 이 구절은 이백의 칠언절구 〈산중에서 은자와 대작하다山中與幽人對酌〉를 떠올리게 한다. "둘이 마주 앉아 대작하는데 산에는 꽃이 피어 있고/한 잔 한 잔에 연거푸 다시 한잔 하세/나는 술 취해 졸리니 그대는 우선 가게나/내일 아침에 술 생각 있거든 거문고나 안고 오게.〔兩人對酌山花開, 一杯一杯復一杯. 我醉欲眠卿且去, 明朝有意抱琴來〕" 제목에는 '대작對酌'이라는 말이 있으나 그 어디에도 술 권하는 내용은 없다. 아무리 좋은 음악과 맛난 음식도 술이 없으면 제맛을 느끼지 못하는 시인이니, 산속에 은둔한 도사와 잔을 기울이는데 어찌 흥이 없겠는가? 세속의 갈등을 잊고 연거푸 잔을 드는 은사와 시인의 모습에서 현실을 초극한 정신이 엿보인다. 그런데 시인은 몇 잔 마시지도 않았는데 벌써 취기가 올라 은자에게 내일 오라고 한다. 이 말이 은자에 대한 결례인 줄도 모르고 시인은 농을 해댄다. 그래도 은자는 화를 내지 않는다. 진정 시인의 풍류를 알기 때문이다.

【해설】

속세를 떠난 은자의 삶이 멋진 이유는 구멍 없는 피리와 줄 없는 거문고를 가지고도 나름의 흥취를 맛볼 수 있고, 사람을 만나더라도 격식에 구애받지 않기에 늘 자유롭다는 데 있다. 겉치레에 얽매이고 형식에 빠지지 않는 것이 속세의 고해에서 벗어나는 길이다.

97. 삶 속에서도 죽음을 생각해라

이 몸이 태어나기 전에는 어떤 형상과 모양이었을지 생각해보아라. 또 이 몸이 죽고 난 뒤에는 어떤 모습이 될지 생각해보아라.

온갖 잡념이 꺼진 재처럼 차가운 본성만이 고요한 모습으로 현실의 세계를 초월하여 만물이 생겨나기 이전의 세계에서 노닐 수 있으리라.

試思未生之前, 有何象貌, 又思旣死之後, 作何景色, 則萬念灰冷, 一性寂然, 自可超物外遊象先.

【해설】

속세를 정확하게 파악하려면 생사와 관련된 모든 잡념을 치워버려야 한다. 속세를 초월하기 위해서는 이분법적 사고에서 벗어나야 하기 때문이다.

98. 겪어보아라

병든 뒤에야 건강이 보배로운 것임을 생각하게 되고,

어지러움에 처한 뒤에야 평화로움이 복이 된다는 것을 생각하게 되지만, 빠른 지혜는 아니다.

요행으로 복을 얻기를 바라는 것이 재앙의 근본임을 미리 알고,

[오래] 살기를 탐내면 그것이 죽음의 원인인 것을 미리 깨닫는다면 뛰어난 식견이리라.

遇病而後思强之爲寶, 處亂而後思平之爲福, 非蚤智也. 倖福而先知其爲禍之本, 貪生而先知其爲死之因, 其卓見乎.

【해설】

탁견이란 별것 아니다. 병들기 전에 몸을 다스리고 어지러워지기 전에 움직여야 한다. 세상에 요행으로 이루어지는 일은 없다. 사람의 참모습은 역경을 겪으면서 드러나는 법이다. 인간이 허식이라는 가면을 쓰고 있다는 데 동의한다면 말이다.

99. 화장을 지우면 미모가 사라지고, 바둑돌을 치우면 승패가 불가능하다

배우가 흰 분을 바르고 붉은 주사를 찍어 매우 가는 [화장] 붓 끝으로 꾸몄지만,

얼마 뒤 노래가 끝나고 막이 내리면 고움과 추함이 어디에 있으랴!

바둑을 두는 사람이 앞을 다투고 뒤를 경쟁하면서 바둑돌로 자웅을 겨루지만,

얼마 뒤 대국이 끝나고 바둑돌을 거두면 자웅이 어디 있으랴!

優人傳粉調硃, 效姸醜於豪端, 俄而歌殘場罷, 姸醜何存, 奕者爭先競後, 較雌雄於著子, 俄而局盡子收, 雌雄安在.

【해설】

분장하지 않고도 배우의 미모를 꾸밀 수 있겠는가? 무대에 올라 한껏 미모를 뽐내지만, 무대에서 내려오면 그만이다. 바둑도 마찬가지이다. 바둑돌이 놓여 있을 때 승패를 예측할 수 있는 것이지, 돌이 치워지면 승패 따위는 의미가 없다. 가치판단은 대상을 바라보고 추리하는 의식작용, 즉 인식과 주관의 소산이지 사물의 본성과는 무관하다.

100. 유유자적하는 사람이 누리는 것

바람과 꽃의 산뜻함, 눈과 달의 깨끗하고 맑음은
오직 고요한 사람만이 그 주인이 될 수 있고,
물과 나무의 번성함과 시듦, 대나무와 돌의 자라고 사라짐은
오직 한가로운 사람만이 그 권리를 누릴 수 있다.

風花之瀟洒, 雪月之空淸, 唯靜者爲之主. 水木之榮枯, 竹石之消長, 獨閑者操其權.

【해설】

자연 속에 있는 사람이 자연의 아름다움을 누릴 수 있다. 명리를 좇는 사람은 그것을 누릴 여유가 없고, 오직 유유자적하는 사람만이 그것을 누릴 특권을 갖고 있는 것이다.

101. 욕심마저 담박하라

시골에 사는 사내와 들에 사는 노인장은 누런 닭고기와 막걸리 이야기에 기뻐하지만, 맛있는 고급 요리를 물어봐도 알지 못한다.

[또한] 무명 두루마기와 짧은 베잠방이를 이야기하면 유유히 즐거워하나, 곤룡포를 물어보면 알지 못한다.

이는 천성이 온전하므로 그 욕심이 맑은 것이니, 이것이 곧 인생의 으뜸가는 경계이다.

田夫野叟, 語以黃鷄白酒, 則欣然喜. 問以鼎食, 則不知. 語以縕袍短褐, 則油然樂. 問以袞服, 則不識. 其天全, 故其欲淡. 此是人生第一個境界.

【해설】

세속에 물들지 않은 순박한 사람은 편안한 일상을 즐김으로써 순수한 경지를 맛볼 수 있다. 마음이 넓어지면 세상과 다툴 일이 없게 되고, 사물의 자유스러운 기운 역시 언제든 느낄 수 있다.

102. 망상이 없다면

마음속에 망상이 없는데, 어찌 [마음을] 볼 필요가 있겠는가?

불교에서 말하는 '마음을 본다'는 것은 그 걸림돌을 거듭 더하게 된다.

만물은 본래 하나의 사물인데, 어찌 다시 가지런하게 할 필요가 있겠는가?

장생(莊生, 장자)이 말했던 "만물을 가지런하게 한다"[45]는 것은 그런 것을 스스로 갈라놓는 것이다.

心無其心, 何有於觀, 釋氏曰, 觀心者, 重增其障. 物本一物, 何待於齊, 莊生曰, 齊物者, 自剖其同.

【해설】

모든 잡념과 망상을 없애버리는 것이 중요하다. 불교의 관심觀心이나 제물齊物은 따지고 보면 모두 절대계에서 보는 것을 강조한다. 만물을 현상 자체로 보지 않고 말이다. 장자가 말하는 세상은 시비是非와 물아物我, 생사生死, 대소大小 등의 상대적 가치관을 벗어난 물

---

45) '물아일체物我一體'의 경지를 뜻한다. 장자는 이런 환경 속에서 인간의 참자유가 무엇인지를 고민하게 되었고, 그런 자유를 추구하는 데 평생을 바쳤다. 그 결과 시비是非·선악善惡·미추美醜·화복禍福 등을 구분하는 것은 매우 어리석은 일이며, 만물은 결국 '하나'의 세계로 돌아간다고 보았다. '호접몽' 이야기도 그의 이러한 사고를 비유한 것으로, 《장자》〈제물론〉 편에 나온다.

아일체의 제물이다. 절대 무한의 경지에서 소요하는 것을 소중히 여겨야지, 본래 한 몸인 것을 갈라놓으려는 것 자체가 부질없다.

103. 벼랑에서 손을 놓고 걸어가는 것

생황과 노랫소리가 한창 무르익었을 때 스스로 옷자락을 떨치고 멀리 떠나가는 것은

마치 도에 통달한 사람이 벼랑에서 손을 놓고 걸어가는 것과 같아 부러워할 일이나,

물시계의 물이 다 없어진 때에 밤길을 쉬지 않고 다니는 것은

세속의 선비가 고통의 바다에 몸을 담그는 것과 같아 가소로운 일이다.

笙歌正濃處, 便自拂衣長往, 羨達人撒手懸崖. 更漏已殘時, 猶然夜行不休, 咲[46]俗士沈身苦海.

【해설】

분위기가 한껏 무르익었을 때 과감히 자리를 박차고 일어서는 사람이 진정 분위기를 파악하는 사람이다.

46) 이 글자는 '소笑'의 고자古字이다.

104. 마음의 주인이 되어라

마음을 붙잡는 것이 확고하지 않을 때는, 시끄러운 속세에 발길을 끊어 마음으로 하여금 욕심이 나는 것을 보지 못하게 하고 어지럽히지 않음으로써 고요한 마음의 본체를 맑게 하라.

마음을 굳건히 다잡았을 때는, 또다시 속세의 티끌로 뛰어들어 마음으로 하여금 욕심이 나는 것을 보지 못하게 하고 어지럽히지 않음으로써 자유로운 활동을 기르게 하라.

把握未定, 宜絶迹塵囂, 使此心不見可欲而不亂, 以澄吾靜體. 操持旣堅, 又當混跡風塵, 使此心見可欲而亦不亂, 以養吾圓氣.

【해설】

나를 붙잡는 인연이 없거든 과감히 속세에서 벗어나 산속으로 들어가는 것이 좋다, 속세의 유혹은 눈과 귀에 보이고 들리기에 벗어나기가 어려우니 말이다. 마음의 주인이 되어야 자유자재할 수 있다.

105. 자아에 집착하지 마라

고요함을 좋아하고 시끄러움을 싫어하는 사람은 흔히 사람들을 피함으로써 고요함을 찾는다.

그러나 아무도 없는 곳에 뜻을 두면 자신의 망상에 집착하게 되고, 마음이 고요함에 집착하면 동요의 뿌리가 된다.

어떻게 하면 나와 남을 하나로 보고 움직임과 고요함 둘 다 잊어버리는 경지에 이를 수 있으랴!

喜寂厭喧者, 往往避人以求靜. 不知意在無人, 便成我相, 心着於靜, 便是動根, 如何到得人我一視, 動靜兩忘的境界.

【해설】

고요함과 시끄러움은 동전의 양면과 같다. 고요함을 구하는 것은 사람들을 피한다고 해결될 일이 아니다. 나와 남의 구분을 잊는 것은 오히려 동정動靜을 동시에 잊어버릴 때 가능하다.

106. 속세 벗어나기

산속에서 [한가롭게] 살면 가슴이 점차 맑아지고 시원해지며, 부딪치는 사물마다 아름답다는 생각이 들게 된다.

외로운 구름과 들녘의 학을 보면 속세를 초월한 생각이 일어나고, 돌 많은 계곡과 흐르는 샘물을 마주하면 마음의 때를 씻어버리고 싶은 생각이 든다.

늙은 전나무와 한겨울의 매화나무를 어루만지면 굳은 절개가 우뚝 서고, 물가의 갈매기와 큰 사슴과 작은 사슴을 짝하면 활동하던 마음이 갑자기 잊힌다.

만일 속세로 한번 뛰어들면, 외물과 서로 관계되지 않는다 하더라도, 이 몸 또한 군더더기나 쓸모없는 구슬장식이 될 뿐이다.

山居, 胸次淸洒, 觸物皆有佳思. 見孤雲野鶴, 而起超絶之思, 遇石澗流泉, 而動澡雪之思, 撫老檜寒梅, 而勁節挺立, 侶沙鷗麋鹿, 而機心頓忘. 若一走入塵寰, 無論物不相關, 卽此身亦屬贅旒矣.

【해설】

속세를 벗어나 산속에 은둔해 사는 즐거움은 어찌 보면 세속의 일들을 송두리째 잊어야 가능할 것이다. 잡념과 번뇌를 벗어나는 길은 단순한데, 그럼에도 불구하고 우리는 쓸모없는 군더더기에 너무 얽매여 있지 않은가?

107. 흰 구름이 내 곁을 떠나지 않는 이유

흥취가 때에 따라 일어나면 향기로운 풀밭 속에서 신을 벗고 한가롭게 거니니,

들새까지도 욕심을 잊어버리고 때때로 다가와 벗이 되네.

경치가 마음과 들어맞으니 떨어지는 꽃 아래에 옷깃 헤치고 멍하니 앉아 있으면,

흰 구름도 말없이 천천히 다가와 서로 머무네.

興逐時來, 芳草中, 撤履閒行, 野鳥, 忘機[47]時作伴. 景與心會, 落花時, 披襟兀坐, 白雲, 無語漫相留.

47) '망기忘機'는 속세의 일이나 욕심을 잊어버린다는 의미로, 세상의 욕망에 끌려다니는 마음을 다 털어버리고 물외物外의 정취를 추구하는 마음의 상태를 말한다.

【해설】

자연과의 융합은 결국 마음에 달려 있다. 아름다운 경치나 들새를 벗하려면 아무런 생각 없이 그저 멍하니 자연에 내맡기면 될 일이다. '해옹호구海翁好鷗'라는 말이 있다. 바닷가 노인이 갈매기를 좋아한다는 말로, 사람에게 딴 마음이 있으면 새도 그것을 알고 가까이하지 않는다는 뜻이다.[48]

48) 《열자》〈황제黃帝〉 편에 나오는 이야기이다. 바닷가에 사는 어떤 이가 갈매기를 좋아했다. 그는 매일 아침 바닷가에 나가서 갈매기들과 더불어 놀았는데, 그에게 놀러 오는 갈매기가 2백 마리도 넘었다. 어느 날 그의 아버지가 말했다. "갈매기들이 모두 너와 더불어 논다는 말을 들었다. 그 갈매기들을 잡아오도록 해라. 내가 그걸 가지고 놀고 싶구나." 그는 아버지의 부탁을 들어주기로 하고 다음날 바닷가로 나갔다. 그런데 그날 갈매기들은 그의 위를 맴돌기만 할 뿐 내려오지 않았다. 이 이야기 뒤에 이런 말이 나온다. "그러므로 '지극한 말은 말을 떠나는 것이고, 지극한 행위는 작위作爲가 없는 것이다. 보통 지혜 있는 이들이 안다고 하는 것은 곧 천박한 것이다.'" 지극한 사람至人은 무언無言무위無爲해야 자연과 융화될 수 있다. 욕망이나 사심 없이 갈매기를 대하면 함께 어울려 놀 수 있으나, 갈매기를 잡으려는 마음을 갖고 다가서면 갈매기는 사람을 가까이하지 않는다.

108. 행복과 불행은 모두 생각에 달려 있다

인생에서 행복과 재앙의 경계는 모두 생각에서 비롯된다.

그러므로 불교에서 말하기를 "이익과 욕망이 불꽃처럼 타오르면 곧 불구덩이요, 탐욕과 집착에 빠지면 고통의 바다가 되며, 일순간 생각이 깨끗하면 사나운 불길도 연못이 되고, 일순간 생각으로 깨닫게 되면 배는 저쪽 언덕으로 오른다"고 하였다.

이렇듯 생각이 조금만 달라도 경계는 크게 달라지니, 어찌 삼가지 않을 수 있겠는가?

人生福境禍區, 皆念想造成. 故釋氏云, 利欲熾然, 卽是火坑. 貪愛沈溺, 便爲苦海. 一念淸淨, 熱焰成池. 一念警覺, 船登彼岸. 念頭稍異, 境界頓殊, 可不愼哉.

【해설】

행복과 불행은 생각하기에 달려 있다. 인생의 고해에서 방황하던 사람이 깨달음을 얻으면, 언제 그랬냐는 듯이 초연한 마음으로 바뀌게 된다.

109. 물방울이 돌을 뚫는다

새끼줄로 톱질해도 나무가 잘리고 물방울이 돌을 뚫는다.[49)]
도를 배우는 사람은 모름지기 힘써 노력하는 것을 구해야 한다.
물이 모이면 도랑을 이루고, 오이가 익으면 꼭지가 떨어진다.
도를 터득하려는 사람은 일단 자연의 기운에 자신을 맡겨야 한다.

繩鋸木斷, 水滴石穿. 學道者, 須加力索. 水到渠成, 瓜熟蒂落. 得道者, 一任天機.

【해설】

짚으로 꼰 새끼에 나무가 잘려나가고 단단한 돌도 물방울에 뚫린다. 끈기와 노력이 결국 진리를 터득할 수 있는 디딤돌이 된다. 원숙함과 깨달음의 경지는 오랜 수양의 과정을 거친 결과임을 명심해야 한다. 초심을 잃지 않고 한결같은 자세를 유지하면 좋은 결과가 나온다는 것은 단순한 이치이다. "높은 산에 오르지 않고서는

49) 원문은 '수적석천水滴石穿'인데, '수적천석水滴穿石'으로 더 알려져 있다. 작은 노력이라도 끈기 있게 계속하면 큰일을 이룰 수 있음을 뜻한다. '점적천석點滴穿石'과 같다. 나대경羅大經의 《학림옥로鶴林玉露》라는 어록집에 나오는 말이다. 북송의 장괴애張乖崖가 숭양현崇陽縣의 현령으로 재직하고 있을 때 일이다. 하루는 관아 이곳저곳을 면밀히 살펴보고 있는데 한 아전衙前이 창고에서 황급히 뛰쳐나왔다. 그 행동이 수상하여 붙잡아서 조사해보니 상투 속에서 엽전 한 닢이 나왔다. 취조한 결과 창고에서 훔친 엽전이었다. 이에 장괴애는 이렇게 판결문을 적어나갔다. "티끌이 모이면 태산泰山이 되는 것을 모르느냐? 하루 한 닢씩 천 날이면 천 닢이 된다. 먹줄에 쓸려서 나무가 잘리고 물방울이 돌에 떨어져 구멍을 뚫는다." 아전은 장괴애의 판결문을 듣고 엽전 한 닢 훔친 것을 그렇게 판결하는 법이 어디 있느냐고 항변했지만 장괴애는 그를 사형에 처했다.

하늘의 높음을 알지 못한다.(不登高山, 不知天之高也)"(《순자》〈권학〉)는 말도 있지 않은가.

110. 속세를 떠나는 법

마음의 활동이 쉬게 될 때 달이 떠오르고 바람이 불어오니,

인간 세상이 꼭 고통의 바다인 것은 아니다.

마음이 속세를 멀리 떠나 있으면 수레 먼지와 말발굽의 자취가 저절로 없어지니,

어찌 산언덕만을 사랑하는 고질병이 도지겠는가?

機息時, 便有月到風來, 不必苦海人世. 心遠處, 自無車塵馬迹, 何須痼疾丘山.

【해설】

인생의 경지는 한 폭 산수화라고들 한다. 산속에 사는 은자들의 행동 하나에 그만한 내공과 현묘한 이치가 스며 있는데, 그것은 결국 마음의 평온 때문이 아니겠는가?

111. 엄동설한에도 봄기운은 피어난다

풀과 나무가 시들어 떨어지면, 곧 뿌리 밑에서 새싹이 돋아나고, 계절은 비록 추위에 얼어붙지만 결국 날아오르는 재로 봄기운이 꿈틀댄다.

만물을 죽이는 냉혹한 살기 속에서도 만물을 생성하는 생명력이 항상 대자연의 주인이 되니, 곧 여기서 천지의 마음을 알 수 있다.

草木纔零落, 便露萌穎於根底. 時序雖凝寒, 終回陽氣於飛灰. 肅殺之中, 生生之意常爲之主, 卽是可以見天地之心.

【해설】

자연의 이치는 춘하추동 반복되는 자연의 변화 양상에 쉽게 드러난다. 현재의 겉모습보다는 삼라만상 깊숙이 숨겨져 있는 어떤 것을 찾아내는 힘이 필요하다. 그것은 곧 자연의 신비이다.

112. 비 갠 뒤에 산 빛을 보아라

비 갠 뒤에 산 빛을 보면 경치가 새롭고 곱다는 것을 느끼게 되고, 고요한 밤에 종소리를 들으면 그 음향이 더욱 맑아 초연한 멋이 있다.

雨餘觀山色, 景象便覺新姸. 夜靜聽鐘聲, 音響尤爲淸越.

【해설】

비 온 뒤의 경치와 모든 것이 잠들어버린 고요한 밤에 느끼는 종소리의 운치는 한낮과 전혀 다르다. 첫 구절의 '여餘'는 '후後'와 같은 의미이다. 새겨볼 만하다.

113. 환경에 따라 마음이 감화된다

높은 곳에 오르면 사람의 마음이 넓어지고,
흐르는 물에 다다르면 사람의 생각이 심원해진다.
비 내리고 눈 내리는 밤에 책을 읽으면 사람의 정신이 맑아지고,
작은 산꼭대기에 올라 시를 읊조리면 사람의 흥취가 고매해진다.

登高使[50]人心曠. 臨流使人意遠. 讀書於雨雪之夜, 使人神淸. 舒嘯於丘阜之嶺, 使人興邁.

【해설】

사람의 마음은 자연에 있을 때 더욱 감화된다. 방 안에서 붓으로 시를 짓는 것보다 높은 산에 올라 시상을 떠올리면 흥취가 더해서 흘러넘치는 것과 같은 이치이다.

---

50) 본문의 '사使'는 사역동사로서 '~로 하여금 ~하게 하다'라는 의미이지만, 여기서는 가독성을 위해 이 글자를 생략하고 해석했다.

114. 마음이 넓은 사람과 좁은 사람

마음이 넓으면 만 종萬鍾이나 되는 [어마어마한] 녹봉도 질그릇과 같아 보이고,

마음이 좁으면 한 올의 머리카락도 수레바퀴처럼 커 보인다.

心曠則萬鍾如瓦缶. 心隘則一髮似車輪.

【해설】

마음이 넓고 활달한 사람은 재물이나 자리에 연연하지 않아 속세를 벗어날 수 있지만, 마음이 좁은 사람은 늘 명리만을 쫓게 되어 마음이 가라앉지 않는다.

115. 주체가 되어 사물을 움직여라

바람과 달, 꽃과 버들이 없으면 천지의 조화는 이루어지지 않고,

감정의 욕망과 즐기고 좋아함이 없으면 마음의 본체가 이루어지지 않는다.

다만 내가 주체가 되어 사물을 움직이고 사물이 나를 부리지 않게 한다면,

즐김과 욕망도 하늘의 작용이 아닌 것이 없고, 곧 [세속의 마음도] 이상적인 경지이다.

無風月花柳, 不成造化. 無情欲嗜好, 不成心體. 只以我轉物, 不以物役我, 則嗜欲莫非天機, 卽是理境矣.

【해설】

사계절이 순환하고 사람의 기호와 욕망이 있어야 인생도 즐거운 법이다. 세속의 마음과 천지의 작용은 꽤 일치하지 않는가.

116. 속세에 살면서도 속세를 벗어나라

한 몸으로 나아가 그 한 몸을 깨달은 사람은 만물로써 만물을 맡을 수 있고,

천하를 천하에 되돌릴 수 있는 사람은 속세에 살면서도 속세를 벗어날 수 있다.

就一身了一身者, 方能以萬物付萬物. 還天下於天下者, 方能出世間於世間.

【해설】

인생의 진리는 먼저 자기 한 몸을 알고 난 다음에 깨칠 수 있고 온 천하의 자유로움에 자신을 맡기는 사람이야말로 속세를 벗어날 자격이 있다.

117. 너무 한가로워도 안 되고 너무 바빠도 안 되는 이유

사람이 살아가면서 너무 한가로우면 별도로 슬그머니 잡념이 생겨나고,

너무 바쁘면 참다운 본성이 나타나지 않는다.

그러므로 사군자는 몸과 마음에 근심을 지니지 않을 수 없으며,

또한 청풍명월의 정취를 즐기지 않을 수 없다.

人生太閑, 則別念竊生. 太忙, 則眞性不現. 故士君子不可不抱身心之憂, 亦不可不耽風月之趣.

【해설】

한가로우면 좋을 것 같지만 잡념만 생기고, 그렇다고 너무 바쁜 것도 수양에는 도움이 안 된다. 자연을 벗 삼는 여유로운 삶의 태도가 필요하다.

118. 청정무구한 사람의 마음

사람의 마음은 대부분 요동치는 곳에서 진면목을 잃게 된다.

만약 일순간의 잡념도 생겨나지 않아 맑은 모습으로 고요히 앉아 있으면

구름이 피어올라 한가롭게 함께 가고, 빗방울이 떨어지면 서늘하게 함께 맑아지며,

새가 지저귀면 그 소리에 즐거워하며 깨달음이 있게 되고, 꽃잎이 떨어지면 그 모습에 산뜻하게 스스로 터득하는 바가 있다.

어떤 경지든 참된 경지가 아니겠으며, 어떤 사물이든 참다운 작용이 없겠는가?

人心多從動處失眞. 若一念不生, 澄然靜坐, 雲興而悠然共逝, 雨滴而冷然俱淸, 鳥啼而欣然有會, 花落而瀟然自得. 何地非眞境, 何物非眞機.

【해설】

인간의 마음은 청정하여 흠이 없는데, 그런 마음을 요동치게 만드는 무엇이 있다. 우주의 작용과 동떨어져 홀로 존재하는 것이 있을까?

119. 기쁨과 슬픔에 초연하라

자식이 태어나려 할 때는 어머니가 위태롭고, 돈 꾸러미가 쌓여 갈 때는 도둑이 엿보니, 어느 기쁨인들 근심이 아니겠는가?

가난은 씀씀이를 절약하게 만들고, 병은 몸을 보존하게 만드니, 어느 근심인들 기쁨이 아니겠는가?

그러므로 세상의 이치를 깨달은 사람은 순경과 역경을 하나로 보아 기쁨과 슬픔을 모두 잊는다.

子生而母危, 鏹積而盜窺, 何喜非憂也? 貧可以節用, 病可以保身, 何憂非喜也? 故達人當順逆一視, 而欣戚兩忘.

【해설】

세상일은 상대적으로 존재하니, 좋은 일이 있으면 나쁜 일이 반대편에 도사리고 있다. 그러니 너무 슬퍼하거나 너무 기뻐하지 말고, 마음의 중심을 잡아가는 자세가 중요하다.

120. 시비를 사그라지게 하는 법

귀는 마치 태풍이 계곡에 불어닥쳐 바람 소리를 요란하게 내는 것과 같아,

[바람이] 지나가고 나면 남아 있는 것이 없으니, 옳고 그름도 모두 사그라진다.

마음은 마치 달이 연못에 빛을 던지는 것과 같아,

텅 비워 집착하지 않으면 사물과 나 모두를 잊게 된다.

耳根似飇谷投響. 過而不留, 則是非俱謝. 心境如月池浸色. 空而不著, 則物我兩忘[51].

【해설】

우리는 살아가면서 집착에서 벗어나야 하는데 잘 안 된다. 세속적 가치관이 깊어질수록 행동거지 하나하나가 그런 가치관에 종속된다.

51) 원문의 '물아양망物我兩忘'은 후집 61장에도 나온다.

121. 마음이 문제다

세상 사람들은 영화와 이익에 얽매여 있어 걸핏하면 '티끌과 같은 세상 또는 괴로움의 바다'라고 말한다.

흰 구름과 푸른 산, 흐르는 냇물, 서 있는 바위, 맞이하는 꽃, 웃는 새, 화답하는 골짜기, 노래하는 나무꾼을 알지도 못한다.

세상은 티끌이 아니고 바다 또한 괴로움이 아니건만, 그들 스스로 자신의 마음을 티끌과 같고 고통스럽게 만들 뿐이다.

世人爲榮利纏縛, 動曰塵世苦海, 不知雲白山靑, 川行石立, 花迎鳥咲, 谷答樵謳. 世亦不塵, 海亦不苦. 彼自塵苦其心爾.

【해설】

모든 것은 마음으로 귀결된다. 자기와 다른 것을 구분하고 사소한 것을 따지는 사회의 가치체계와 규범이 대립과 경쟁을 유발해 인류의 불행을 초래했다. 세상의 모습은 원래 그러한데 인간이 자신의 마음에 따라 안절부절못할 뿐이다.

122. 꽃은 반쯤 피었을 때 보아라

꽃은 반쯤 피었을 때 보고, 술은 살짝 취하도록 마셔야 한다.

이 가운데 대단히 아름다운 흥취가 있느니라.

만일 꽃이 흐드러지게 피고 술에 취해 곤드레만드레하면 추악한 경지에 이르는 것이니,

부귀영화를 가득 누리고 있는 사람은 마땅히 이런 점을 생각해야만 한다.

花看半開, 酒飮微醉[52], 此中大有佳趣. 若至爛漫酕醄, 便成惡境. 履盈滿者, 宜思之.

【해설】

무엇이든 극에 달하면 본래의 의미가 퇴색한다. 부귀영화는 지나치지 않아야 하며, 중용의 도를 잃어버리는 순간 저 멀리 벗어나버린다. '물극필반物極必反'이라는 말이 있듯이, 사물이 극도에 이르면 반드시 참됨으로 되돌아오는 것이 세상의 엄연한 이치임을 알아야 한다. "사물에는 반드시 지극함이 있고, 일에는 반드시 그러함이 있

52) 《명심보감》〈성심 상〉 편에서 《사기》를 인용한 구절도 읽을 만하다. "《사기》에서 말했다. '하늘에 교제를 지내고 종묘사당에 제례를 올릴 때 술이 아니면 흠향하지 못할 것이고, 임금과 신하, 친구와 친구 사이에도 술이 아니면 의리가 도탑지 않을 것이며, 다투고 나서 서로 화해할 때 술이 아니면 권하지 못할 것이다. 그러므로 술에는 성취와 실패가 있으니 함부로 마셔서는 안 된다.'(史記曰: '郊天禮廟, 非酒不享, 君臣朋友, 非酒不義, 鬪爭相和, 非酒不勸. 故, 酒有成敗, 而不可泛飮之')"

다.〔物有必至, 事有常然〕"(《안자춘추晏子春秋》〈외편外篇〉)라는 말도 같은 맥락이다.

123. 속세의 법도에 물들지 말아야

산나물은 세속에서 물을 주거나 가꾸지 않아도 되고,

들짐승은 세속에서 먹이를 주며 기르지 않아도 그 맛이 모두 향기롭고 또 맑다.

우리 사람들도 속세의 법도에 물들지 않는다면,

그 냄새와 맛이라는 품격이 훨씬 남달라지지 않겠는가?

山肴不受世間灌漑, 野禽不受世間豢養, 其味皆香而且冽. 吾人能不爲世法所點染, 其臭味不逈然別乎.

【해설】

산나물이나 들짐승은 내버려둘수록 맛있어지고 잘 자란다. 우리 인간도 세속에 물들지 않아야 인간다운 참모습을 간직할 수 있다. '묵자비염墨子悲染'이라는 말은 묵자는 물들이는 것을 슬퍼한다는 말로, 사람은 습관에 따라 성품의 좋고 나쁨이 결정된다는 뜻이다.[53)]

---

53) 《묵자》〈소염所染〉 편에 나오는 말이다. 겸애설兼愛說을 주장한 노魯나라의 사상가 묵자가 어느 날 실을 물들이는 사람을 보고 탄식하며 말하였다(見染絲者而歎曰). "파랑으로 물들이면 파란색, 노랑으로 물들이면 노란색, 이렇게 물감의 차이에 따라 빛깔도 변하여 다섯 번 들어가면 다섯 가지 색이 되니, 물들이는 일이란 참으로 조심해야 할 일이다." 그러고 나서 묵자는 물들이는 일이 결코 실에만 국한되는 것이 아님을 지적하고, 나라도 지향하는 바에 따라 흥하기도 하고 망하기도 한다고 했다.

124. 귀로 듣고 입으로 말하는 학문은 소용없다

꽃을 가꾸고 대나무를 심으며, 학을 즐기고 물고기를 바라보아도[54] 한 단계의 스스로 깨닫는 바가 있어야 한다.

눈앞의 광경에 빠져 아름다운 사물만 보고 즐긴다면,

또한 유가에서 말하는 '귀로 듣고 입으로 말하는 학문'일 뿐이요, 불교에서 말하는 '완공頑空'일 뿐이니, 어찌 아름다운 정취가 있겠는가?

栽花種竹, 玩鶴觀魚, 又要有段自得處. 若徒留連光景, 玩弄物華, 亦吾儒之口耳, 釋氏之頑空而已, 何有佳趣.

【해설】

자연의 진리는 마음에 담아야지 이를 깨닫지 못하고 겉모습에 취해버리면 곤란하다. 삶의 정취는 속세를 벗어나 유유자적 사는 데 스며들어 있다.

---

54) 이 구절과 관련된 고사성어로 '매처학자梅妻鶴子'라는 말이 있다.매화 아내에 학 아들이라는 말로 속세를 떠나 유유자적하며 사는 것을 뜻한다. 송나라 시인 임포와 관련된 말로, 송나라 완열阮閱이 전집과 후집으로 나누어 편집한 시화선집《시화총귀詩話總龜》와 송나라 심괄沈括의《몽계필담夢溪筆談》에 임포 이야기가 나온다. 임포에 관해서는 후집 32번의 해설을 참조할 것.

125. 산림에 묻혀 있는 자

산림의 선비는 청빈하나 세속을 초월한 정취가 스스로 풍요롭고, 들판의 농부는 비록 소박하나 타고난 본성을 온전히 갖추고 있다. 만약 한 번에 몸을 저잣거리의 모리배로 떨어뜨린다면, 차라리 산골에 파묻혀 죽어 정신과 육체의 깨끗함을 온전히 지니는 것만 못하다.

山林之士, 淸苦而逸趣自饒. 農野之夫, 鄙略而天眞渾具. 若一失身市井駔儈, 不若轉死溝壑神骨猶淸.

【해설】

청빈한 선비는 속세의 티끌에 초연한 채 살아가고자 한다. 농부도 순수하고 천진무구한 모습을 간직하고 있는데, 저잣거리의 무리들은 얼마나 많은 속세의 때를 두르고 살아가는가.

126. 분수에 어긋나는 복은 일생을 망친다

분수에 어긋나는 복과 까닭 없이 얻은 이익은

조물주가 던진 낚시 미끼가 아니면 인간 세상의 속이는 함정이다.

이러한 상황에서 눈을 높이 들지 않으면, 그 술수 속으로 떨어지지 않을 사람은 드물다.

非分之福, 無故之獲, 非造物之釣餌, 卽人世之機阱. 此處著眼不高, 鮮不墮彼術中矣.

【해설】

분수를 지키며 살아야 하는데 생각처럼 쉽지 않다. 속세의 지위와 명예에 빠지거나 취해서 자신을 망치고 주변도 힘들게 하는 사람이 많다. 그들은 자신의 그런 행동을 대수롭지 않게 본다.

127. 인생은 꼭두각시놀음이다

삶이란 본래 하나의 꼭두각시놀음이기에, 다만 뿌리와 꼭지를 손에 쥐고 있어야 한다.

한 가닥의 실도 헝클어짐이 없고 감거나 푸는 것이 자유로워 움직임과 멈춤을 내 마음대로 하여

한 털끝만큼도 다른 사람의 조종을 받지 않아야 이 꼭두각시놀음 속에서 벗어날 수 있다.

人生原是一傀儡, 只要根蒂在手. 一絲不亂, 卷舒自由, 行止在我. 一毫不受他人提掇, 便超出此場中矣.

【해설】

인생의 무대에서는 본분을 지키면서 살아가는 것이 중요하지 의미도 없는 일에 이리저리 휘둘려서는 안 된다. 세상일에 초연하겠다는 자세가 더 중요하다.

128. 무사태평이 복이다

하나의 일이 일어나면 하나의 해로움이 생겨난다. 그러므로 천하에는 아무 일 없는 것이 복이 된다.

옛 사람의 시에 이르기를, "그대여, 전쟁의 공으로 제후가 된 일을 말하지 마라. 한 장수가 공을 세우느라 만 명의 뼈가 말라버렸느니라"[55] 하였고,

또 이르기를 "천하가 늘 무사태평하다면, 칼이 작은 상자 속에서 천년을 썩어도 아깝지 않다네"라고 하였다.

영웅의 마음과 용맹스러운 기개가 있어도 깨닫지 못하는 사이에 얼음과 싸락눈으로 변하더라.

一事起, 則一害生. 故天下常以無事爲福. 讀前人詩云, 勸君莫話封侯事, 一將功成萬骨枯. 又云, 天下常令萬事平, 匣中不惜千年死. 雖有雄心猛氣, 不覺化爲氷霰矣.

【해설】

무사태평이라는 말이 있다. 이익이 생기는 곳에는 해로움이 생기는 법이니, 그런 것을 버리고 공명에서 멀어지면 부질없는 생각도 다 사그라진다.

---

55) 당나라 시인 조송曹松의 〈기해세감사己亥歲感事〉의 3, 4구에 해당하는 구절이다. 맨 앞의 글자인 '권군勸君'이 조송의 시에는 '임군任君'으로 되어 있는 것만 다르다. 이 시는 조송이 70세가량 되었던 소종昭宗 원년(901년)에 지은 것으로 추정된다.

129. 맑고 깨끗한 불문은 없다

음란한 여인이 거짓으로 비구니가 되기도 하고,

몰입한 사람이 한때의 격정으로 도道에 들기도 한다.

맑고 깨끗한 불문佛門이 늘 음란하고 사악한 무리의 소굴이 되는 것은 바로 이러한 이유 때문이다.

淫奔之婦, 矯而爲尼. 熱中之人, 激而入道. 淸淨之門, 常爲婬邪淵藪也如此.

【해설】

음란하고 사악한 것들이 모인 소굴이 불문이 될 수 있으므로, 청정무구의 극치가 불문이라는 환상이나 착각을 버려야 한다.

130. 초연하라

파도가 하늘에 맞닿을 듯 몰아쳐도 배 안의 사람은 그 두려움을 모르나, 배 밖에 있는 사람은 차디찬 마음이다.

술 취해 미쳐 날뛰면서 좌중에 욕설을 퍼부어도 동석한 사람들은 경계할 줄 모르나, 자리 바깥에 있는 자들은 혀를 끌끌 찬다.

그러므로 군자는 몸이 비록 일하는 와중이라도, 마음은 일 바깥에서 초연해야 한다.

波浪兼天, 舟中不知懼, 而舟外者寒心. 猖狂罵坐, 席上不知警, 而席外者咋舌. 故君子, 身雖在事中, 心要超事外也.

【해설】

세상을 살아갈 때 마음속에 가두려 하지 말고 자꾸 덜어내야 한다. 초탈의 묘미는 허둥거리는 모습에서 나오지 않으니, 자신을 속박하는 일들에서 벗어나야 한다.

131. 한 푼이라도 덜어라

인생에서 한 푼을 덜어버리면 곧 한 푼을 초연하여 벗어나게 된다. 사귐을 덜어내면 분란을 면하고, 말을 덜어내면 허물이 적어지며, 생각을 덜면[56] 정신이 소모되지 않고, 총명함을 덜면 본성이 보전된다.

사람들이 나날이 덜기를 구하지 않고 나날이 더하기를 구하는 것은, 진정으로 인생을 속박하는 차꼬이다.

人生減省一分, 便超脫一分. 如交遊減, 便免紛擾. 言語減, 便寡愆尤. 思慮減, 則精神不耗. 聰明減, 則混沌可完. 彼不求日減而求日增者, 眞桎梏此生哉!

【해설】

채우려 하지 말고 덜어내는 훈련이 필요하다. 생각을 많이 하려 들지 말고 정신을 소모시키지 않는 것이 중요하다. 노자도 말했듯이 "만물은 간혹 덜어내려 해도 더해지는 경우가 있으며, 간혹 더하려 해도 덜어지는 것이다.〔物, 或損之而益, 或益之而損〕"(《노자》 42장) 덜기

56) 율곡 이이도《격몽요결》〈지신장持身章〉에서 말과 생각을 줄이라고 하면서 이렇게 말했다. "말을 많이 하고 생각을 많이 하는 것이 마음에 가장 해로우니, 할 일이 없으면 조용히 앉아 마음을 보존하고, 남들을 대할 때는 마땅히 말을 가려 간결하고도 신중하게 해야 한다. 때에 맞춰 말을 한 다음에는 말이 간결하지 않을 수 없으니, 말이 간결한 자는 도에 가까운 것이다.〔多言多慮, 最害心術. 無事, 則當靜坐存心, 接人, 則當擇言簡重, 時然後言, 則言不得不簡. 言簡者近道〕"

보다 더하기를 갈망하는 탓에 인간이 더욱더 불행해지는 것이 아닐까.

132. 마음의 혼돈을 제거하면 온화한 기운이 가득 찬다

하늘의 운행에 따른 추위와 더위를 피하기는 쉬우나 인간세상의 뜨거움과 차가움을 없애기는 어렵다.

인간세상의 뜨거움과 차가움은 쉽게 없앨 수 있지만, 내 마음의 얼음과 숯은 없애기 어렵다.

이러한 마음 속의 얼음과 숯을 없앤다면, 마음이 온화한 기운으로 가득 차고 가는 곳마다 봄바람이 불게 된다.

天運之寒暑易避, 人生之炎涼難除. 人生之炎涼易除, 吾心之氷炭難去. 去得此中之氷炭, 則萬腔皆和氣, 自隨地有春風矣.

【해설】

자연의 모습은 늘 한결같고 사심이 없으나, 인간의 마음이나 세태는 정반대이다. 얼음과 숯처럼 변화무쌍한 내 마음의 혼돈이 제거되면, 마음은 평온해지는 것이 마치 봄과 같을 것이다.

133. 찻주전자가 말라서는 안 되는 이유

좋은 차만 구하지 않으면 찻주전자가 항상 마르지 않을 것이요, 향기로운 술만 구하지 않으면, 술동이가 항상 비지 않을 것이다.

질박한 거문고는 줄이 없어 연주할 수 없어도 [내 마음을] 늘 조화롭게 하고, 짧은 피리는 구멍이 없어도 스스로 즐겁다.

비록 복희 같은 황제를 초월하기 어려우나 [죽림칠현인] 혜강이나 완적[57]은 필적할 수 있다.

茶不求精, 而壺亦不燥. 酒不求冽, 而樽亦不空. 素琴無絃, 而常調. 短笛無腔, 而自適. 終難超越羲皇, 亦可匹儔稽阮.

【해설】

죽림칠현에 필적하는 즐거움을 누리려면 일단 여유가 있어야 한다. 여유로움이 없어지면 스스로 즐기기에는 무력하다.

---

57) 위진[남북조] 시대에는 혼란한 세상을 피해 산속으로 들어가 문학과 인생을 말하며 세월을 보내는 선비가 많았다. '죽림칠현竹林七賢'으로 불리는 선비 일곱 명으로 완적阮籍·완함阮咸·혜강嵇康·산도山濤·왕융王戎·유영劉伶·상수向秀이다. 그중 혜강은 문학과 음악적 재능이 뛰어났는데, 무고하게 죄를 뒤집어쓰고 처형을 당하였다. 《진서》〈완적전阮籍傳〉을 보면, 완적은 건안칠자建安七子의 한 사람인 완우阮瑀의 아들이다. 완우가 조조 밑에 있었기 때문에 완적은 사마씨 집단에 대한 반감이 강했지만 어찌할 수가 없어서 술과 방종한 생활로 소극적인 반항을 하였다. 그는 예교에 얽매이는 지식인을 보면 속물이라 하여 백안시하고, 그렇지 않은 사람은 푸른 눈靑眼을 하고 보았다고 한다.

134. 마음이 편해야 어디서든 만족을 얻는다

불교의 수연隨緣[58]과 우리 유가의 소위素位[59] 네 글자는 [삶의] 바다를 건너기 위한 구명구와 같은 것이다.

대체로 세상의 길은 아득한데, 한마음으로 완전함을 구하려 한다면 온갖 얽힌 실마리가 어지러이 일어날 것이요,

사는 곳에 따라 편안하면 어디에 들어서든 [만족을] 얻으리라.

釋氏隨緣, 吾儒素位四字, 是渡海的浮囊. 蓋世路茫茫, 一念求全, 則萬緒紛起. 隨寓而

58) 인연에 따라 나타나거나 변화한다는 의미로, 인연에 따라 드러나는 본래의 청정한 성품을 뜻한다. '각의刻意'라는 단어와 상반된다. 각의는 깊이 생각하고 마음을 쓰는 것으로 독단과 고집을 앞세우니 집착이며, '수연'은 형편에 따라 일을 융통성 있게 처리하는 변통變通을 의미한다. '수연'은 불교 《화엄경華嚴經》에 나오는 말로, 노자와 장자는 각의와 수연을 모두 반대하였다.

59) 현재 처한 자리에서 편안하라는 개념으로 《중용》 14장에 나오는 단어이다. "군자는 그 자리에 따라 행동하고, 그 바깥으로 벗어나 있는 것을 원하지 않는다. 부유하고 귀함에 의해 행동하고, 가난하고 천함에 의해 행동하며, 오랑캐에 처해서는 오랑캐에 의해 행동하고, 근심과 재난에 처해서는 근심과 재난에 의해 행동하니, 군자는 들어가는 곳에서 스스로 터득하지 않음이 없다.〔君子素其位而行, 不願乎其外. 素富貴, 行乎富貴; 素貧賤, 行乎貧賤; 素夷狄, 行乎夷狄; 素患難, 行乎患難; 君子無入而不自得焉〕" 여기서 "'소素'는 현재와 같다.〔素, 猶見在也〕" '소素'는 '흴 소', '평소 소'이지만, 주자朱子의 주석에 따라 '지금', '현재'의 의미를 지닌다. 군자는 도道가 자신의 마음에 끌리는 바가 있으면 기꺼이 즐거워하여 들어가〔入〕 스스로 얻지 않음이 없다는 말로, 안분지족하는 삶의 방식을 뜻한다. 주희는 '부귀富貴'·'빈천貧賤'·'이적夷狄'·'환난患難' 네 가지에 대해 "이는 자리를 현재로 하여 행동하는 것을 말한 것이다.〔此言素其位而行也〕"라고 설명했다. 이 네 가지를 행할 때, 군자는 들어옴이 없으면서 스스로 터득한 것처럼 하지 않는다는 말은 실질이 없으면서 허황된 것으로 가지 않는다는 의미이다. 사람들은 현재 상황을 인정하지 않고, 불만족하며, 과거에 얽매여 산다. 그러면 안 된다. 현재 위치에서 자족自足해야 한다. '만족의 중요성'을 강조하는 말이다.

安, 則無入不得矣.

【해설】

인생의 부귀와 빈천은 모두 인연에 의해 이루어지므로 인연대로 따라야 한다는 것이다. 사람이 분수를 모르고 지나침을 추구하다가는 모든 것이 헝클어진다.

참고문헌

洪應明 著,《菜根譚全集》, 상하이, 江西教育出版社, 2014

洪應明 著,《菜根譚大全集》(全8卷), 베이징, 中国華僑出版社, 2017

한용운,《한용운의 채근담강의》, 필맥, 2005

홍자성 지음, 조지훈 역,《채근담》, 현암사, 1996

홍자성 지음, 박일봉 역,《채근담》, 육문사, 2011

홍자성 지음, 김성중 역,《채근담》, 홍익출판사, 2005

洪應明 저, 王朋飛 譯,《菜根譚》, 베이징, 北京聯合出版社, 2015

杉原夷山 著,《菜根譚》, 도쿄: 松山堂, 1910

中村璋八 外譯,《菜根譚》, 도쿄 講談社, 1996

周鐵項,〈《菜根譚》與儒家中庸之道〉,《河南大學學報》, 2000, 40(6): 65~68

李艶霞,〈《菜根譚》嚼出人生智慧〉,《國學智慧》, 2017

陳博博,〈以保邏·懷特所譯《菜根譚》為例看文化意象的翻譯〉,《成都大學學報》, 2016, 168(6): 104~108

王同書,〈為讀書, 治學指門徑—讀《菜根譚·容齋隨筆》〉,《明清小說研究》, 2006, 79(1): 225~235

蔡烈慶,〈《菜根譚》在管理中的作用〉,《閱讀欣賞》, 2016

姬晨霞,〈淺析《菜根譚》德育思想及現代價值〉,《法制博覽》, 2016

李進,〈《菜根譚》中的廉政思想及其當代價值〉,《廉政文化研究》, 2016

趙明,〈從《菜根譚》壹則格言的音'形'義美論其獨特藝術價值〉,《語文學刊》, 2016, (3): 1~12

謝芳, 王學鋒,〈論《菜根譚》的人生哲學及其啟示〉,《牡丹江大學學報》, 2016, 25(2): 57~59

尹瀚瀚, 〈《菜根譚》的高校管理啟示〉, 《創新教育》, 2015
倪明明, 〈《菜根譚》裏悟修身〉, 《文苑》, 2015
謝賢萍, 〈從傳統文化中汲取教書育人的正能量—從閱讀《菜根譚》想到的〉, 《專題征文》, 2015
趙明, 〈回指重現視角下的中國典籍《菜根譚》"頂針"辭格探析〉, 《中國礦業大學學報》, 2014, (4): 132~136
赤鐵川, 〈從《菜根譚》看佛教對儒家缺陷的彌補〉, 《學術界》, 2013
吳迪華, 〈論清言小品的藝術成就與局限性〉, 《甘肅聯合大學學報》, 2013, 29(3): 63~68
丁卓著, 〈壹書傳三教-論《菜根譚》的"兼容匯通式"傳播智慧〉, 《東南傳播》, 2012
陳慧, 〈《菜根譚》與醫學高校的倫理管理〉, 《中國醫學倫理學》, 2009, 22(4)
府建明, 〈《菜根譚》的思想意趣與現實意義〉, 《世界宗教文化》, 2009
王靜, 朱永新, 〈《菜根譚》管理心理思想初探〉, 《蘇州大學學報》, 1999, (2): 28~32
안대회, 〈동아시아 청언소품(清言小品)의 전파와 향유〉, 《민족문화연구》 75권 0호, 2017.5
최병욱, 〈현재적 관점에서 본 『채근담』의 마음건강〉, 《인문사회》 218권 2호, 2017. 4
임동석, 〈소학독본(1895), 한문전통과 계몽의 과도기: 번역과 의도적 차명(借名)에 대하여〉, 《우리어문연구》 56권0호, 2016. 9
김원중 편저, 《고사성어 역사문화사전》, 글항아리, 2014
김원중 역, 《논어》, 휴머니스트, 2016
노자 지음, 김원중 역, 《노자》, 글항아리, 2013
사마천 지음, 김원중 역, 《사기열전》(1, 2), 민음사, 2015
한비자 지음, 김원중 역, 《한비자》, 휴머니스트, 2016
김학주 역, 《시경》, 명문당, 1985
장자 지음, 김학주 역, 《장자》, 연암서가, 2001
오강남, 《도덕경》, 현암사, 1995
———, 《장자》, 현암사, 1999
안동림, 《장자》, 현암사, 2004
李零, 《喪家狗-我讀論語》, 山西人民出版社, 2007
김갑수 역, 《집잃은 개》(1, 2), 글항아리, 2012

찾아보기

ㄴ

ㅂ

ㅅ

ㅇ

ㅈ

ㅊ

지은이 **홍자성** 洪自誠

명나라 말기에 활동했으며, 본명은 홍응명洪應明이며, 자는 자성自誠이다. 호는 환초도인還初道人이며 사는 곳과 그 출신은 미상이다. 《채근담》은 만력萬曆 임인壬寅년에 지은 것이다.

옮긴이 **김원중**金元中

성균관대학교 중문과에서 문학박사 학위를 받았다. 대만 중앙연구원과 중국 문철연구소 방문학자 및 대만사범대학교 국문연구소 방문교수, 중국 푸단대학교 중문과 방문학자, 건양대학교 중문과 교수, 대통령 직속 인문정신문화특별위원, 한국학진흥사업위원장을 역임했다. 현재 단국대학교 사범대학 한문교육과 교수로 재직 중이며, 대통령 직속 국가교육위원회 전문위원과 중국인문학회 부회장을 맡고 있다.

동양의 고전을 우리 시대의 보편적 언어로 섬세히 복원하는 작업에 매진하여, 고전 한문의 응축미를 담아내면서도 아름다운 우리말의 결을 살려 원전의 품격을 잃지 않는 번역으로 정평 나 있다. 《교수신문》이 선정한 최고의 번역서인 《사기 열전》을 비롯해 《사기 본기》, 《사기 표》, 《사기 서》, 《사기 세가》 등 개인으로서는 세계 최초로 《사기》 전체를 완역했으며, 그 외에도 MBC 〈느낌표〉 선정도서인 《삼국유사》를 비롯해 《논어》, 《맹자》, 《대학 · 중용》, 《노자 도덕경》, 《장자》, 《한비자》, 《손자병법》, 《명심보감》, 《채근담》, 《정관정요》, 《정사 삼국지》(전4권), 《당시》, 《송시》, 《격몽요결》 등 20여 권의 고전을 번역했다. 또한 《고사성어 사전: 한마디의 인문학》(편저), 《한문 해석 사전》(편저), 《중국 문화사》, 《중국 문학 이론의 세계》 등의 저서를 출간했고 40여 편의 논문을 발표했다. 2011년 환경재단 '2011 세상을 밝게 만든 사람들'(학계 부문)에 선정되었다. 삼성사장단과 LG사장단 강연, SERICEO 강연 등 이 시대의 오피니언 리더들을 위한 대표적인 인문학 강연자로도 널리 알려져 있다.

채근담

인간사를 아우른 수신과 처세의 고전

1판 1쇄 발행일 2017년 12월 18일
1판 8쇄 발행일 2024년 10월 28일

지은이 홍자성
옮긴이 김원중

발행인 김학원
발행처 (주)휴머니스트출판그룹
출판등록 제313-2007-000007호(2007년 1월 5일)
주소 (03991) 서울시 마포구 동교로23길 76(연남동)
전화 02-335-4422 **팩스** 02-334-3427
저자·독자 서비스 humanist@humanistbooks.com
홈페이지 www.humanistbooks.com
유튜브 youtube.com/user/humanistma **포스트** post.naver.com/hmcv
페이스북 facebook.com/hmcv2001 **인스타그램** @humanist_insta

편집주간 황서현 **편집** 박상경 박기효 최정수 **디자인** 김태형 **표지글씨·전각** 강병인
조판 홍영사 **스캔·출력** 이희수com. **용지** 화인페이퍼 **인쇄** 삼조인쇄 **제본** 경일제책

ISBN 979-11-6080-099-9 04140
ISBN 978-89-5862-322-9 (세트)